भारत : विकास की दिशाएँ

नोबेल पुरस्कार से सम्मानित अर्थशास्त्री
भारत-रत्न प्रो. अमर्त्य सेन की,
ज्यां द्रीज़ के साथ लिखी, इस पुस्तक में
समग्र भारत के सर्वांगीण विकास की दृष्टि से
महत्वपूर्ण उन सब विषयों पर विस्तार से
प्रकाश डाला गया है, जिनके बिना कोई भी
विकास संभव नहीं है। देश की वर्तमान स्थिति में
इसका गंभीर अध्ययन और
क्रियान्वयन आवश्यक है।

प्रो. अमर्त्य सेन की अन्य महत्वपूर्ण पुस्तकें

आर्थिक विषमताएँ

ग़रीबी और अकाल

भारत का विकास : कुछ प्रादेशिक अध्ययन

भारत : विकास की दिशाएँ

अमर्त्य सेन
ज्यां द्रीज़

राजपाल

अनुवाद

भवानीशंकर बागला

₹ 465

ISBN : 9788170283409

संस्करण : 2025

BHARAT VIKAS KI DISHAYEN (Economics)

by Amartya Sen and Jean Dreze

(Hindi edition of *India : Economic Development and Social Opportunity*)

मुद्रक : जी.एस. ऑफसेट, दिल्ली

राजपाल एण्ड सन्ज़

1590, मदरसा रोड, कश्मीरी गेट, दिल्ली-110006

फोन : 011-23869812, 23865483, 23867791

website : www.rajpalpublishing.com

e-mail : sales@rajpalpublishing.com

www.facebook.com/rajpalandsons

प्राक्कथन

इस पुस्तक में हमने भारत में आर्थिक विकास के कार्यों को एक व्यापक परिप्रेक्ष्य में विश्लेषित करने का प्रयास किया है। इस परिप्रेक्ष्य में सामाजिक एवं आर्थिक सुयोग एवं अवसरों की महती भूमिका रहती है। (अतः, हम केवल उन सुविधाओं की बात नहीं कर रहे (वे महत्त्वपूर्ण होती हैं) जो भली प्रकार कार्य कर रही बाजार व्यवस्था एवं लाभप्रद विनिमय द्वारा सुलभ हो जाती हैं। हम तो मानवीय योग्यताओं-क्षमताओं की मूलभूत भूमिका और उनकी प्राथमिक शिक्षा, स्वास्थ्य सेवाओं, स्वामित्व अधिकारों, सामाजिक क्रमानुसार वर्गीकरण, स्त्री-पुरुष सम्बन्धों और सामाजिक-राजनीतिक सहयोग, स्पर्धा एवं विरोध के अवसरों पर निर्भरता की बात भी उठा रहे हैं। सामाजिक अवसरों के अन्तर जीवन की गुणवत्ता की उपलब्धियों मे भिन्नता ही नहीं लाते वरन आर्थिक निष्पादन एवं जन सामान्य द्वारा क्रियाशील बाजार के माध्यम से सुलभ सुविधाओं की प्रयुक्ति को भी प्रभावित करते हैं।

इस विश्लेषण विधि को बहुत व्यापक धरातल पर सँवारा-निखारा गया है, भारत के विभिन्न भागों के आँकड़ों का प्रयोग किया गया है और अन्तर्राष्ट्रीय तुलनाओं का सहारा भी लिया गया है। हमने विशेष रूप से यह स्पष्ट करने का प्रयास किया है कि अन्य देशों से क्या सीखा जा सकता है—इनमें उनकी सफलताओं एवं विफलताओं, दोनों से ही सुलभ सीखों का स्पष्टीकरण किया गया है। भारत के अपने विविधतापूर्व आन्तरिक अनुभवों से सीखे जा सकने वाले सबक भी याद दिलाए हैं। सामाजिक प्रत्यावर्तन एवं आर्थिक प्रसार में प्राथमिक शिक्षा के महत्त्व पर विशेष रूप से ध्यान आकर्षित किया गया है। इस अध्ययन की मुख्य विषय वस्तु से जुड़ा दूसरा मुद्दा समाज में बदलाव लाने में नारी की बृहत्तर भूमिका का महत्त्व है। राजनीतिक एवं सामाजिक आन्दोलनों की गहरी पैठी हुई विषमताओं से जूझने में सम्भव भूमिका पर भी विस्तार से चर्चा हुई है।

पुस्तक के अन्त में हमने एक विस्तृत सांख्यिकीय परिशिष्ट सम्मिलित किया है। यह हमारे आँकड़ो पर आधारित तर्कों का पृष्ठपोषण तो करता ही है, इसमें

ऐसी जानकारियाँ भी समाहित है जिन्हें पाठक बहुत उपयोगी पाएँगे। हमने आज के भारत के समक्ष उपस्थित आर्थिक चुनौतियों की प्रकृति की काफ़ी विस्तृत चर्चा की है, अतः जिन पाठकों को हमारे विश्लेषण की मुख्य विषय वस्तु में रुचि नहीं है, वे भी इसका भारतीय व्यवस्था के कुछ आयामों की एक झलक के रूप में तो प्रयोग कर ही सकते हैं।

हमारा विश्वास है कि यहां प्रस्तुत विस्तृत परिदृश्य भारत में आर्थिक विकास में आने वाली बाधाओं एवं सार्वजनिक नीतियों की उन्हें दूर कर पाने में रही मूलभूत विफलताओं को समझ पाने में सहायक होगा। जब अंग्रेज भारत से गए, उस समय भारत के स्वतन्त्रता आन्दोलन के कर्णधारों ने देश के समक्ष जो परिदृश्य चित्रित किया था, उसमें तो सामाजिक अवसरों का सृजन केन्द्रीय स्थान पर अंकित प्राथमिकता प्रतीत हो रहा था, किन्तु उस परिदृश्य को वास्तविकता में परिवर्तित करने के प्रयास बहुत कम हुए हैं। जब 1991 में आर्थिक सुधार कार्यक्रम लागू किए गए तो पुरानी अकर्मण्यता का त्याग करने का एक स्वर्णिम अवसर सुलभ हुआ था किन्तु उन सुधारों का सारा ध्यान भी अर्थ व्यवस्था को विदेशियों के लिए खोलने और बाजार का प्रसार बढ़ाने तक ही सीमित रह गया। ये लक्ष्य अपने आप में बहुत उपयुक्त हैं—बहुत समय से भारत की अतिनियन्त्रित अर्थव्यवस्था में इनकी आवश्यकता प्रतीत हो रही थी, पर प्राथमिक शिक्षा एवं स्वास्थ्य सेवाओं के प्रति सामाजिक नीतियों में किसी बड़े बदलाव के प्रयास का अभाव एक बहुत बड़ी विफलता रही है। इस विफलता के जीवन दशाओं में सुधार, यहाँ तक कि बाजार सुधार कार्यक्रम की सफलता पर भी बड़े नकारात्मक प्रभाव पड़ने वाले हैं। यद्यपि यह पुस्तक भारत की समकालीन आर्थिक नीतियों की आलोचना या विवेचना नहीं है—फिर भी भारत के आर्थिक एवं सामाजिक पिछड़ेपन के निदान में उनकी चर्चा भी उठ ही जाती है।

इस अध्ययन में भारत की उपलब्धियों की उन देशों से तुलनाओं का सहारा लिया गया है जिन्होंने बड़े कौशल से बाजार के अवसरों एवं विश्व व्यवस्था से जुड़ने का लाभ उठाया है। ये देश है द. कोरिया, पूर्वी एवं दक्षिण-पूर्वी एशियाई अर्थव्यवस्थाएँ और कुछ समय से चीन भी। जहाँ तक सामाजिक अवसरों के सृजन की बात है, इनमें से प्रत्येक देश ने अपने मुख्य आर्थिक सुधार कार्यक्रम प्रारम्भ करने से पूर्व ही इनमें बहुत बड़ी सफलताएँ अर्जित कर लीं थीं। वस्तुतः उनकी सामाजिक सफलताओं का स्तर भारत के आज के स्तर से भी कहीं ऊँचा था। उदाहरण के लिए, उनकी साक्षरता दर आज के अर्द्ध निरक्षर भारत से कहीं ऊँची थी। इस बात की बहुत प्रबल आशंका है कि भारत में आर्थिक संवृद्धि की प्रक्रिया ब्राज़ील जैसे देशों की भाँति समाज में विभाजनकारी पथ पर न चली जाए। इन देशों में सामाजिक विषमताएँ बहुत गहरी हो चली हैं जबकि दक्षिण कोरिया आदि

में विकास का स्वरूप व्यापक भागीदारी पूर्ण रहा है।

मानवीय योग्यताओं एवं क्षमताओं के संवर्धन में दीर्घ जीवन-यापन, पढ़ लिख सकने, परिहार्य रोगों से बचने, घर से बाहर भी कार्य कर सकने, सहयोगी एवं स्पर्धात्मक राजनीति में भाग ले पाने आदि की स्वतन्त्रताएँ सम्मिलित होती हैं। ये सब व्यक्तियों के मुक्त जीवन की गुणवत्ता को ही प्रभावित नहीं करतीं, वरन, उनके आर्थिक प्रगति के प्रयासों में भागीदारी के सुयोगों तथा अवसरों को भी प्रभावित करती हैं। पिछले दिनों 77 देशों के समूह की संयुक्तराष्ट्र संघ में हुई बैठक में भारत सरकार की ओर से प्रस्तुत वक्तव्य हमारे अधिकारी वर्गों की विभाजित सोच का अच्छा प्रमाण प्रदान करता है। इस वक्तव्य के अनुसार स्थाई बने रहने योग्य (Sustainable) मानवीय विकास एवं मानवीय सुरक्षा की अवधारणाएँ हमारी 'विकास के लिए सहयोग' की अवधारणा को पथभ्रष्ट कर सकती हैं। यह वक्तव्य उस समय दिया गया था जब प्लेग की आशंका से विदेशी पर्यटक एवं व्यापारी भारत से पलायन कर रहे थे तथा स्थाई बनी रहने योग्य मानवीय सुरक्षा की उपेक्षा के भारतीयों के जीवन पर घातक प्रभाव ही उजागर नहीं हो रहे थे वरन भारत की विश्व अर्थ व्यवस्था के साथ जुड़ने के तथाकथित प्रयास भी उससे अप्रभावित नहीं रह पा रहे थे।

नीतियों की ये सीमाएँ केवल सरकारी निर्णयों पर लागू नहीं रहतीं, इनका सम्बन्ध जनता के वार्तालाप की प्रकृति (विशेषकर इनकी आलोचना करने वालों के विचारों) पर भी पड़ता है। उदारीकरण के विपक्ष एवं समर्थन में इतनी अधिक शक्ति लगाई जा चुकी है कि सरकारी नीतियों में सामाजिक विषमताओं एवं अभावों के प्रति घोर उपेक्षा की ओर इस चर्चा के भागीदारों का ध्यान ही नहीं जा पाता। उदारीकरण से जुड़े मुद्दे महत्त्वहीन नहीं हैं, किन्तु इनके खण्डन-मण्डन में व्यस्त होना शिक्षा, स्वास्थ्य एवं मानवीय सामर्थ्य संवर्धनकारी सार्वजनिक व्यवस्थाओं और पूर्ण अकर्मण्यतासूचक 'शान्ति' के लिए पर्याप्त बहाना नहीं बन सकता। अक्सर भारतीय जन सामान्य के आधारभूत कुशल-क्षेम एवं स्वातन्त्र्य की अपेक्षा किसी न किसी प्रकार के नियन्त्रण को गढ़ना और लागू करना हमारी राजनीतिक चिन्तन प्रक्रिया में तत्काल प्राथमिकता पा जाता है। उदाहरण के लिए, हमने बहुराष्ट्रीय निगमों के करों में रियायतें देने, भारतीय कोका कोला पियें या नहीं, शहरी बस सेवा में निजी बस-स्वामी भागीदार हों या नहीं, आदि पर इतना ध्यान लगाया है कि प्राथमिक शिक्षा, चिकित्सा, तथा समाज को पंगु बना रही विषमताओं आदि सभी व्यक्तियों की स्वतन्त्रता एवं कुशल क्षेम को प्रभावित करने वाले मुद्दों की ओर ध्यान देने की 'फुरसत' ही नहीं मिली। बहुदलीय लोकतन्त्र में व्यवस्थित ढंग से विरोध द्वारा भी सरकार की नीतियों को प्रभावित किया जा सकता है। हमारे देश में केवल सरकार को अपनी प्राथमिकताओं एवं सापेक्ष महत्त्वों पर पुनः विचार करने की आवश्यकता है बल्कि आलोचकों एवं विपक्षियों को भी अपनी प्राथमिकताओं

पर पुनः चिन्तन करना आवश्यक हो गया है।

इस निबन्ध में प्रयुक्त अन्तर्राराज्यीय तुलनाएँ भारत के विकास अनुभवों के विस्तृत अध्ययनों पर आधारित हैं। ये अध्ययन विशेषकर केरल, प. बंगाल एवं उत्तर प्रदेश पर केन्द्रित हैं और इन्हें सहयोगी पुस्तक[1] [जिसे विश्व आर्थिक विकास शोध संस्थान के लिए हमने सम्पादित किया है] में संकलित किया गया है। इन अध्ययनों के रचनाकारों के प्रति हम अत्यन्त अभारी हैं।

इस निबन्ध के लिए आवश्यक कार्य का कुछ अंश दिल्ली स्कूल आव इकॉनामिक्स और कुछ लन्दन स्कूल आव इकॉनामिक्स तथा शेष हार्वर्ड विश्वविद्यालय के जनसंख्या एवं विकास अध्ययन केन्द्र में सम्पन्न हुआ है। हम इन संस्थानों द्वारा उपलब्ध कराई गई सुविधाओं के लिए इनके आभारी हैं। हमारे इस संयुक्त कार्य को कनाडा के अन्तर्राष्ट्रीय विकास शोध केन्द्र का सहयोग और योगदान भी हमारे धन्यवाद का अधिकारी है।

अनेक विद्वानों से हमने इस शोध कार्य की विषय वस्तु पर चर्चाएँ एवं विचार विमर्ष किया है। उन सभी के सुझावों एवं टिप्पणियों के लिए हम उनके प्रति हार्दिक धन्यवाद व्यक्त करते हैं। इस शोध कार्य से जुड़े अनेक रांगठनात्मक एवं प्रबन्धकीय दायित्वों का लन्दन स्कूल ऑफ इकॉनामिक्स एवं हार्वर्ड विश्वविद्यालय में जिन सहयोगियों ने निर्वहन किया, उनके तथा सम्पादकीय सुझावों के लिए भी हम अपने सभी सहयोगियों का हृदय से आभार व्यक्त करते हैं।

अमर्त्य सेन
ज्याँ द्रीज़

1. 'भारत का विकास : कुछ प्रादेशिक अध्ययन'

अनुक्रम

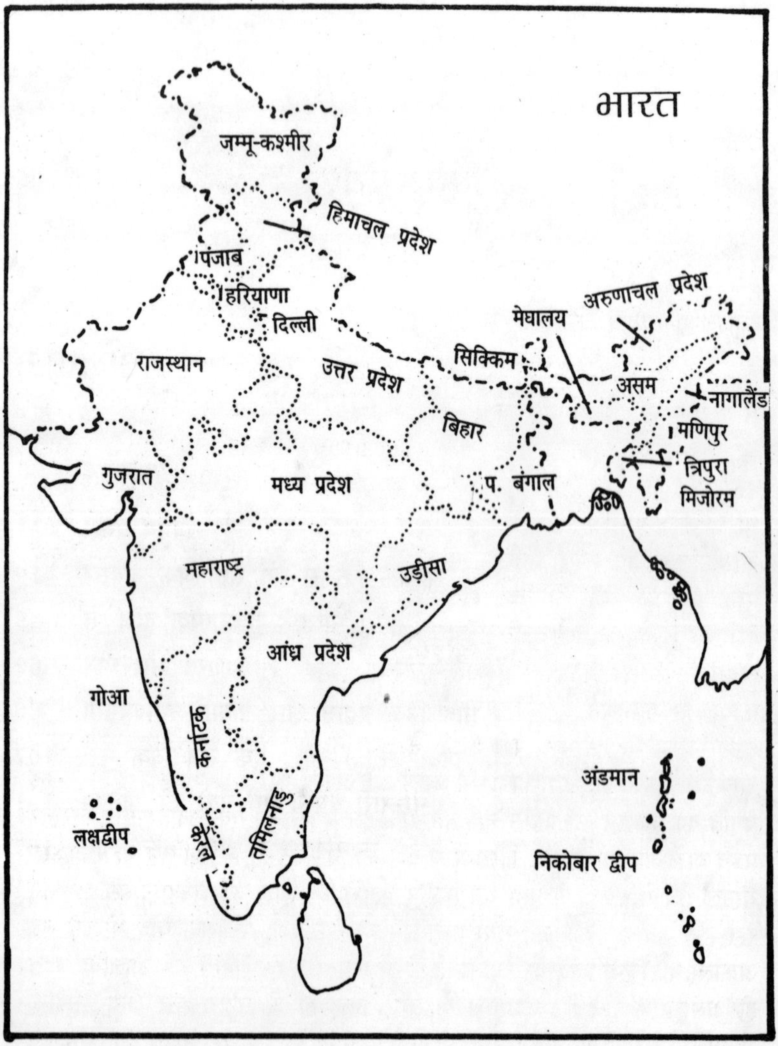
भारत
जम्मू-कश्मीर
हिमाचल प्रदेश
पंजाब
हरियाणा
दिल्ली
राजस्थान
उत्तर प्रदेश
सिक्किम
मेघालय
अरुणाचल प्रदेश
असम
नागालैंड
मणिपुर
त्रिपुरा
मिजोरम
बिहार
प. बंगाल
गुजरात
मध्य प्रदेश
महाराष्ट्र
उड़ीसा
आंध्र प्रदेश
गोआ
कर्नाटक
तमिलनाडु
केरल
लक्षद्वीप
अंडमान
निकोबार द्वीप

1.

विषय प्रवेश

स्वतंत्रता-प्राप्ति के बाद से भारत

भारत को स्वाधीन हुए लगभग आधी शताब्दी बीत चुकी है। अंग्रेजों के भारत से प्रस्थान की पूर्व सन्ध्या पर 14 अगस्त, 1947 को जवाहरलाल नेहरू ने घोषणा की थी : "वर्षों पूर्व हमने नियति को फिर मिलने का वचन दिया था, और आज वह समय आ गया है जब हम अपना वह वचन पूरा करेंगे।" उन्होंने आगे कहा था : "आज हम जिस उपलब्धि का उत्सव मना रहे हैं, यह तो उन महान् उपलब्धियों और मंजिलों, जो हमारी प्रतीक्षा कर रही हैं, की ओर अग्रसर होने की दिशा में एक पहला कदम है–उस ओर चलने का एक पहला अवसर मिलना मात्र है।" उन्होंने देश को सजग किया था कि भविष्य में गरीबी और अज्ञान तथा बीमारियों एवं अवसरों की असमानता को समाप्त करने के लिए भी प्रयास करने होंगे। इन्हीं कार्यों के प्रति यह पुस्तक समर्पित है।

आज भी हम यही पाते हैं कि नेहरूजी ने जिन कार्यों की ओर हमारा ध्यान आकर्षित किया था, दुर्भाग्यवश वे आज भी अधूरे ही हैं। हम अनेक क्षेत्रों में हुई प्रगति को नकारने का प्रयास नहीं कर रहे–इस प्रगति का एक उदाहरण तो निरन्तर पड़ने वाले अकालों की काली छाया से देश की विमुक्ति ही है (अन्तिम गहन अकाल बंगाल क्षेत्र में 1943 में पड़ा था, जिसमें 20 से 30 लाख की जनहानि का अनुमान रहा है)। जब हम अफ्रीका तथा एशिया के अनेक देशों में इसके बाद भी पड़े बड़े अकालों की विभीषिका पर ध्यान देते हैं तो लगता है कि हमारी यह उपलब्धि बहुत ही असाधारण रही है। उदाहरण के लिए, अफ्रीका के सहारा-इतर क्षेत्रों (सूडान, सोमालिया, इथोपिया, नाइजीरिया, मोजम्बीक आदि देश) में तो अकाल का अभिश।प चल ही रहा है। यहाँ तक कि चीन में भी 1959–61 की अवधि में अकाल के गाल में 2.3 से 3 करोड़ लोगों के समा जाने का अनुमान है। और भी अनेक

उपलब्धियाँ हमने पाई हैं, जैसे—बहुदलीय लोकतांत्रिक व्यवस्था का बने रहना तथा बहुत बड़े वैज्ञानिक प्रतिभासम्पन्न समुदाय का उदय। वास्तव में सामाजिक एवं आर्थिक विकास के अनेक क्षेत्रों में भारत की उपलब्धियाँ बहुत ही गौरवशाली रही हैं।

इन सब उपलब्धियों के बाद भी गरीबी, अज्ञान, बीमारियों और अवसरों की विषमता मिटाने के जिन मुख्य कार्यों की बात नेहरूजी ने की थी, उनके सन्दर्भ में तो हमारी सफलताएँ आज भी सीमित ही हैं। उन अभावों एवं वंचनाओं की गहनता में अवश्य कमी आई है, किन्तु हम अभी भी नेहरूजी द्वारा निर्धारित उन लक्ष्यों की प्राप्ति से बहुत ही दूर हैं। उदाहरण के लिए, सभी आयु वर्गों में मृत्यु दरों में गिरावट आई है, हमारी औसत जीवाशा[1] अब लगभग 60 वर्ष हो गई है, जबकि, स्वतंत्रता प्राप्ति के समय यह लगभग 30 वर्ष ही थी। यह जीवाशा संवृद्धि अपने आपमें बहुत महत्त्वपूर्ण है—किन्तु अन्य अनेक विकासशील देश (जो हमारे जैसी ही स्थिति में रहे हैं) तो अब 70 वर्ष से अधिक जीवाशा का दावा कर रहे हैं। उनकी तुलना में भारत की उपलब्धि कुछ फीकी अवश्य पड़ जाती है। जीवन-यापन की अन्य बातों, जैसे—प्राथमिक शिक्षा, पोषण स्तर, रोग प्रतिरोध, सामाजिक सुरक्षा एवं सामान्य उपभोग स्तर आदि की तुलनाएँ भी न्यूनाधिक इसी प्रकार के निष्कर्ष पर पहुँचने को बाध्य करती हैं। पिछले दशकों में भारत की प्रगति निकृष्ट तो नहीं रही किन्तु अनेक अन्य विकासशील देशों की अपेक्षा निरन्तर काफी कम बनी रही है।

भारत की अपेक्षा अधिक तेजी से विकसित हुए देशों की आर्थिक नीतियों में भी कोई अधिक साम्य नहीं दिखाई देता। जहाँ कोरिया, ताईवान तथा थाईलैंड ने बाजारनिष्ठ पूँजीवाद का सहारा लिया है, वहीं क्यूबा, वियतनाम तथा चीन (उदारीकरण से पूर्व) में साम्यवादी दल के नेतृत्व में समाजवादी नीतियाँ अपनाई गई हैं। इन दोनों से कुछ परे हटकर श्रीलंका, कोस्टारिका और जमैका में तो मिश्रित नीतियाँ ही बहुत सफल रही हैं। आर्थिक संवृद्धि को लेकर इन देशों में बहुत अधिक समानताएँ दृष्टिगोचर नहीं होतीं फिर भी ये मानवीय अभावों एवं असुरक्षा की परिस्थितियों में क्रांतिकारी सुधार कर पाने में सफल रहे हैं। आर्थिक नीतियाँ भिन्न होते हुए भी इन देशों की सामाजिक नीतियों में बहुत समानता देखी गई है। यह समानता प्राथमिक शिक्षा एवं स्वास्थ्य सेवाओं के विषय में तो बहुत गहरी है, और भारत इन्हीं में इन सबसे पिछड़ गया है। इन देशों के समाज तंत्र की अनेक बातों से हम बेशक बचना चाहें किन्तु इनकी साँझी उपलब्धियों की गाथा से बहुत कुछ

---

1. जन्म के समय औसतन कोई व्यक्ति कितने वर्ष जीवित रह पाने की आशा कर सकता है, इसी को जीवाशा (Expectation of life at birth) कहा जाता है।

सीखा भी जा सकता है। इस विरोधाभास पर हम इस निबन्ध में आगे और विस्तार से चर्चा करेंगे।

प्राथमिक शिक्षा के क्षेत्र में तो भारत की स्थिति विश्व के गरीबतम देशों की औसत से भी गई-गुजरी रही है। यहाँ वयस्क शिक्षा दर 50 प्रतिशत तक ही पहुँची है जबकि चीन में यह 78 प्रतिशत है। यही नहीं, भारत एवं चीन को छोड़ अन्य गरीब देशों की औसत दर भी 55 प्रतिशत है। घाना, इंडोनेशिया, केन्या, म्यांमार, फिलिपाइंस, जिम्बावे तथा जांबिया जैसे देश, जो अनेक दृष्टियों से भारत से बहुत पीछे रहे हैं, वे भी प्राथमिक शिक्षा के मामले में बहुत आगे निकल गए हैं।

भारत के निष्पादन का सही आकलन करने में अन्य देशों से तुलनात्मक परिदृश्य बहुत उपयोगी रहेंगे। चीन, श्रीलंका, थाईलैंड अथवा दक्षिण कोरिया के अत्यन्त प्रभावशाली प्रदर्शन यह दिखाते हैं कि अन्य देशों में क्या कुछ करना सम्भव नहीं हो पाया। इन्हीं के अध्ययन से हम भारत के प्रयासों के मूल्यांकन के लिए उचित मापदंडों का निर्धारण भी कर पाएँगे। यहाँ मुद्दा यह नहीं है कि भारत में प्रगति हुई या नहीं। इस बात पर भी बहस नहीं हो रही कि अन्य देश भारत से अधिक प्रगति कर गए। चर्चा की बात यह है कि "गरीबी, अज्ञानता, बीमारियों तथा अवसरों की विषमताओं को मिटाने" में भारत की उपलब्धियाँ अन्य देशों की तुलना में बहुत ही कम रह गई हैं। प्राथमिक शिक्षा के मामले में तो भारत विश्व के गरीब देशों के औसत स्तर से भी पीछे रह गया है। इस विफलता पर हम अपने वर्तमान निबन्ध में बहुत ध्यान देने जा रहे हैं। हमारा मत है कि साक्षरता न केवल अपने आपमें एक महती सामाजिक उपलब्धि है बल्कि यह अन्य सामाजिक उपलब्धियों की सम्प्राप्ति का मार्ग भी प्रशस्त करती है।

इस लेख में हम यह जानने का प्रयास कर रहे हैं कि नेहरूजी ने जिन सामाजिक वंचनाओं को दूर करने का संकल्प व्यक्त किया था, उनके निमित्त क्या प्रयास हुए हैं और किस प्रकार की नीतियाँ इन सन्दर्भों में तीव्र प्रगति का आधार बन सकती हैं। अन्य देशों की सफलताओं एवं विफलताओं से बहुत कुछ सीखा जा सकता है। इसीलिए उपलब्धियों की भाँति ही नीतियों के विश्लेषण में भी तुलनात्मक मानदंडों का प्रयोग अपरिहार्य हो जाता है।

एक अन्य बात भी कम महत्त्वपूर्ण नहीं है—यह बात है, भारत अपने ही अनुभवों से क्या सीख सकता है ? भारत की विकास-यात्रा का एक महत्त्वपूर्ण आयाम है—सामाजिक अभावों की समाप्ति को लेकर व्यापक क्षेत्रीय विषमता। उदाहरण के लिए, जहाँ भारत की 60 वर्ष की जीवाशा चीन की 69 वर्षों के सामने बहुत फीकी लगती है, वहीं भारत के केरल प्रान्त में इसका 72 वर्ष तक पहुँच जाना कम महत्त्वपूर्ण नहीं है। इसी तरह जहाँ भारत की शिशु मृत्युदर 79 प्रति हजार चीन की 31 प्रति हजार से बहुत ज्यादा लगती है, वहीं केरल प्रान्त में यह दर

मात्र 17 प्रति हजार है, जोकि चीन की तुलना में बहुत ही महत्त्वपूर्ण एवं सम्मानसूचक कही जा सकती है। इसी प्रकार भारत की औसत साक्षरता दर चीन से कम है—पर केरल प्रदेश की दर चीन से बहुत ही ऊँची है। वास्तव में केरल की स्त्री-साक्षरता दर तो चीन के प्रत्येक प्रान्त से कहीं अधिक बढ़ी-चढ़ी है (देखें अध्याय 4)। दूसरी ओर, भारत के ही कुछ राज्य—उत्तर प्रदेश, राजस्थान, मध्य प्रदेश तथा बिहार तो निम्न राष्ट्रीय औसत के पास भी नहीं पहुँच पा रहे।

भारत के भीतर ही इतने वैभिन्न्य का अध्ययन अत्यन्त आवश्यक है—इसी से हम जान पाएँगे कि जो कुछ देश के कुछ भागों में सम्भव हो पाया है वह अन्य क्षेत्रों में भी दोहराया जा सकता है अथवा नहीं। इस सन्दर्भ में केरल की उच्चस्तरीय उपलब्धियों की तुलना जहाँ उत्तर प्रदेश के निम्न निष्पादन से होती है वहीं पश्चिम बंगाल का अनुभव मिला-जुला-सा रहा है। हमारे इस अध्ययन का एक महत्त्वपूर्ण आयाम यही है कि भारत अपने भीतर से ही क्या कुछ सीख सकता है। यह सीख अन्य देशों की उपलब्धियों से प्राप्त हो सकने वाली सीख से कम महत्त्वपूर्ण नहीं है। केरल, पश्चिम बंगाल तथा उत्तर प्रदेश के विकास अनुभवों की समीक्षा हम अपने दूसरे ग्रन्थ 'भारत का विकास : कुछ प्रादेशिक अध्ययन'[1] में कर रहे हैं।

अन्य देशों से क्या सीखा जा सकता है ?

व्यापार उदारीकरण, सरकारी प्रतिबन्धों में लचीलापन और निजी उद्यम को बढ़ावा देने वाले सुधार कार्यक्रमों को लागू करने के लिए प्रोत्साहित करने के उद्देश्य से आजकल अन्तर्राष्ट्रीय तुलनाओं का सहारा लेने का रिवाज़-सा चल पड़ा है। इस सन्दर्भ में दक्षिण कोरिया, हांगकांग, सिंगापुर तथा थाईलैंड आदि देश, जिन्होंने बाजार पर आधारित आर्थिक अवसरों का भरपूर लाभ उठाया है, की खूब चर्चा होती है। वस्तुतः इन तुलनाओं से बहुत ज्ञानवर्धन होता है—किन्तु इस तुलन प्रयास को क्या केवल एक ही तरह के संस्थागत सुधार से जुड़ी हुई नीतियों तक सीमित रखना बुद्धिमानी होगी ? यह देखना भी आवश्यक है कि बेहतर आर्थिक प्रदर्शन कर रहे देशों में शिक्षा, सामाजिक स्वास्थ्य, सामाजिक सुरक्षा, भू-सुधार, स्त्री-पुरुष भेदभाव की समाप्ति आदि अन्य सामाजिक लक्ष्यों की प्राप्ति के निमित्त क्या प्रयास हुए हैं। भारत एवं इन देशों के बीच आर्थिक संवृद्धि और बाजार संस्थाओं की भाँति ही इन सामाजिक क्षेत्रों में भी भारी खाई दिखाई पड़ रही है।

इन अन्तर्राष्ट्रीय तुलनाओं से आर्थिक अवसरों के उदय और उनके उपयोग का मार्ग प्रशस्त करने वाली सामाजिक परिस्थितियों के बीच परिपूरकता के महत्त्वपूर्ण मुद्दे की ओर भी ध्यान आकर्षित होता है। इस बात के भी सांख्यिकीय प्रमाण मिलते

---

1. यह पुस्तक भी राजपाल एण्ड सन्ज़ से प्रकाशित है।

हैं कि बाजार के अवसरों के प्रसार-फैलाव से शिक्षा क्षेत्र के प्रसार से प्राप्त होने वाले प्रतिफलों में भी संवृद्धि होती है। इस प्रकार की प्रतिपूरकता की सामान्य आर्थिक तर्कों के आधार पर अपेक्षा भी रहती है। श्रीलंका में शिक्षा ने बेशक आर्थिक संवृद्धि में बहुत योगदान नहीं दिया हो किन्तु जनसामान्य के जीवन की गुणवत्ता को सुधारने में इसकी भूमिका बहुत महत्त्वपूर्ण रही है।

इसी प्रकार शिक्षा एवं अन्य सामाजिक उपलब्धियों के उच्च स्तर के बाद भी दक्षिण कोरिया, थाईलैंड (और अब चीन भी) जैसे देशों की भाँति तीव्र संवृद्धि की प्राप्ति में हमारा केरल प्रान्त भी असफल ही रहा है। अतः लगता है कि शिक्षा के अतिरिक्त कुछ अन्य सामाजिक आदानों की आवश्यकता भी अवश्य होती है। केरल के मानवीय संसाधनों को भारत से बाहर भी बहुत विस्तृत एवं समृद्ध बाजार प्राप्त हो चुका है—यहाँ के मूलवासी खाड़ी सहित अनेक देशों में बहुत से सेवा-क्षेत्रीय कार्यों में लगे हुए हैं। भारत की सीमाओं के भीतर ही आर्थिक अवसरों का प्रसार कर इन प्रतिभाओं का उपयोग बहुत बढ़ाया जा सकता है।

आर्थिक अवसरों एवं सामाजिक परिस्थितियों की प्रतिपूरकता का एक और आयाम भी है। नए आर्थिक अवसरों के उदय एवं श्रम और प्रतिभाओं के कुशल प्रयोग की सम्भावनाएँ काफी हद तक प्राथमिक शिक्षा सुविधाओं के प्रसार तथा उनसे जुड़ी अन्य सामाजिक दशाओं पर भी निर्भर करती हैं। इस सन्दर्भ में एशिया के तीव्र गति से संवृद्धिमान देशों के अनुभवों का और गहन अध्ययन आवश्यक प्रतीत होता है। भारत का आज का साक्षरता स्तर न केवल आज ही दक्षिण कोरिया व चीन से पिछड़ा हुआ है वरन् यह स्तर तो एशिया के तेज़ी से औद्योगीकृत हुए देशों—चीन, थाईलैंड एवं दक्षिण कोरिया ने जिस स्तर को 1960 में ही पा लिया था, उससे भी पिछड़ा हुआ है। (उसी समय (1960) के आसपास ही उन देशों में तीव्र आर्थिक संवृद्धि आरम्भ होने के साक्ष्य भी मिलते हैं) इन देशों में आर्थिक विकास का वितान बहुत ही विस्तृत रहा है और उस विस्तार में सम्मिलित आधुनिक उद्योग धन्धों के विकास में शिक्षित एवं प्रशिक्षित श्रम-शक्ति की बहुत व्यापक आवश्यकता पर किसी को सन्देह नहीं हो सकता। अतः इन देशों के विकास में मूलभूत शिक्षा सुविधाओं के प्रसार के योगदान को दृष्टिगत कर पाना सहज नहीं होगा। चीन के अभी कुछ वर्षों के बारे में भी यही बात लागू होती है—क्योंकि जिस समय उसने अपने बाजारनिष्ठ सुधार-कार्यक्रम का शुभारम्भ किया, उसका प्राथमिक शिक्षा का स्तर भारत में आज के स्तर से कहीं ऊँचा था (देखें अध्याय 4)। अतः इन देशों की बाजार व्यवस्था और उसे दिए गए प्रोत्साहनों की नकल करना ही पर्याप्त नहीं है, उनके आर्थिक घटना-चक्र को ठीक से समझने के लिए उनकी आर्थिक एवं सामाजिक दशाओं की समग्रता का बारीकी से अध्ययन भी आवश्यक होगा। किसी समग्र एवं समन्वित विकास के अनुभव से सीख प्राप्त करना और

उसके किन्हीं लक्षणों की मात्र नकल करने में बहुत भारी अन्तर होता है।

सामाजिक अवसर एवं सार्वजनिक नीति

नेहरूजी के अभावों को मिटाने सम्बन्धी उद्घोष ने 'अवसरों की विषमता' को उन प्रमुख त्रुटियों में सम्मिलित किया था जिन्हें दूर करना वे आवश्यक मानते थे। इस अध्ययन की विश्लेषण विधि जीवन-स्तर सुधारने के निमित्त जन-सामान्य को सुलभ अवसरों तथा उन विफलताओं से सम्बद्ध है जिनके कारण उन अवसरों के सामान्य (औसत) स्तर अति न्यून रह गए हैं और उस न्यून स्तर में भी गहन विषमताएँ दृष्टिगोचर होती हैं। इस पुस्तक के नाम में ही सामाजिक अवसरों का प्रयोग किसी विशेष मन्तव्य से किया गया है। यह मन्तव्य है : व्यक्तियों तथा उन्हें उपलब्ध अवसरों को पृथक्-पृथक् नहीं मानना चाहिए—उनके प्रति समग्रवादी समन्वित दृष्टिकोण अपनाना आवश्यक है। किसी व्यक्ति को सुलभ विकल्प बहुधा इस बात पर भी निर्भर करते हैं कि उसके अन्य व्यक्तियों से किस प्रकार के सम्बन्ध हैं तथा सरकार एवं सामाजिक संस्थाएँ आदि क्या कुछ कर रही हैं। हम उन अवसरों पर विशेष रूप से ध्यान दे रहे हैं जिन पर सामाजिक परिस्थितियों एवं सार्वजनिक नीतियों का बहुत ही सशक्त प्रभाव रहता है।

वाक्यांश 'सामाजिक' का प्रयोग इसे 'आर्थिक' से भिन्न स्वरूप देने के उद्देश्य से नहीं किया गया। वस्तुतः हमारा मत रहेगा कि सामाजिक अवसरों के अस्तित्व के लिए अनेक आर्थिक तंत्र एवं व्यवस्थाएँ अपरिहार्य होती हैं और दोनों के बीच प्रतिपूरकता का अविच्छिन्न सम्बन्ध रहता है। कभी निरक्षर होने के कारण व्यक्ति कई बार बाजार व्यवस्था द्वारा सृजित अवसरों का लाभ नहीं उठा पाते तो कई बार सुशिक्षित एवं शारीरिक रूप से कुशल व्यक्ति बाजार के अभाव में आर्थिक अवसर सीमित रह जाने के कारण अपनी योग्यता का भरपूर प्रयोग नहीं कर पाते। वित्त के स्रोत तक पहुँच नहीं हो पाना, अतिशय नौकरशाही नियंत्रण या फिर आर्थिक सम्प्रेरणाओं को कुंठित करने वाले अनेक प्रतिबन्धों के कारण भी प्रतिभा के प्रयोग में भारी अड़चन आ सकती है। अतः सामाजिक अवसरों पर अनेक कारकों के प्रभाव पड़ते हैं। इनमें से कुछ हैं—शैक्षणिक एवं स्वास्थ्य सेवाएँ (इन पर सार्वजनिक नीतियों का गहरा प्रभाव निर्विवाद है), वित्त की उपलब्धि तथा उसके प्रकार अथवा स्वरूप (यह सार्वजनिक नीतियों को प्रभावित करते हैं); बाजार का अस्तित्व में होना (और उसे प्रोत्साहित या सीमित रखने वाली नीतियाँ) तथा सामान्य नौकरशाही नीतियों का स्वरूप एवं पैठ (इसमें उद्यम के प्रति बंधन आदि भी सम्मिलित होते हैं)। वैयक्तिक उत्साह एवं आर्थिक गतिविधियों का दम घोंटने वाली नौकरशाही रुकावटों के विरुद्ध शोर मचाना एक बात है पर जिस प्रकार की दलीलें आजकल भारत में दी जा रही हैं, उन्हें व्यक्तियों को सहज प्राप्य सामाजिक अवसरों के निर्धारण-निरूपण

के व्यापक परिवेश में देखा और समझा जाना चाहिए। सामाजिक अवसरों पर ध्यान केन्द्रित करते हुए हम केवल बाजार व्यवस्था के संवर्धन पर केन्द्रित संकीर्ण परिदृश्य की तुलना में कहीं व्यापक परिप्रेक्ष्य की प्रस्तुति कर रहे हैं। उतने ही संकीर्ण पर विपरीत दृष्टिकोण–जो सारे उदारीकरण की अन्ध भर्त्सना मात्र ही है–की अपेक्षा भी यह सामाजिक अवसरों पर आधारित विश्लेषण कहीं अधिक सार्थक सिद्ध होगा।

आर्थिक विकास को हम इस रूप में भी जानने का प्रयास कर सकते हैं कि किसी व्यक्ति को समाज के परिवेश में सहज सुलभ अवसरों का किस प्रकार विस्तार-प्रसार हो रहा है। अगले अध्याय में हम इस विश्लेषण विधि पर चर्चा करेंगे। इसी सन्दर्भ में हम इन दो बातों के बीच अन्तर भी स्पष्ट करेंगे : (1) अवसरों का अन्तर्निहित महत्त्व–(आर्थिक विकास का एक प्रमुख उद्देश्य व्यक्तियों को सुलभ स्वतंत्रता का संवर्धन होता है); तथा (2) अन्य उद्देश्यों की प्राप्ति में वैयक्तिक अवसरों की व्यापक पर सहायक भूमिका। इस प्रकार से सामाजिक अवसरों के महत्त्व प्रत्यक्ष एवं परोक्ष दोनों ही स्वरूप में होते हैं।

इस प्रकार यद्यपि समाज के परम लक्ष्यों की ओर नेहरूजी का संकेत आज भी प्रासंगिक एवं सारपूर्ण है–फिर भी हमारे समक्ष केवल उन लक्ष्यों की प्राप्ति की चुनौती ही नहीं है। आर्थिक विकास की प्रक्रिया का सार मुख्यतः इन्हीं उपलब्धियों की संप्राप्ति को व्यावहारिक बनाने में निहित रहता है–पर इसके लिए और अधिक उपयोगी तर्कशास्त्र की आवश्यकता भी पड़ती है। हमें उन अनेक पड़ावों से गुजरना पड़ेगा जो भारत को अपनी निश्चित मंजिल के निकट ले जाएँगे। नेहरूजी द्वारा सुझाए गए 'गरीबी, अज्ञानता, बीमारी एवं अवसरों की विषमता' दूर करने से बेहतर अन्य कोई शुरुआत हो ही नहीं सकती किन्तु इस कार्य के लिए यह आवश्यक नहीं कि नेहरूजी द्वारा चुने गए मार्ग का ही अनुसरण किया जाए–शायद आज ऐसा करना बहुत समझदारीपूर्ण भी नहीं होगा। उस मार्ग पर चलकर कुछ सफलताएँ भी प्राप्त हुई हैं–पर विफलताएँ भी बहुत भारी रही हैं, अक्सर उन विफलताओं का स्रोत कहीं और खोजने का प्रयास होता रहा है।

स्वतंत्र भारत की विफलताओं के लिए अक्सर बाजार अभिप्रेरणाओं (Market incentives) के अपर्याप्त विकास को उत्तरदायी ठहराया जाता है। हमारा तर्क होगा कि यह विचार काफी हद तक ठीक होते हुए भी देश की सभी विफलताओं के निदान के लिए पर्याप्त नहीं है। ये विफलताएँ अनेक हैं, जैसे–सार्वजनिक शिक्षा व्यवस्था, स्वास्थ्य सेवाएँ, सामाजिक सुरक्षा व्यवस्था, स्थानीय लोकशाही, पर्यावरण प्रतिरक्षण आदि। बाजार अभिप्रेरणाओं को कुंठित रखना तो इस व्यापक परिदृश्य का एक अंगमात्र है। इन विफलताओं को केवल सरकारी 'अतिसक्रियता' का परिणाम मानना ठीक नहीं होगा। जहाँ किन्हीं क्षेत्रों में सरकार अतिसक्रिय रही है वहीं अन्य कार्यों में इसकी 'निष्क्रियता' भी आकलन क्षमता से परे ही रही है।

हमारा तर्क है कि यहाँ 'अधिक' या 'कम' सरकार की बात ही नहीं उठती। यहाँ तो प्रश्न सरकार के स्वरूप का है—हमें सामाजिक अवसरों के संवर्धन एवं दमन में सार्वजनिक नीतियों की भूमिका पर चर्चा करनी है। वस्तुतः सरकार, जनता तथा बाजार के अन्तर्सम्बन्धों पर एक व्यापक परिप्रेक्ष्य में विचार करना होगा क्योंकि इनके परस्पर अनेक प्रकार से प्रभाव पड़ते हैं। आजकल चल रहे वाद-विवाद की भाँति इस व्यापक परिप्रेक्ष्य के विश्लेषण सें कोई एक सीधा सूत्र नहीं निकलता (जैसे एक पक्ष तो उदारीकरण का ढिंढोरा पीट रहा है तो दूसरा उसे पूरी तरह नाकारा घोषित कर रहा है)। पर इस 'सुस्पष्टता' की हानि में भी कुछ-न-कुछ हित अवश्य छिपा है।

इस पुस्तक में जिस विश्लेषण का विकास हुआ है, उससे एक सामान्य सीख तो हमें यही मिलती है कि वर्तमान भारत की राजनीतिक, आर्थिक नीतियों पर चल रहे विचार-मंथन को आर्थिक सुधार, उदारीकरण और नियंत्रण घटाने से जुड़े परिचित परिवेश से कहीं आगे ले जाने की भी आवश्यकता है। अनेक बातों पर विचार आवश्यक है, उनके पक्ष-विपक्ष का विवेचन होना ही चाहिए, किन्तु केवल उदारीकरण पर सारा चिन्तन सीमित कर देने से तो शिक्षा, स्वास्थ्य एवं सामाजिक सुरक्षा आदि से जुड़ी सार्वजनिक नीतियों से ध्यान पूरी तरह ही हट जाएगा। आर्थिक सुधारों का पूरे उत्साह से खंडन एवं मंडन करनेवाले दोनों ही पक्ष अन्य महत्त्वपूर्ण एवं आवश्यक मुद्दों से मुँह चुरा रहे हैं।

यदि हम स्वीकार कर लें कि भारत में आर्थिक विकास की केन्द्रीय चुनौती सामाजिक अवसरों का विस्तार-प्रसार है तो फिर उदारीकरण उस विशाल रंगमंच का एक हिस्सामात्र प्रतीत होगा। केवल उसी हिस्से पर ध्यान केन्द्रित करने से तो शेष सारे मंच की अनदेखी हो जाएगी। भारतीय योजना के अनुभव की त्रुटियाँ दोनों ही क्षेत्रों में रही हैं : मंच के अँधेरे हिस्सों में तो भूलें हुई ही हैं, इसके रोशनी से जगमगाते भाग में भी गलतियाँ की गई हैं। इस प्रकार समदृष्टिकोण के अभाव के कई दुष्परिणाम समाज को भोगने पड़ते हैं। अतः पहला काम तो यही होना चाहिए कि समाज के विकास मंच के अंधकारमय रह गए हिस्सों में भी प्रकाश का संचार हो। इस पुस्तक में हमारा आग्रह रहेगा कि इस दिशा में केवल सरकार ही नहीं बल्कि जनसामान्य को भी बहुत ध्यान देना होगा।

2.

आर्थिक विकास एवं सामाजिक अवसर

विकास, स्वतंत्रता एवं अवसर

द्वितीय महायुद्ध के तुरन्त बाद जब विकास का अर्थशास्त्र अपना स्वतंत्र अस्तित्व बना रहा था तो वह संवृद्धि अर्थशास्त्र (Growth economics) का ही विकृत-सा स्वरूप प्रतीत होता था। इसमें संवृद्धि अर्थशास्त्र के अतिरिक्त भी कुछ प्रभावों की झलक साफ दिखाई पड़ रही थी पर इन प्रभावों की परिणति किस प्रकार हुई थी, यह बात स्पष्ट नहीं हो पा रही थी। फिर भी संवृद्धि अर्थशास्त्र के सही उत्तराधिकारी से अपेक्षित 'प्रति व्यक्ति वास्तविक आय में संवृद्धि' के दुराग्रह से यह विकास अर्थशास्त्र भी मुक्त नहीं था।

आइन लिटिल (Ian Little) ने विकास अर्थशास्त्र की परिभाषा (देखें 'फॉन्टाना डिक्शनरी ऑफ मॉडर्न थॉट') करते हुए इसी धारणा को स्पष्ट किया है। उन्होंने कहा है कि विकास अर्थशास्त्र मोटे तौर पर एडम स्मिथ से जान स्टुअर्ट मिल तक के प्रतिष्ठित विचारों सहित प्रति व्यक्ति आय की संवृद्धि से जुड़े समस्त चिन्तन का सार-संग्रह है। यहाँ विकास अर्थशास्त्र निश्चित रूप से आय की वृद्धि पर ही केन्द्रित हो गया है, किन्तु लिटिल ने जिन दो विचारकों का नाम लिया है, उन्होंने तो वास्तविक आय की संवृद्धि पर बहुत कुछ लिखते हुए भी आय को किन्हीं महत्त्वपूर्ण उद्देश्यों की प्राप्ति के अनेक माध्यमों में से एक माना था। उन्होंने उन उद्देश्यों पर भी बहुत खुलकर विचार व्यक्त किए हैं तथा वे विचार यह स्पष्ट कर देते हैं कि वे उद्देश्य आय से किस प्रकार भिन्न हैं।

वे पुरातन विद्वान् इस बात को लेकर बहुत सजग थे कि एक अच्छे जीवन-यापन के अवसरों की रचना में आय एवं सम्पत्ति के अतिरिक्त भी अनेक अन्य महत्त्वपूर्ण बातों का समावेश होता है। स्मिथ, मिल एवं अनेक अन्य प्रतिष्ठित राज-अर्थ-नीतिवेत्ताओं की रचनाओं में "उन कार्यों को कर पाने की हमारी क्षमता

जिन्हें हम महत्त्वपूर्ण मानते हैं" पर बहुत बल दिया गया है। इस प्रकार से मूल्यवान जीवन को अपनी इच्छानुसार जी पाने की स्वतंत्रता किसी अन्य लक्ष्य की प्राप्ति का माध्यम मात्र नहीं होकर स्वयं अपने आपमें महत्त्वपूर्ण हो जाती है। उन्होंने इन बातों तथा आय, संपत्ति एवं अन्य आर्थिक दशाओं पर बहुत खुलकर टिप्पणियाँ की हैं और आधारभूत आवश्यकताओं की संवर्धनकारी सार्वजनिक़ नीतियों के बारे में भी बहुत कुछ बताया है। जिन परिवर्तनों को हम आज आर्थिक विकास का अंग मानते हैं–यहाँ तक कि नेहरूजी द्वारा निर्धारित 'कर्त्तव्यों'–उनसे भी मिल या स्मिथ का कोई मतभेद नहीं होता।

हाल के वर्षों में आर्थिक विकासशास्त्र भी विकास क्रम के स्वरूप के व्यापकीकरण की ओर ही अग्रसर होता प्रतीत हुआ है। विकास की एक झलक तो जनसामान्य की अपने मनभावन उद्देश्यों की सम्प्राप्ति के निमित्त प्रयास कर पाने की स्वतंत्रता की वृद्धि में ही मिलती है। इस सन्दर्भ में मानवीय योग्यता के प्रसार को विकास की प्रक्रिया का एक केन्द्रीय लक्षण माना जाना चाहिए।

किसी 'व्यक्ति की योग्यता' के विचार का उद्‌गम तो महान विचारक अरस्तू की रचनाओं से माना जा सकता है। किसी व्यक्ति के जीवन का दर्शन उसके द्वारा किए गए कार्यों की एक शृंखला के रूप में किया जा सकता है–अथवा उन जीवन दशाओं के समुच्चय में जिन्हें वह व्यक्ति पा सका है। इन्हें ही व्यक्ति के कृत्यों एवं अवस्थाओं का अथवा उसकी कृत्यकारिताओं (Functionings) का समुच्चय माना जा सकता है। योग्यता (Capability) से हमारा अभिप्राय कृत्यकारिताओं के वैकल्पिक समूहों में से चयन कर पाने की व्यक्ति की क्षमता से ही है। इस प्रकार योग्यता का विचार प्रकारांतर से स्वतंत्रता से ही जुड़ा हुआ है। यहाँ उसका सम्बन्ध इस निर्णय से है कि व्यक्ति को उपलब्ध वैकल्पिक जीवन-शैलियों का प्रसार-विस्तार कितना व्यापक है। इस परिवेश में जीवन की दुरवस्था का अभिप्राय केवल व्यक्ति की गरीबी ही नहीं, बल्कि सामाजिक, वैयक्तिक बाधाओं के कारण जीवन-शैली के चयन के वास्तविक अवसरों के अभाव से भी है। कम आय, अति अल्प सम्पत्ति आदि आर्थिक गरीबी के सहज चिह्न भी अन्ततः इसी कारण से यहाँ महत्त्वपूर्ण हो पाते हैं कि उनके कारण उल्लिखित योग्यताएँ–अर्थात् अभिलषित जीवन-यापन कर पाने की स्वतंत्रता दुष्प्रभावित होती हैं। अतः गरीबी तो अन्ततः योग्यता से वंचित रह जाना ही है। इस सम्बन्ध का ध्यान रखना केवल अवधारणा निरूपण के स्तर पर ही नहीं बल्कि आर्थिक, सामाजिक एवं राजनीतिक विश्लेषण में भी आवश्यक होगा। इस निबन्ध में सामान्य जीवन-यापन (अकाल मृत्यु की छाया से बचे रहकर) की योग्यता की स्वतंत्रता तथा निरक्षरता की बाधा से मुक्त पठन-पाठन की स्वतंत्रता आदि की वंचनाओं पर ध्यान केन्द्रित करते समय भी हम गरीबी के व्यापक परिवेश को ही अपने विश्लेषण की पृष्ठभूमि मानकर चलेंगे। हम बार-बार

गरीबी शब्द का प्रयोग भले ही न करें पर अभाव, वंचना एवं जीवन की दुरवस्था हमारी इसी चिन्ता के द्योतक हैं। जहाँ कहीं हम गरीबी के सामान्य स्वरूप (अर्थात् आय की कमी आदि) की चर्चा करेंगे—वहाँ भी हमारा मुख्य सरोकार तो इस कमी के कारण योग्यताप्राप्ति से वंचित रह जाने से ही होगा।

आधुनिक काल में विकास साहित्य का मुख्य ध्यान आर्थिक संवृद्धि अर्थात् सकल राष्ट्रीय उत्पाद आदि की वृद्धि पर ही केन्द्रित रहा है—इसमें मानवीय योग्यताओं एवं क्षमताओं के संवर्धन को कभी पूरी तरह दृष्टिगत नहीं किया गया। आर्थिक संवृद्धि निश्चित रूप से मानवीय क्षमताओं को बढ़ा देती है फिर भी यहाँ दो बातों का ध्यान रखना आवश्यक है : (1) मानवीय क्षमता संवर्धन (Development of Human Capabilities) पर आर्थिक संवृद्धि के अतिरिक्त और अनेक कारणों के भी प्रभाव पड़ते हैं; तथा (2) संवृद्धि के योग्यता संवर्धन पर प्रभाव स्वयं अनेक बातों द्वारा निर्धारित होंगे जैसेकि क्या आर्थिक संवृद्धि की प्राप्ति से रोजगार-सृजन में बहुत वृद्धि हुई है ? अथवा क्या आर्थिक सम्प्राप्ति का प्रयोग कर समाज के सबसे पिछड़े वर्गों के अभावों एवं वंचनाओं को कम करने का प्रयास हुआ है, आदि ?

कहने का तात्पर्य यही है कि अन्ततः हमें विभिन्न नीतियों का मूल्यांकन इसी आधार पर करना होगा कि क्या उनसे जनसामान्य को सुलभ योग्यताओं का संवर्धन हो रहा है अथवा नहीं (यह संवर्धन चाहे आय की संवृद्धि के माध्यम से हो या अन्यथा)। यह दृष्टिकोण उस विचार से सर्वथा भिन्न है जिसमें वास्तविक आय की संवृद्धि को ही (अपने आपमें) महत्त्वपूर्ण माना जाता है। इस प्रकार की विश्लेषण विधि (आय की संवृद्धि पर केन्द्रित) के औचित्य के प्रति शंका व्यक्त करने का अभिप्राय यह कदापि नहीं है कि मानवीय योग्यता/क्षमता संवर्धन में आय की संवृद्धि का कोई योगदान नहीं होता। हमारा मन्तव्य तो ध्येय एवं माध्यमों का सुस्पष्ट निरूपण करना ही है।

भारत तथा अन्य अनेक देशों में आजकल नौकरशाही हस्तक्षेप से मुक्त बाजार अवसरों के संवर्धन की नीतियों के पक्ष में दिए जा रहे तर्क मुख्यतः आर्थिक प्रसार अथवा देश में उत्पादन एवं आय को बढ़ाने से ही जुड़े हैं। इस सन्दर्भ में अत्यन्त सम्मानित भगवती श्रीनिवासन रिपोर्ट (1993)[1] से उद्धृत करना उचित होगा : "ये संरचनात्मक सुधार इसलिए आवश्यक हो गए थे कि हम आय तथा प्रति व्यक्ति आय की संवृद्धि की पर्याप्त दरों की प्राप्ति नहीं कर पा रहे थे। (पृष्ठ 2)" यह कारण-प्रभाव विश्लेषण की दिशा को बहुत स्पष्ट कर देता है। दूसरी ओर उत्पादन और आय पर ध्यान देने का औचित्य ही इस बात पर आधारित रहता है कि इनकी

---

1. *India's Economic Reforms.* Ministry of Finance, Govt. of India, New Delhi.

संवृद्धि से व्यक्ति की वांछित जीवन-यापन की स्वतंत्रता का संवर्धन होता है। आर्थिक विकास के विश्लेषण में इन दोनों कारणों पर ध्यान दिया जाना चाहिए। यही नहीं, उन नीतियों एवं संस्थागत परिवर्तनों पर भी गौर होना चाहिए जिनसे मानवीय योग्यताएँ बढ़ती हैं। विकास कार्यक्रम की सफलता का मानदंड केवल उत्पादन एवं आय की वृद्धि नहीं हो सकता, इसमें तो लोगों के सहज जीवन-यापन स्तर पर बल दिया जाना चाहिए। विश्व में किसी भी देश के विकास कार्यक्रम के मूल्यांकन की भाँति ही यह कथन भारत जैसे देश में चल रहे आर्थिक सुधारों एवं नीतियों के मूल्यांकन-विश्लेषण पर भी समान रूप से लागू होगा।

शिक्षा एवं स्वास्थ्य के मुद्दे

आर्थिक अवसर का लाभ उठाने की क्षमता तथा अन्य स्वतंत्रताओं को प्रभावित करने (अथवा उनका संवर्धन/अपवर्धन करने) वाले प्रभावों का भी अपना महत्त्व है। जैसे कि पिछले अध्याय में प्रसंग आया था, शिक्षा एवं स्वास्थ्य स्वातंत्र्य संवर्धन में सहायक होते हैं। आर्थिक विकास से सम्बद्ध साहित्य में इन दो 'सामाजिक' कारकों के आर्थिक प्रगति में सहायक स्वरूप पर अब काफी चर्चा होने लगी है। किन्तु यह विचार इतना पुरातन है कि राज-अर्थनीति के प्राचीन विद्वानों, यथा—स्मिथ, तर्गो (Turgot), कंडोर्से (Condorset) या फिर मार्क्स अथवा मिल, किसी को इस पर कोई आपत्ति नहीं होती।

आज के युग में सभी आर्थिक विकास में प्राथमिक शिक्षा के महत्त्व को स्वीकार करते हैं—फिर भी भारत में इस बात की अनदेखी होना बहुत ही आश्चर्य की बात है। जाने क्यों आर्थिक नीतियों में भारी परिवर्तन के बाद भी आर्थिक विकास के शिक्षा सम्बन्धी आयामों पर अभी भी ध्यान नहीं दिया जा रहा ? यही स्थिति स्वास्थ्य सेवाओं की भी है। यही नहीं, भगवती एवं श्रीनिवासन (1993) का आर्थिक सुधार सम्बन्धी अतिरोचक विश्लेषण भी इन मुद्दों (शिक्षा और स्वास्थ्य सेवाओं का आर्थिक विकास पर प्रभाव) पर चुप्पी ही साध गया। आधार-निर्माण (Infrastructure) के बारे में भी उनकी चर्चा केवल परिवहन व्यवस्था और विद्युत उत्पादन तक ही सीमित रह गई। भारत के पुराने आयोजन तंत्र में रह गए एक असन्तुलन को दूर कर पाने का यह अवसर भी गँवा दिया गया। असल बात तो यही है कि विद्वान आर्थिक सुधारों का अपना ही स्वतंत्र अस्तित्व मानने के भ्रम के शिकार हो चले हैं। वे उन्हें सामाजिक नीतियों की विफलताओं का निराकरण करने से जोड़ने का प्रयास ही नहीं करते—अर्थात् यह माँग ही नहीं उठाई जाती कि संकुचित आर्थिक परिवर्तनों के साथ-साथ सामाजिक कार्यक्रमों, विशेषकर प्राथमिक शिक्षा में भी क्रान्तिकारी परिवर्तन लाए जाने चाहिए।

शिक्षा एवं स्वास्थ्य कम-से-कम पाँच प्रकार से व्यक्ति के स्वांतत्र्य संवर्धन

में बहुमूल्य सिद्ध हो सकते हैं :

(1) **अन्तर्निहित महत्त्व :** शिक्षित एवं स्वस्थ होना अपने आपमें ही बहुत मूल्यवान है। शिक्षा एवं स्वास्थ्य के सम्पन्न हो पाने का अवसर सहज ही व्यक्ति के स्वातंत्र्य को प्रभावी बना देता है।

(2) **वैयक्तिक रूप से सहायक :** शिक्षित एवं स्वस्थ होने के कारण ही व्यक्ति अन्य अनेक प्रकार के कार्य भी सरलता से कर पाने में सफल होता है। वे सभी कार्य (एवं उन्हें कर पाना) भी (मनुष्य के जीवन-यापन की दृष्टि से) अत्यंत महत्त्वशाली होते हैं। उदाहरण के रूप में, उनके (शिक्षा एवं स्वास्थ्य के) आधार पर व्यक्ति रोजगार पा सकता है या अन्य आर्थिक अवसरों का लाभ उठा सकता है। इस प्रकार आय एवं आर्थिक संसाधनों की संवृद्धि से वह व्यक्ति उन कृत्यकारिताओं की प्राप्ति में सफल हो सकता है जिन्हें वह बहुमूल्य मानता रहा है।

(3) **सामाजिक रूप से सहायक :** साक्षरता एवं प्राथमिक शिक्षा के प्रसार से समाज में स्वास्थ्य सेवाओं और सामाजिक सुरक्षा व्यवस्था की आवश्यकता आदि के विषय में अधिक सारपूर्ण विचार-मंथन एवं उनकी माँग का मार्ग प्रशस्त होता है। इनके माध्यम से जनसामान्य की सहज सुलभ सुविधाओं का विस्तार होगा और वर्तमान सुविधाओं का कहीं बेहतर प्रयोग भी सम्भव हो पाएगा।

(4) **प्रक्रियाओं में सहायक :** विद्यालयीय शिक्षा की प्रक्रिया के शिक्षण के अतिरिक्त अन्य लाभ भी हो सकते हैं। अक्सर बाल-मजदूरी की चक्की में वही बच्चे फँसे होते हैं जिन्हें शिक्षा तंत्र से बाहर रहने की विवशता झेलनी पड़ी हो। यदि शिक्षा व्यवस्था का समुचित एवं प्रभावी प्रसार हो तो भारत में व्याप्त बाल-मजदूरी की दुखदायी दशा पर भी नियंत्रण पाया जा सकेगा। विद्यालय में आकर बच्चे परस्पर मिल-जुलकर भी बहुत कुछ सीखते हैं—उनके सोच, समझ का (और व्यवहार का) दायरा विस्तृत होता है। यह बात बालिकाओं के विषय में बहुत अधिक महत्त्वपूर्ण है।

(5) **सामर्थ्यवर्धन एवं पुनर्वितरण में सहायक :** समाज के पिछड़े हुए वर्ग की साक्षरता में सुधार एवं शिक्षा सम्बन्धी उपलब्धियाँ उनमें दमन का सामना करने की क्षमता को बढ़ाने में सहायक होती हैं। वे राजनीतिक दृष्टि से संगठित हो अपनी दशा सुधारने के प्रयास कर सकते हैं। पुनर्वितरण की दृष्टि से तो शिक्षा का महत्त्व और भी अधिक गहराई तक जाता है—यह पुनर्वितरण केवल समाज के वर्गों या फिर परिवारों तक ही सीमित नहीं रहता—बल्कि परिवार के भीतर भी नर-नारी के बीच (बेटा-बेटी के बीच भी) विषमता की खाई को पाटने में शिक्षा (विशेषकर स्त्री-शिक्षा) का बहुत महत्त्वपूर्ण योगदान रहता है।

ये प्रभाव उन्हीं व्यक्तियों तक सीमित नहीं रह जाते जिन्हें शिक्षा एवं स्वास्थ्य लाभ का अवसर मिला है। इनके प्रभाव समाज के अन्य सदस्यों पर भी पड़ते हैं।

कितनी ही बार एक साक्षर व्यक्ति दूसरों को प्रचार पत्र आदि पढ़कर सुनाता या फिर किसी सार्वजनिक घोषणा का अर्थ समझाता मिल जाता है अर्थात् उसके अक्षर ज्ञान से वह स्वयं ही नहीं, अन्य भी लाभान्वित होते हैं। इस प्रकार व्यक्तियों के बीच के सम्पर्क सूत्र राजनीतिक दृष्टि से भी महत्त्वपूर्ण हो सकते हैं। समाज के किसी वर्ग या जाति के लोगों के बीच में (उसी वर्ग के) शिक्षित लोग यदि सक्रियतापूर्वक कार्य करें तो उस जाति अथवा वर्ग के हितों को बहुत कुछ आगे बढ़ाया जा सकता है। माँग एवं पूर्ति के बीच अग्र एवं पश्चगामी अन्तर्सम्बन्धों के कारण एक व्यक्ति द्वारा किसी आर्थिक अवसर का लाभ उठाना अन्य अनेक के लिए लाभ का मार्ग प्रशस्त कर सकता है। व्यापक सामाजिक चयन (Social Choice) विधा से हटकर हम शिक्षा के योगदान का सही मूल्यांकन नहीं कर पाएँगे। इसी प्रकार स्वास्थ्य को लेकर भी हमें मरणशीलता, रोगों से बचाव एवं उपचार आदि में अनेक प्रकार की बाह्यताएँ (Externalities) प्राप्त होती हैं।[1] दूसरे शब्दों में, शिक्षा एवं स्वास्थ्य, दोनों ही के प्रभाव तात्कालिक रूप से लाभान्वित हो रहे व्यक्ति तक ही सीमित नहीं रहते, उनका समाज में व्यापक असर होता है।

इस प्रकार के पारस्परिक सम्बन्धों के कारण आर्थिक विकास की प्रक्रिया में शिक्षा एवं स्वास्थ्य का महत्त्व अधिक हो जाता है। शिक्षा एवं स्वास्थ्य से जुड़ी सार्वजनिक नीतियों की अपर्याप्तता ही पिछली आधी शताब्दी में भारत में विकास प्रयासों की सीमित उपलब्धियों की व्याख्या कर सकने के लिए काफी रहेगी। केवल उदारीकरण एवं नियंत्रण तंत्र में ढील देने पर मौलिक नीतिगत सुधार पिछली आयोजन व्यवस्था में रह गईं इन त्रुटियों को कदापि दूर नहीं कर पाएँगे।

निष्पादन में बाधक सरकारी नियंत्रणों की समाप्ति से अनेक व्यक्तियों को नए अवसर सुलभ हो सकते हैं, किन्तु निरक्षरता एवं रोगग्रस्तता आदि की परिस्थितियों (जिनके कारण समाज का बहुत बड़ा वर्ग उचित अवसरों एवं अवसरों का लाभ उठाने से वंचित रह जाता है) को सुधारने में ये सुधार पर्याप्त नहीं होंगे। आवश्यक है कि इनके साथ-साथ जनस्वास्थ्य एवं शिक्षा नीतियों में भी आमूल-चूल परिवर्तन लाए जाएँ। यदि हम आर्थिक विकास को सामाजिक अवसरों के व्यापक परिप्रेक्ष्य में देखना-समझना चाहते हैं और इन परिप्रेक्ष्यों के अन्तर्निहित एवं सहयोगी योगदान का महत्त्व जानते हैं, तो फिर, शिक्षा और स्वास्थ्य तथा सामाजिक, आर्थिक विकास के अन्तर्सम्बन्धों की अनदेखी कदापि नहीं कर पाएँगे।

---

1. यहाँ अभिप्राय यही है कि शिक्षा द्वारा सारे समाज में व्यक्तियों एवं समूहों की चयन क्षमता एवं कुशलता में वृद्धि होती है। इसी प्रकार स्वास्थ्य व्यवस्था में भी लाभ किसी व्यक्ति विशेष तक सीमित नहीं रहते। घर में एक व्यक्ति के बीमार पड़ने पर परिवार के अन्य सदस्यों की कार्यक्षमता पर भी दुष्प्रभाव पड़ता है। यदि रोग संक्रामक हो तो फिर यह दुष्प्रभाव औरों की बीमारी का रूप भी धारण कर लेता है। अतः स्वस्थता-अस्वस्थता भी समाजव्यापी हो जाती है।

सरकार, राज्य-व्यवस्था और बाजार

बाजार-व्यवस्था एवं सरकारी गतिविधियों द्वारा अर्थव्यवस्था के संचालन के सापेक्ष गुण-दोषों पर बहुत समय से चर्चा होती रही है, किन्तु दोनों ही प्रकार की निर्णय पद्धतियों की एक साँझी विशेषता रही है : सन्दर्भ-निर्भरता (Context-dependence)। दूसरे शब्दों में, किन्हीं विशेष परिस्थितियों में यदि बाजार-व्यवस्था बहुत ही उपादेय एवं कुशल प्रतीत होती है तो किन्हीं अन्य सन्दर्भों में राजकीय हस्तक्षेप के बिना अर्थतंत्र का सुचारु रूप से कार्य कर पाना सम्भव नहीं रहता। अतः, सरकारी निर्णय पद्धति अथवा बाजार-व्यवस्था, दोनों में से किसी एक को ही सदा सर्वदा 'श्रेष्ठ' कह पाना सम्भव नहीं रहता। कोई सरकार क्या कर सकती है अथवा क्या कुछ करेगी, यह बात किसी सीमा तक उस सरकार के अपने चरित्र अथवा प्रकृति पर निर्भर करती है। यह दुर्भाग्य ही है कि आधुनिक काल में भी दमन एवं त्रास की गाथाएँ मध्ययुगीन इतिहास की बर्बरता से कुछ कम गम्भीर नहीं रहीं। कंबोडिया में ख्मेर रूज को वैचारिक मतभेद के नाम पर लाखों लोगों की हत्या करने में रंचमात्र भी झिझक अथवा संकोच का कोई चिह्न भी नहीं दिखाई देता। उगांडा में जो कुछ इदी अमीन ने किया, उसमें सम्भवतः 'वैचारिकता' का तत्त्व तो इतना मुखर नहीं था किन्तु उसके क्रिया-कलापों की पैशाचिकता में कोई कमी नहीं थी। यह अमानवीयता केवल पिछड़े हुए तीसरे विश्व की धरोहर या बपौती नहीं है—विकसित जर्मनी में नाजीवाद द्वारा किए गए अत्याचार एवं नरमेध भी इस बीसवीं शताब्दी की अविस्मरणीय त्रासदी ही है। अतः हम कह सकते हैं कि यदा-कदा यह दावा किया तो जाता है कि सरकार तो बस सामाजिक प्रगति के तकाजों की पूर्ति के लिए ही कार्य करती है, पर इतिहास का घटनाक्रम इस दावे का खोखलापन ही नहीं सिद्ध करता वरन् यह भी दिखाता है कि इस तर्क को स्वीकार करना कितनी बड़ी भूल होगी।

बेशक सरकार के उद्देश्य कंबोडिया में पॉलपॉट, या उगांडा में इदी अमीन अथवा जर्मनी में नाज़ियों जितने दुष्टतापूर्ण न हों किन्तु फिर भी इस प्रश्न के प्रति सचेत होना आवश्यक है कि कौन सरकारी गतिविधियों के तंत्र के प्रयोग द्वारा क्या हासिल करने का प्रयास कर रहा है। 'सरकार की नीयत में विश्वास और उसकी सदाशयता पर हमेशा ही भरोसा' रखने की बातें सरकारी हस्तक्षेप द्वारा आर्थिक विकास के पक्षधरों के सभी तर्कों का आधार रही हैं किन्तु ये दोनों ही बातें अक्सर सत्य की कसौटी पर खरी नहीं उतरतीं।

यहाँ राज्य एवं सरकार के भेद को स्पष्ट कर देना भी प्रासंगिक होगा। राज्य की अवधारणा सरकार की तुलना में कहीं अधिक व्यापक एवं विस्तृत है। इसमें सरकार के साथ-साथ विधायिका, निर्वाचन पद्धति की नियामक व्यवस्था, विपक्ष

की भूमिका तथा न्यायपालिका द्वारा संरक्षित मूलभूत राजनीतिक अधिकार भी सम्मिलित रहते हैं। एक लोकतांत्रिक राज्य व्यवस्था में सरकार को जनसामान्य के जीवन-मूल्यों एवं आवश्यकताओं के प्रति सजग और संवेदनशील होना ही पड़ता है। ख्मेर रूज सरकार अपनी ज्यादती एवं बर्बरता में इसी कारण सफल हो पायी कि पॉल पॉट को न चुनाव लड़ना था और न ही उसे विपक्षी दलों की चिन्ता थी—यह उसकी सरकार के अलोकतांत्रिक एवं सैन्यशक्ति आधारित स्वरूप का ही परिणाम था कि वह भयंकर नरमेध कर पाने में सफल रहा। अतः हमें न केवल सत्तासीन सरकार के स्वरूप पर ध्यान देना होगा बल्कि हमारे लिए यह भी जानना आवश्यक है कि सत्तासीन सरकार किस प्रकार के राज्यतंत्र का एक हिस्सा है।

इसी प्रकार बाजार व्यवस्था की भूमिका भी प्रायः सन्दर्भ आश्रित ही रहती है। प्रश्न यह है कि हम किस प्रकार के बाजार की चर्चा कर रहे हैं। बाजार की कुशलता अथवा उपयुक्त आबंटन-वितरण कर सकने की दक्षता तो केवल पूर्णतः प्रतियोगी बाजार तक ही सीमित रहती है—तथा वह भी केवल उस समय जबकि बाजार में सन्तुलन हो। यह स्वीकार किया जा सकता है कि इन शर्तों के थोड़े-बहुत उल्लंघन से परिणामों (अर्थात् दक्षता) पर बहुत बुरा प्रभाव नहीं पड़ेगा (यहाँ प्रकृति की निरन्तरता में लेबनीज़वादी (Leibnizian) विश्वास की झलक अधिक दिखाई पड़ती है)। किन्तु वास्तविक जीवन में बाजार की संरचना बहुत ही भिन्न हो सकती है। कुछ ही फर्मों द्वारा अधिकांश आपूर्ति पर नियंत्रण कर वस्तुओं की बाजार में उपलब्धिता को और भी सीमित कर देना आज एक सामान्य सी बात हो गई है। एशिया एवं अफ्रीका का आधुनिक इतिहास इस बात का साक्षी है कि अनेक बार बाजार की विनिमय व्यवस्था ने मानवीय दुर्दशा के संमय को लाभ कमाने का 'सुयोग' ही माना है।

कितनी ही बार बाजार वस्तुओं के अभाव का इतना बुरी तरह से न्यूनांकलन कर बैठता है कि किसी प्रकार की दुर्भावना होते हुए भी यह जनसामान्य के लिए व्यापक कष्ट का कारण बन जाता है—कभी-कभी तो इसी कारण अराजकता जैसी स्थिति भी उत्पन्न हो जाती है। बँगलादेश में 1974 के अकाल के दौरान कुछ ऐसा ही हुआ—व्यापारियों की अनावश्यक सट्टेबाजी ने चावल की कीमतों को उत्पादन में आई गिरावट की तुलना में बहुत ही बढ़ा-चढ़ा दिया। शीघ्र ही ये कीमतें अपने अकालपूर्व स्तर की ओर लुढ़क भी गईं किन्तु इसी अवधि में अकाल के कारण खाद्यान्न से वंचित जनसामान्य कृत्रिम अभाव की कीमत अपने जीवन द्वारा चुकाने को बाध्य हो गया था। अतः बिना किसी संकोच के बाजार का पक्ष ले पाना भी उतना ही 'कष्टसाध्य' है जितना सरकार पक्ष का पृष्ठ पोषण, अतः सरकार-आश्रित एवं बाजार-आश्रित आर्थिक निर्णयों की समीक्षा के लिए सम्बद्ध सरकार एवं बाजार के स्वरूप एवं चरित्र की समझ आवश्यक होती है। ये प्रश्न 'ये या वो' के नहीं

हैं। बाजार की संरचना में स्पर्धा के स्तर, नए उद्यमियों के प्रवेश की सरलता तथा हेराफेरी कर सकने के वास्तविक अवसरों की उपस्थिति आदि के आधार पर अनेक अन्तर आ जाते हैं। इसी प्रकार राज्य की आधारभूत राजनीतिक व्यवस्था, स्वातंत्र्य पोषक न्यायपालिका, सत्तासीन राजनीतिक समूहों की शक्ति एवं प्रभाव, विपक्ष एवं असहमति के प्रति व्यवहार आदि सरकार की प्रकृति में भी व्यापक भेद अथवा अन्तर पैदा कर देते हैं। अतः यह अपरिहार्य है कि बाजारों एवं सरकारों द्वारा किए गए आर्थिक निर्णयों की समीक्षा उन बाजारों तथा सरकारों के चरित्र की समीक्षा पर ही आधारित हो।

बाजार तथा शासन के बीच पारस्परिक निर्भरता

बाजार एवं सरकार के गुण-दोषों की तुलना करते समय हमें यह नहीं भूल जाना चाहिए कि ये दोनों परस्पर बहुत ही गहन रूप से बँधे हुए भी होते हैं। बाजार व्यवस्था के क्रियाकलाप एवं इसकी सफलता पर सरकार के स्वरूप एवं कार्यों की बहुत गहरी छाप रहती है। इसके अनेक कारण होते हैं—कुछ सहज ही समझ में आ जाते हैं तो कुछ की व्याख्या में समय लगता है।

यह तो सबसे स्पष्ट बात है कि यदि विभिन्न अधिकारों की स्पष्ट परिभाषा तथा अनुबंधों का परिपोषण करने वाली कानून व्यवस्था की स्थापना ही नहीं की गई हो तो बाजार का काम कर पाना सम्भव ही नहीं होगा। कितने ही दायित्वों का निर्वाह लोग सामान्य भाव से करते रहते हैं—बाजार में लेन-देन की व्यवस्था को सुचारु रूप से चलाए रखने में व्यापारी वर्ग का सामान्य नीतिबोध बहुत सहायक होता है, किन्तु यदि यह विवेक कहीं कार्य करने में झिझकता हो तो वहाँ कानूनी कार्यवाही की सम्भावना इसे सचेत करने में कभी नहीं झिझकती। इसी कारण उत्पादन एवं विनिमय की व्यवस्था निरंतर सुचारु रूप से अपना कार्य कर पाती है। इसमें कोई हैरानी की बात नहीं है कि यूरोप में औद्योगिक क्रांति के युग में बाजार प्रक्रिया का विकास व्यवसाय एवं आर्थिक कार्यों को संरक्षण प्रदान करने वाली कानून व्यवस्था की स्थापना एवं विकास के साथ ही बँधा रहा था। इसी के विपरीत यदि सोमालिया में कानून व्यवस्था के पूरी तरह ध्वस्त हो जाने की पृष्ठभूमि को दृष्टिगत कर दिया जाए तो फिर वहाँ बाजार व्यवस्था की चरमराती हालत को समझ पाना सम्भव ही नहीं रहता (वहाँ की सैन्य सत्ता सभी कुछ अपने ही अधिकार में समेट लेने को कुछ इस प्रकार आतुर रही है कि सामान्य कानून व्यवस्था भी ध्वस्तप्राय ही है)। वस्तुतः 1992 का सोमालिया का अकाल चरमराती प्रशासन व्यवस्था के कारण बाजार व्यवस्था के बिखर जाने का ही परिणाम था।

दूसरे, सरकार बाजार पर आश्रित आर्थिक विकास का क्रम प्रारम्भ करने और उसे जारी रखने में बहुत बड़ा योगदान देती है। जापान एवं जर्मनी जैसे पूँजीवादी

देशों के आर्थिक इतिहास का अध्ययन इस बात को बहुत ही स्पष्ट कर देता है। यही नहीं, अभी हाल ही में पूर्वी एशिया की आश्चर्यजनक आर्थिक प्रगति की व्याख्या में भी सरकार के योगदान को खुलकर सराहा गया है। विशेषकर दक्षिण कोरिया, ताईवान, हांगकांग, सिंगापुर, यहाँ तक कि चीन और थाईलैंड में भी सरकार ने बाजार व्यवस्था को सुदृढ़ कर, उसे अधिक प्रतियोगी बनाकर उसके माध्यम से तीव्र आर्थिक विकास का करिश्मा कर दिखाया है। आर्थिक सिद्धान्तों में ही ऐसे अनेक सूत्र उपलब्ध हैं जो सहज ही सरकार की इस प्रकार की भूमिका की सफलता की सम्भावनाओं की ओर संकेत करते हैं—ये चाहे बाजार कीमतों के विषय में विनिमय से पहले ही पक्की सौदेबाजी के तरीके से जुड़े हों या बड़े पैमाने पर उत्पादन की मितव्ययिताओं, तकनीकी बाह्यताओं के महत्त्व या फिर योग्यताओं के विकास में पारस्परिकता से बँधे हों। प्रारम्भिक दशा में राज्य द्वारा सक्रिय रूप से बाजार का सम्पोषण बाद में बाजार द्वारा आत्मनिर्भरतापूर्ण व्यवहार की सम्भावनाओं को कभी दुष्प्रभावित नहीं कर पाता।

तीसरा महत्त्वपूर्ण तथ्य यह है कि बाजार व्यवस्था की उपलब्धियों का विधि सिद्धान्त भी परोक्ष रूप से सरकारी क्रियाकलापों पर ही निर्भर रहता है। क्षेम अर्थशास्त्र (Welfare Economics) के मूलभूत प्रमेयों पर ही विचार करके देखें। पहला प्रमेय, जिसके अनुसार किन्हीं मानक शर्तों के पूरा होने पर कोई स्पर्धात्मक संतुलन पैरेटो सिद्धान्त (Pareto Principle) के अनुसार दक्षतापूर्ण सिद्ध होता है, अपने आपमें दूसरे प्रमेय की अपेक्षा कम आकर्षक लगता है—क्योंकि पैरेटो दक्ष आबंटन बुरी तरह से विषमताकारी एवं हेय भी हो सकता है। दूसरे प्रमेय के अनुसार कुछ अधिक कठिन शर्तों की पूर्ति होने पर (इनमें बड़े पैमाने की महत्त्वपूर्ण मितव्ययिताओं का अभाव भी सम्मिलित है) दिए हुए वितरण एवं किसी कीमत समूह विशेष के लिए हम किसी भी पैरेटो कुशल आबंटन को स्पर्धात्मक संतुलन के रूप में निरूपित कर सकते हैं। यदि सामाजिक दक्षता के लिए पैरेटो दक्षता की कसौटी मान्य हो तो फिर इसका अर्थ यह होगा कि किसी सामाजिक दृष्टि से अभीष्ट आबंटन को, पूर्व निश्चित व्यवस्था के अन्तर्गत रहते हुए, स्पर्धात्मक सन्तुलन बनाए रखा जा सकता है—बस संसाधनों के प्रारम्भिक आबंटन का उपयुक्त स्वरूप निर्धारित कर पाना सम्भव होना चाहिए।

प्रश्न यह है कि इस प्रकार से संसाधनों के प्रारम्भिक बँटवारे का उचित स्वरूप कौन तय करेगा ? और उसी के अनुरूप बँटवारा कौन सुनिश्चित करेगा ? यहाँ सहज ही सरकार की व्यवस्था की आवश्यकता होगी। अतः स्पष्ट है कि क्षेम अर्थशास्त्र में मूलभूत प्रमेय कहलाने वाले विचार का महत्त्व भी सरकार के कार्यों के अवलंबन पर ही टिका हुआ है। अनेक देशों में इस प्रकार सरकार द्वारा प्रारम्भिक आबंटन सुधार पाने में राजनीतिक बाधाओं को लेकर भारी विवाद की गुंजाइश अवश्य

बनी रहती है। यदि यह आबंटन सुधार किसी समतावादी सामाजिक क्षेत्रफलन पर आधारित हो तो विवाद और भी गहरा हो सकता है। किन्तु (द्वितीय प्रमेय के माध्यम से) बाजार समता की दिशा में यदि कुछ भी प्रयास कर सकेगा तो वह उपयुक्त प्रकार की सरकारी कारगुजारियों के सहारे ही सम्भव हो पाएगा।

बाजार एवं सरकार की परस्पर-निर्भरता दूसरी दिशा में भी कम नहीं है—अर्थात् सरकार भी बाजार पर आश्रित रहती है। यदि नागरिक अपनी इच्छानुसार उत्पादन एवं उपभोग करने, वस्तुओं आदि का विनिमय करने को स्वतंत्र न हों तो सरकार की सहज स्वीकार्य व्यवस्था की रचना कर पाने में सफलता भी संदिग्ध हो जाएगी। ये गतिविधियाँ किसी-न-किसी रूप में बाजार व्यवस्था का ही अंग हैं।

पिछले कुछ समय से आर्थिक सिद्धान्तों के विकास की दिशा एवं स्वरूप कुछ ऐसे रहे हैं कि बड़े पैमाने पर उत्पादन एवं कई आर्थिक इकाइयों में आन्तरिक रूप से संवर्धन का महत्त्व अब स्वीकार्य हो गया है। इसी की पृष्ठभूमि में बाजारों तथा व्यापार के योगदान एवं भूमिका का स्वरूप भी अब पहले की अपेक्षा कहीं अधिक स्पष्ट हो गया है। किसी समय (1776 में) एडम स्मिथ ने कहा था कि बाजार विशिष्टीकरण और श्रम-विभाजन पर आधारित लाभ प्राप्ति का मार्ग प्रशस्त करते हैं। आज (1994) बुकनन् और यून (Buchanan and Yoon) का दावा है कि आर्थिक संवृद्धि एवं व्यापार के सिद्धान्त एक बार फिर हमें 'वृद्धिमान प्रतिफलों' की सम्भावना की ओर ध्यान देने को विवश कर रहे हैं।

इस विश्लेषण ने यह भी स्पष्ट किया है कि श्रम के अन्तर्राष्ट्रीय विभाजन का स्वरूप केवल प्रकृति की देन और सापेक्ष लाभों पर ही निर्भर नहीं करता, इसमें पिछले अनुभवों और विशिष्टीकरण के वास्तविक इतिहास के अनुभवों का भी बड़ा योगदान रहता है। अतः कहा जा सकता है कि सार्वजनिक नीति का बाजारों के प्रयोग के स्वरूप पर गहन एवं स्थायी प्रभाव रहता है। इतिहासमुक्त अध्ययन-विश्लेषण में बाजार एवं सरकार की पारस्परिक निर्भरता इतनी स्पष्ट नहीं हो पाती। यह विश्लेषण तो यही बता पाता है कि बाजार आर्थिक सम्भावनाओं को वास्तविकता में बदलने का एक साधन हो सकता है। किन्तु जिस प्रकार जापान एवं कोरिया में विशेष उद्योगों को प्रारम्भ करने तथा व्यापक रूप से सार्वजनिक शिक्षा व्यवस्था को बढ़ावा देने में सार्वजनिक नीतियों का चिरस्थायी प्रभाव रहा है, उसका आकलन तो पारस्परिक निर्भरता के ऐतिहासिक अनुभवों के आधार पर ही सम्भव हो पाएगा।

हम यहाँ सरकारी नीतियों और बाजार के बीच जिस प्रकार की अति विस्तीर्ण एवं व्यापक पारस्परिक निर्भरता की बात कर रहे हैं, उन्हें बहुत स्पष्ट रूप से समझ लेना अत्यन्त आवश्यक है। इस सन्दर्भ में सरकारी हस्तक्षेप के दो स्वरूपों को भी स्पष्टतः समझना होगा : एक स्वरूप बाजार के बिना कार्य करता है इसे बाजारेतर हस्तक्षेप (Market-excluding intervention) कहा जाता है। दूसरा स्वरूप बाजार

व्यवस्था का प्रतिपूरक बन जाता है—यह बाजार व्यवस्था के माध्यम से, उसे औ बल प्रदान करते हुए कार्य करता है। इसी कारण इसे बाजार-प्रतिपूरक हस्तक्षे (Market-complementary intervention) का नाम दिया जाता है।

बाजारेतर हस्तक्षेप तथा बाजार प्रतिपूरक हस्तक्षेप

किसी भी सामाजिक व्यवस्था या तंत्र के योगदान में उसने क्या किया तथ क्या करने में विफल रहा—इन दोनों ही बातों को स्थान मिलना चाहिए। बाजार कुछ कार्य तो सहर्ष संपन्न करते हैं, पर कुछ अन्य कार्यों के प्रति उदासीन रहते हैं। 'विफलता' में जानबूझकर हानिप्रद कार्य करने तथा किन्हीं लाभप्रद कार्यों के प्रति उदासीन होने की दोनों ही बातें सम्मिलित होंगी। किसी अन्य सन्दर्भ से उदाहरण लेते हुए हम कह सकते हैं कि किसी की हत्या करना हानिप्रद कार्य को कर डालने का उदाहरण होगा जबकि यदि किसी हत्या को रोकने की सम्भावना हो किन्तु उसके लिए प्रयास नहीं किया जाए तो यह भी उदासीनतापूर्वक किसी की जान लेने से कम नहीं होगा।

बाजार, किसी भी अन्य संस्था की भाँति ही, कुछ कार्य करता है और कुछ नहीं भी करता। यहाँ बाजार एवं गैर-बाजार व्यवस्थाओं की तुलना में अस्पष्टता के कारण कुछ विषम भाव पैदा हो जाता है। किसी अर्थतंत्र को हम गैर-बाजार तंत्र कह सकते हैं अगर उसमें बाजार पूरी तरह स्वतंत्र नहीं हों अथवा फिर मौजूद ही नहीं हों। ऐसी व्यवस्था 'बाजारेतर-व्यवस्था' होगी। दूसरी ओर हम गैर-बाजार तंत्र की कल्पना भी कर सकते हैं—क्योंकि सरकार ऐसे अनेक कार्य करती है जिन्हें सामान्यतः बाजार सम्पन्न नहीं कर पाते। किन्तु इस प्रकार के गैर-बाजार तंत्र बाजार तथा विनिमय पर किसी प्रकार का प्रतिबन्ध नहीं लगाते। ऐसी ही व्यवस्था को 'बाजार प्रतिपूरक' व्यवस्था या तंत्र का नाम दिया जाता है।

यह तो स्वाभाविक ही है कि किसी भी अर्थव्यवस्था में सरकार की कुछ नीतियों या हस्तक्षेपों का स्वरूप बाजारेतर होगा तो कुछ बाजार प्रतिपूरक भी होंगी, किन्तु गैर-बाजार कहलाने वाली दोनों व्यवस्थाओं के प्रभाव बहुत ही अलग किस्म के होंगे। आज भी चिन्ता का विषय बने हुए एक मुद्दे के उदाहरण द्वारा हम प्रभावों के इन अन्तरों का बहुत अच्छी तरह से स्पष्टीकरण कर सकते हैं। यह मुद्दा विश्व के अनेक भागों में अक्सर पड़ने वाले अकालों का है। अकाल गैर-बाजार पद्धति की समाजवादी और बाजारवादी व्यवस्थाओं में भेद नहीं करते। पर आइए, एक बार अपना ध्यान इसी बात पर केंद्रित करें कि बाजार-व्यवस्था अकाल से बचने का प्रयास क्यों नहीं कर पाती।

अनेक बार यह बात उठी है कि बाजार खाद्य पदार्थों के व्यापार को विकृत कर सकते हैं, (तथा मौका मिलते ही) यह ऐसा कर भी देते हैं। व्यापारियों द्वारा

संगठित रूप से बाजार में जोड़-तोड़ करने के उदाहरण अक्सर देखेने में आ ही जाते हैं। कितनी ही बार इन जोड़-तोड़ों के कारण अकाल से जुड़ी दुर्दशा एवं जनसामान्य के कष्ट और भी गहरे हो जाते हैं। फिर भी यह कह देना ठीक नहीं होगा कि बाजार व्यवस्थाओं में व्यापारियों के जोड़-तोड़ ही अकाल जैसी स्थिति का एकमात्र कारण होते हैं। अतः इस सन्दर्भ में बाजार की 'विफलता' इस बात में ही निहित रहती है कि यह अकाल से बचने का प्रयास नहीं कर पाता। यदि अकाल, बाढ़ या रोजगार छूट जाने के कारण किसी व्यक्ति की क्रय-शक्ति में गिरावट आने से उसकी खाद्य अधिकारिता क्षीण हो जाती है, तो बाजार शायद ही उसकी आय के पुनः सृजन या खाद्य पदार्थों पर उसकी अधिकारिता की पुनः स्थापना का कोई प्रयास करे। इसे हम एक प्रकार के उपेक्षा दोष का नाम देंगे। इसे बाजार द्वारा हो सकने वाली जानबूझकर की गई गलत हरकतों से अलग समझा जाना चाहिए। अतः यहाँ बाजारेतर उपायों की तलाश करना आवश्यक नहीं होगा।

हमारा यह तर्क कदापि नहीं है कि अकाल में बाजार केवल उपेक्षा का ही दोषी होता है। बाजार की गतिविधियाँ अनेक बार अपनी कार्यविधि द्वारा ही अनेक जन समूहों का जीवन दूभर बना देती हैं। जब अनावृष्टि काल में बाजार अनाज की तुलना में पशुधन एवं पशुधन उत्पादनों के दाम बहुत ही कम कर डालता है तो समाज के चरवाहों का जीवन-यापन भी संशय में पड़ जाता है (इस बात पर 'गरीबी और अकाल' पुस्तक के अध्याय 7 और 8 में विस्तृत चर्चा हुई है)। चरवाहों को यह दुर्दशा इसलिए भोगनी पड़ती है कि व्यवसायीकरण ने उनके आर्थिक अस्तित्व को ही बाजार पर निर्भर कर दिया है। इसी प्रकार अकाल और बाढ़ की स्थिति में कृषि क्षेत्र में श्रम की माँग में व्यापक कमी आ जाने पर बाजार में मजदूरी दर बहुत कम हो जाती है। इससे बाजार व्यवस्था पर आश्रित श्रमिकों की जीवनदशा बहुत ही दयनीय हो जाती है।

किन्तु एक बात हम स्पष्ट कर देना चाहेंगे : बेशक बाजार-आधारित हरकतों से समस्याएँ भी पैदा होती हैं किन्तु बाजार पर पूरी तरह प्रतिबन्ध लगा देने (पूर्णतः बाजारेतर नीतियाँ अपनाने) मात्र से अकाल के खतरे को टाल पाना सम्भव नहीं होता। वास्तव में घटनाक्रम कुछ ऐसा होता रहा है कि अकाल पड़ने पर समाज के कतिपय वर्ग बाजार से जिस प्रकार के लाभ पहले पा रहे थे, उन्हें पाने में असमर्थ से हो जाते हैं। उदाहरण के लिए, अपना श्रम बेचकर भोजन पाने वाले अथवा पशुधन उत्पाद बेचकर अन्य सामग्री खरीदने वाले लोगों को कम मजदूरी एवं अपने उत्पादन के कम दाम स्वीकार कर अनाज के लिए अधिक दाम चुकाने को बाध्य होना पड़ता है। इस प्रकार बाजार व्यवस्था से उनकी जीवन-रक्षा के लिए आवश्यक लाभ-प्राप्तियों में छीजन आने लगती है। इस प्रकार के विनिमय में व्यापार की शर्तों (खाद्य एवं मजदूरी के बीच की विनिमय दर आदि) को सुरक्षित नहीं रख

पाना ही यहाँ बाजार की सबसे बड़ी विफलता है।

बाजारेतर एवं बाजार प्रतिपूरक नीतियों में भेद नहीं कर पाने के कारण कई बार गलतफहमियाँ फैलती हैं तथा अनेक नीतियों का गलत मूल्यांकन भी हो जाता है। एडम स्मिथ ने 1776 में अनाज के मुक्त व्यापार के पक्ष में तथा सरकार द्वारा लगाए प्रतिबन्धों के विरोध में जो स्वर उठाया था उसे कई लोगों ने इस बात का आधार मान लिया है कि अनाज के व्यापार में सरकार का हस्तक्षेप अकाल की स्थिति को और बिगाड़ देता है। किन्तु स्मिथ महाशय तो निजी व्यापार का समर्थन करते हुए मात्र यही कहना चाहते थे कि निजी व्यापारी के क्रिया-कलापों से बाजार में जानबूझकर कोई बड़ी शरारत नहीं होती। इस कथन में तो अकाल की घड़ी में सरकार को बाजार की सहायता करने से रोकने का कोई संकेत नहीं मिलता (सरकार यदि रोजगार-सृजन कार्यों द्वारा अकालपीड़ितों का आय उपार्जन सम्भव करती है तो उसमें एडम स्मिथ को कोई आपत्ति नहीं होगी, हालाँकि बाजार अपने आप ऐसी व्यवस्था नहीं कर पाता)। स्मिथ बाजारेतरता को अमान्य कर रहे थे—उन्होंने बाजारपूरकता का विरोध नहीं किया।

स्मिथ का अकाल विश्लेषण कुछ इस प्रकार के तर्कशास्त्र पर आधारित है, कि सरकार आवश्यक होने पर सक्रिय रूप से रोजगार सृजन द्वारा खाद्य अधिकारिता वंचित जनसमुदाय के लिए क्रय-शक्ति संवर्धन की व्यवस्था अवश्य करे, किन्तु, इसके आगे अतिरिक्त खाद्य माँग के सम्भरण का कार्य निजी व्यापार के सहारे ही छोड़ दे। दक्षिण एशिया तथा सहरारेतर अफ्रीका का अनुभव यह बताता हैं कि (1) सरकार द्वारा रोजगार कार्यक्रमों द्वारा क्रय-शक्ति का सृजन तथा (2) निजी व्यापार द्वारा खाद्य सम्भरण की नीति अकाल के कष्टों को दूर कर पाने में बहुत ही प्रभावोत्पादक सिद्ध हुई है। स्मिथ के एक मित्र कंडोरसे (Condorcet) ने इस संयोजन का स्पष्ट रूप से वर्णन किया था। स्मिथ का अपना विश्लेषण भी इसी मार्ग को अपनाने का पक्ष लेता है।

स्मिथ ने बाजार व्यवस्था की कार्य कर सकने की क्षमता की जमकर वकालत की है। उनके सबसे प्रसिद्ध दृष्टान्त में, जिसमें उन्होंने एक कसाई, शराब की भट्टी चलाने वाले तथा डबलरोटी बनाने वाले और उपभोक्ताओं का उदाहरण लिया है, विनिमय से जुड़े सभी व्यक्तियों को बाजार से सम्भव लाभ की सम्भावनाएँ ही दर्शायी गई हैं। इसमें यह भी स्पष्ट किया गया है कि यदि हमारे पास मांस, शराब या फिर डबलरोटी खरीदने के लिए पैसे नहीं हों तो फिर कसाई, शराब वाला और डबलरोटी वाला हमारे लिए कुछ नहीं करेंगे। उनका कहना था कि व्यापार का दम घोंटना एक अतिसक्रियता दोष का प्रमाण होगा किन्तु अपने आप क्रय-शक्ति का सृजन होने एवं डबलरोटी आदि बनाने वालों के हमारी जरूरतों को पूरा करने के लिए प्रयास प्रारम्भ करने की प्रतीक्षा करते रहना भी बहुत बड़ी भूल सिद्ध होगा

(अर्थात् इस बात की आवश्यकता भी सिद्ध हो जाती है कि किसी प्रकार रोजगार-आय सृजन कर उन तीनों उपभोग सामग्री-निर्माताओं को भी सक्रिय होने का अवसर दिया जाना चाहिए—यह सरकार द्वारा बाजार प्रतिपूरक नीतियाँ अपनाने के पक्ष में परोक्ष रूप से दिया गया तर्क ही है।

इस प्रकार से उपेक्षा एवं अतिसक्रियता के भेद को समझ लेना आधुनिक अर्थव्यवस्थाओं में बाजार एवं बाजारेतर संस्थाओं के बीच कार्य-विभाजन को समझने में अत्यन्त सहायक सिद्ध होता है। वस्तुतः एक ही साँस में हम (1) बाजार व्यवस्था को सुदृढ़ करने तथा (2) बाजार से कहीं आगे निकलने की बात भी कर सकते हैं। वास्तव में भारत के आयोजन के सन्दर्भ में तो बाजार एवं गैर-बाजार संस्थाओं के ऐसे ही संयोजन पर बल देना आवश्यक है। भारत में राजनीतिक विवाद पूरी तरह से परम्परावादी रहा है—लोग या तो बाजार का पक्ष लेते हैं या विरोध ही करते हैं। इस परम्परावाद ने गुत्थियों को कुछ और उलझा दिया है। उत्पादन एवं व्यापार के क्षेत्रों में बाजार व्यवस्था के और बेहतर एवं सक्रिय प्रयोग की माँग किसी भी रूप से अतिन्यून साक्षरता स्तर को उठाने, चिकित्सा व्यवस्था सुधारने एवं सामाजिक सुरक्षा व्यवस्था को सुदृढ़ करने में सरकार द्वारा अधिक कार्य करने का विरोध कहाँ कर रही है ? इसी प्रकार सामाजिक क्षेत्रों में सरकार द्वारा अधिक योगदान पर बल देने में नौकरशाही की गिरफ्त में फँसी भारतीय अर्थव्यवस्था को सुधारने के प्रयासों का विरोध खोजना भी उचित नहीं होगा।

स्वतंत्रता के बाद से भारत में बाजार प्रतिपूरक नीतियाँ अकाल-उन्मूलन में बहुत ही सफल रही हैं, किन्तु फिर भी निरन्तर उपेक्षा के कारण अल्पपोषण की समस्या अभी भी मुँह बाए खड़ी है। ऐसी ही अवस्था निरक्षरता तथा उच्च मरणशीलता आदि की भी है। इस तरह से तो हम जनसामान्य को अति मूल्यवान स्वातंत्र्यों से वंचित रखने के दोषी भी हो जाते हैं। यही नहीं, ये अभाव एवं वंचनाएँ आर्थिक एवं सामाजिक परिवर्तनों की प्रक्रिया में भागीदारी की क्षमता को भी कुप्रभावित करती हैं। इन स्वतंत्रताओं को सुनिश्चित करने की दिशा में बाजार एवं सरकार की कृत्यकारिताओं में सामंजस्य की स्थापना बहुत ही महत्त्वशाली सिद्ध हो सकती है। इन परिस्थितियों में बाजार प्रतिपूरक राजकीय हस्तक्षेप जो योगदान कर सकता है, वह बाजारेतर एवं अहस्तक्षेपवादी नीतियाँ कभी भी नहीं कर पाएँगी।

सकारात्मक पक्ष पर ध्यान देने की आवश्यकता

राजनीतिशास्त्र में स्वतंत्रता-विषयक चर्चा में सकारात्मक एवं नकारात्मक स्वातंत्र्य पर खूब बहस हुई है। इस भेद को कई प्रकार से समझा-समझाया जा सकता है। एक स्वरूप यह भी है जहाँ नकारात्मक स्वातंत्र्य का अर्थ होगा कि कुछ कार्य-विशेष करने से रोका न जाए, वहीं सकारात्मकता का अर्थ होगा कि

व्यक्ति को इच्छित कार्य करने में 'सहायक प्रभावों' से युक्त किया जाए। जहाँ स्वातंत्र्यवादियों ने सामान्यतः नकारात्मक स्वातंत्र्य पर ही बल दिया है वहीं सार्वजनिक सद्-प्रयास के पक्षधरों ने इसके सकारात्मक स्वरूप का पक्षपोषण किया है।

नागरिकों के प्रति सरकार के कर्त्तव्यों की व्याख्या में भी इसी से मिलते-जुलते सकारात्मक-नकारात्मक पक्षभेद किए जा सकते हैं। यहाँ सरकार का नकारात्मक कर्त्तव्य दुष्प्रभावों की रोकथाम हो सकता है (एकाधिकारी प्रवृत्तियों पर अंकुश)। सकारात्मक स्वरूप में सरकार जनता को अपनी दशा सुधारने के कार्यों में सहयोग दे सकती है। इस सहयोग में सार्वजनिक शिक्षा व्यवस्था, भूमि का पुनः वितरण एवं वंचनाग्रस्त समुदायों के वैधानिक अधिकारों का संरक्षण आदि सम्मिलित रहेंगे। यदि हम अतिवादी विचारों को दरकिनार कर दें तो प्रायः सभी राजनीतिक सिद्धान्तों में सरकार की सकारात्मक एवं नकारात्मक भूमिकाओं के लिए पर्याप्त सम्भावनाएँ रहती हैं, किन्तु किस पक्ष को कितना महत्त्व दिया जाता है—इस बारे में मतैक्य नहीं होता।

उदारीकरण एवं वि-नियमन पर विवाद सरकार के नकारात्मक कार्यों में से दुष्प्रभावकारी तत्त्वों के निर्मूलन पर आकर केन्द्रित हो गया है। केन्द्रीय सरकार एवं सुधार समर्थकों ने इस बात पर बहुत बल दिया है। दूसरी ओर जिन लोगों को इन बन्धनों में भी कुछ अच्छाई दिखाई पड़ रही है, वे इन सुधारों का विरोध कर रहे हैं। भारत में आजकल अर्थनीति-विषयक चिन्तन इसी विवाद पर केन्द्रित होकर रह गया है।

इस नकारात्मक पक्ष से जुड़े मुद्दों एवं गुत्थियों को सुलझाना आवश्यक है—पर हम सकारात्मक पक्ष की तो पूरी तरह से उपेक्षा ही कर रहे हैं (अर्थात् सार्वजनिक शिक्षा, स्वास्थ्य शिक्षा तथा सुरक्षा व्यवस्थाओं पर तो ध्यान ही नहीं दे रहे)। इस मामले में भी चर्चा एवं विचार के कई मुद्दे हो सकते हैं : कि इन व्यवस्थाओं में कैसे, कितना और कितनी जल्दी सुधार करना आवश्यक है। किन्तु सरकारी कार्यों के नकारात्मक पक्षमात्र पर ही सारा ध्यान केन्द्रित रखने के कारण उपर्युक्त बातों की ओर किंसी को ध्यान देने की 'फुरसत' ही नहीं लगती। इस समय हमें सबसे अधिक आवश्यकता इसी बात की है कि हम अपने नीति-निर्धारकों एवं नियामकों के दृष्टिकोण को अधिक व्यापक बना पायें (अर्थात् उन्हें नकारात्मक पक्ष के सुधार के साथ-साथ सकारात्मक पक्ष की ओर सक्रियता के लिए भी तैयार कर पायें)।

3.

भारत : तुलनात्मक दृष्टि से

भारत एवं विश्व

ऐतिहासिक दृष्टि से पिछले कुछ दशकों में विकासशील देशों की जीवन-दशाओं में बहुत ही शानदार सुधार हुए हैं। सन् 1960 से 1992 की अवधि में जन्म के समय जीवन की आशा 46 वर्ष से बढ़कर 63 वर्ष तक पहुँच गई है, शिशु मृत्यु-दर आधी रह गई है तथा प्रति व्यक्ति आय तीन गुना हो गई है। यद्यपि विश्व के अनेक भागों में आज भी अभावग्रस्तता बनी हुई है, किन्तु उपलब्धियों का यह लेखा (इसी अवधि में समय-समय पर जिस प्रकार की निराशाजनक भविष्यवाणियाँ अनेक 'विशेषज्ञ' करते रहे हैं), उन सभी को झूठा सिद्ध कर रहा है।

विभिन्न क्षेत्रों और देशों के बीच यह सुधार एक जैसी दर या रफ्तार से नहीं हो पाये हैं। पिछले दशकों में ही विकासशील देशों में आपस में भी बहुत भिन्नता आ गई है। वस्तुतः विकासशील देशों में अग्रणी कहे जाने वाले देश गरीब देशों की तुलना में अमीरों के अधिक करीब दिखाई पड़ते हैं। बात सिर्फ इतनी सी नहीं है कि हांगकांग की प्रति व्यक्ति आय फ्रांस और स्वीडन का मुकाबला कर रही है अथवा सऊदी अरब और आयरलैंड में आमदनी की दृष्टि से कोई विशेष अन्तर नहीं रह गया है। अब तो वेनजुएला और कोरिया भी तनजानिया या भूटान की अपेक्षा ग्रीस या पुर्तगाल के अधिक करीब नजर आते हैं। वयस्क साक्षरता में तो जमैका (98%) स्पेन (95%) से भी आगे निकल गया है, युरुग्वे और इटली (96%) एक ही स्तर पर हैं—पर बुर्कीना फासो और नेपाल क्रमशः 18% और 26% पर ही अटके हुए हैं। आज जन्म के समय जीवन की आशा की दृष्टि से कोस्टारिका और क्यूबा (76 वर्ष प्रत्येक) जर्मनी तथा बेल्जियम से स्पर्धा कर रहे हैं जबकि अफगानिस्तान, सियरा लेओन या उगांडा में पैदा हुआ व्यक्ति मुश्किल से 40 वसन्त

देख पाता है।[1] राजनीतिक ऐतिहासिक दृष्टि से विकसित एवं अल्पविकसित देशों को 'उत्तर' एवं 'दक्षिण' का नाम देना भले ही उपयुक्त रहा हो किन्तु विकास के अनेक केन्द्रीभूत लक्षणों की कसौटी पर यह वर्गीकरण भ्रमकारी ही प्रतीत होता है।

इस विविधतापूर्ण परिदृश्य की एक और महत्त्वपूर्ण विशेषता भी है : अब प्राथमिक अभाव एवं वंचना विश्व के दो ही भागों में सिमटकर रह गए हैं। ये भाग हैं दक्षिण एशिया तथा सहारातर (Sub-Saharan) अफ्रीका। ये सभी वे देश हैं जहाँ अभी जीवन की आशा 60 वर्ष से कम ही रहती है। एक ताज़ा अनुमान के अनुसार अभी भी ऐसे 52 देश हैं जिनमें 168.50 करोड़ लोग रहते हैं। इस वर्ग के देशों में से केवल 6 ऐसे हैं जोकि दक्षिण एशिया-सहारातर अफ्रीका से बाहर हैं—इनके नाम हैं अफ़गानिस्तान, कंबोडिया, हैटी, लाओस, पपुआ न्युगिनी और यमन। इनकी जनसंख्या मात्र 5.8 करोड़ है। बाकी 46 देशों में से भी श्रीलंका को छोड़ शेष दक्षिण एशिया में ही हैं। 13.90 करोड़ लोग इसी अवस्था में रह रहे हैं। शेष अफ्रीका के देशों में फैले हुए हैं—बस, दक्षिण अफ्रीका, जिम्बावे, लेसोथो और बोट्सवाना अपवाद प्रतीत होते हैं। जिन देशों में औसत जीवन-आशा 60 वर्ष से काफी अधिक है वहाँ भी समाज में ऐसे अच्छे-खासे समुदाय मिल जाते हैं, जिनकी आयु 60 से बहुत कम होती है। इसी प्रकार 60 वर्ष से कम औसत जीवन आशा स्तर के देशों में भी कुछ-न-कुछ सम्पन्न अथवा विशेष वर्ग ऐसे निकल आते हैं जिनमें जीवन आशा का स्तर 60 वर्ष से काफी अधिक रहता है। पर एक बात स्पष्ट है—दक्षिण एशिया और सहारातर अफ्रीका से बाहर प्राथमिक वंचना एवं अभाव का प्रभाव बहुत ही कम दिखाई पड़ता है।

इन देशों की कुल जनसंख्या का आधा भाग तो भारत में ही है। फिर भी भारत इनमें सबसे गया-गुजरा नहीं कहा जा सकता—यहाँ औसत जीवन-आशा 60 वर्ष के बहुत निकट है। किन्तु भारत में क्षेत्रीय रूप से अनेक प्रकार की विषमताएँ भी देखने में आती हैं। कुल मिलाकर तो भारत इथोपिया और जायर की तुलना में बहुत अच्छी तरह से विकास सूचकों की सम्प्राप्ति करता प्रतीत होता है, किन्तु भारत में अनेक विशाल भू क्षेत्र एवं जनसमुदाय ऐसे भी हैं जिनका जीवन-स्तर इन देशों (इथोपिया, जायर) जैसा ही है।

सहारातर अफ्रीका एवं दक्षिण एशिया के सबसे कम विकसित क्षेत्रों में शिशु मृत्युदर एवं वयस्क साक्षरता दरों की जानकारी तालिका 3.1 में संकलित की गई है। इन दो जीवन-स्तर सूचकों की जानकारी केवल भारत और अफ्रीकी देशों के विषय में ही नहीं है। अफ्रीका के सबसे पीछे रह गए तीन देशों, भारत के सबसे पिछड़े तीन राज्यों और उन राज्यों के भी सबसे खस्ताहाल तीन जनपदों की 1991 के वर्ष की जानकारी इस तालिका में संकलित है। तालिका से हमें यह ज्ञात होता है कि विश्व भर में (अफ्रीका में ही क्यों) कोई ऐसा देश नहीं है जहाँ उड़ीसा प्रान्त

के गंजम जनपद से ज्यादा बुरी दशा हो। यही नहीं, विश्व में कहीं भी नारी- साक्षरता की दुर्दशा हमारे राजस्थान के बाड़मेर जनपद से अधिक नहीं है। इन दोनों ज़िलों की अपनी-अपनी जनसंख्या बोट्सवाना और नामीबिया देशों से अधिक है। इन दोनों जनपदों की जनसंख्या का योग तो सियरालेओन, निकारागुआ तथा आयरलैंड आदि देशों से भी अधिक बैठता है। रूस तथा ब्राजील जैसे बड़े देशों के समान जनसंख्या वाले विशाल राज्य उत्तर प्रदेश का औसत जीवन-स्तर तालिका 3.1 में दिखाए जा रहे सूचकों की दृष्टि से सहारेतर अफ्रीका के निकृष्टतम देशों से कुछ ख़ास बेहतर नहीं लगता।

भारत और सहारेतर अफ्रीका के आँकड़ों की तुलना से यह तो स्पष्ट ही है कि इन दोनों क्षेत्रों में वयस्क साक्षरता दरों में कोई विशेष अन्तर नहीं है, किन्तु इसका यह अर्थ कदापि नहीं होगा कि ये दोनों क्षेत्र एक जैसे ही आर्थिक विकास-स्तर पर हैं। अब भारत में जन्म के समय जीवन-आशा 60 वर्ष पर पहुँच रही है जबकि सहारेतर अफ्रीका में यह इस स्तर से काफी कम (52 वर्ष) ही है। स्वतंत्रता के बाद से भारत अकालों और आन्तरिक सशस्त्र हिंसा से भी मुक्तप्राय ही रहा है जबकि विचाराधीन अफ्रीकी देशों में तो जब-तब जातीय हिंसा भड़क पड़ती है। अकाल की काली छाया भी अभी इन देशों से दूर नहीं हट पायी है। इन्हीं संकटों के कारण अनेक सहारेतर देशों में आर्थिक पतन के लक्षण स्पष्ट दिखाई पड़ते हैं। इस कारण भी जीवन-स्तर में सुधार कठिन हो जाता है। दूसरी ओर कई दृष्टियों से भारत में आर्थिक एवं सामाजिक विषमताएँ बहुत गहरी हैं। इन विषमताओं से सामाजिक क्षेत्र में विफलताओं के संकेत तो मिलते ही हैं, यह भी पता चलता है कि उच्च औसत स्तरों का पर्दा बहुत बड़े जन-समुदाय की दुर्दशा को ढक पाने में असमर्थ है। भारत में स्त्री-पुरुष के बीच असमानता सहारेतर अफ्रीका से कहीं अधिक है। परिणामतः यहाँ नारी वर्ग और भी अधिक अभावों एवं वंचनाओं को झेलने को बाध्य रहता है। दोनों क्षेत्रों की उपलब्धियों और विफलताओं की समीक्षा करते समय उनकी विकास यात्राओं के अनेक पड़ावों पर ध्यान देना आवश्यक होगा।

जिस प्रकार जीवन-आशा का न्यून स्तर इन क्षेत्रों को शेष विश्व से कुछ अलग कर देता है, उसी प्रकार निरक्षरता का व्यापक स्वरूप भी इनकी एक साँझी विशेषता है। हमारी तालिका 3.1 दर्शाती है कि दोनों क्षेत्रों में साक्षरता दरों में कोई अन्तर नहीं है; लगभग आधे वयस्क निरक्षर ही हैं।

यह बड़ा विचित्र लगता है कि शिक्षा के क्षेत्र में भारत की हालत सहारेतर अफ्रीका जैसी ही है। इन अफ्रीकी देशों के विपरीत भारत राजनीतिक अस्थिरता, सैनिक तानाशाही, गृहयुद्धों और बारम्बार पड़ने वाले अकालों से पिछले 50 वर्षों में मुक्त ही रहा है। किन्तु इन अच्छे हालात का लाभ उठाकर प्राथमिक शिक्षा के क्षेत्र में हम कोई उल्लेखनीय प्रगति कर पाने में असफल ही रहे हैं। प्राथमिक शिक्षा

तालिका 3.1

भारत एवं सहारेतर अफ्रीका : एक तुलना-1991

	शिशुमृत्यु दर			वयस्क साक्षरता दर		
	क्षेत्र	जनसंख्या (दस लाख)	शिशु मृत्यु दर प्रति हजार	क्षेत्र	जनसंख्या (दस लाख)	वयस्क साक्षरता दर नारी/पुरुष
भारत	भारत	846.3	80	भारत	846.3	39/64
तीन निकृष्टतम राज्य	उड़ीसा	31.7	124	राजस्थान	44.0	20/55
	मध्य प्रदेश	66.2	117	बिहार	86.4	23/52
	उत्तर प्रदेश	139.1	97	उ. प्रदेश	139.1	25/56
निकृष्ट प्रदेशों के	गंजम (उड़ीसा)	3.2	164	बाड़मेर (राज.)	1.4	8/37
निकृष्टतम जिले	टीकमगढ़ (म. प्रदेश)	0.9	152	किशनगंज (बि.)	1.0	10/33
	हरदोई (उ. प्रदेश)	2.7	129	बहराइच (उ. प्र.)	2.8	11/36
सहारातर अफ्रीका के	माली	8.7	161	बुरकीना फासो	9.2	10/31
तीन निकृष्ट देश	मोजम्बीक	16.1	149	सियरा लेओन	4.3	12/35
	गिनी-बिसाऊ	1.0	148	बेनिन	4.8	17/35
	सहारातर अफ्रीका	488.9	104	सहारातर अफ्रीका	488.9	40/63

नोट : भारत में वयस्क साक्षरता की दृष्टि से 7 वर्ष की तथा अफ्रीका में 15 वर्ष की आयु को उपयुक्त माना गया है।

स्रोत : World Development Report, 1993, '94, Human Dev. Rep. 1994 तथा Sample Registration Bulletin, Jan. 1994 से संकलित

में विफलता तथा उच्च शिक्षा एवं शोध कार्यों में भारी सफलता भारत के वर्तमान युग के विकास अनुभवों का सबसे अधिक लज्जाजनक पहलू है।

अन्य देशों के अनुभव

भारत में आर्थिक नीतियों पर बहस में अन्य देशों में सफल आर्थिक विकास के उदाहरण बहुधा दिए जाते हैं। सामान्य रूप से यह बात स्वाभाविक भी है। अनेक देशों की विकास उपलब्धियाँ भारत की अपेक्षा अधिक गौरवमयी रही हैं। उनसे कुछ सीख पाने की लालसा होना उचित ही है। इस सन्दर्भ में अक्सर दक्षिण कोरिया एवं अन्य तीन 'एशियाई शेरों' की बात उठती रही है। अब थाईलैंड एवं उदारीकरण के बाद से चीन की भी चर्चा होने लगी है। यह सत्य है कि इन देशों ने अपने-अपने तरीके से बहुत कुछ हासिल किया है और इन सभी से भारत कुछ-न-कुछ अवश्य सीख सकता है। 'भारत की अपनी विलक्षणताएँ हैं' यह दावा अपने आप में पूरी तरह से ठीक है, किन्तु इसे अन्य देशों के अनुभवों से कुछ भी नहीं सीखने का आधार बना बैठना उतना ही अनुचित होगा।

अन्य देशों के अनुभव से शिक्षा ग्रहण करते समय हमें बहुत ही सतर्क रहना होगा : ''औरों ने क्या किया था'' इस बारे में अति सरलीकरण से बचना जरूरी है। इसी प्रकार किसी अति संकुचित दृष्टिकोण के आधार पर ''उन औरों का चयन जिनसे कुछ सीखना है'' भी खतरनाक हो सकता है। यह मान लेना एक बहुत बड़ी भूल होगी कि एशिया के शेरों (द. कोरिया[1], हांगकांग, सिंगापुर, ताईवान) से हमें केवल एक सीख मिलती है कि बाजारों को पूरी तरह स्वतंत्र कर दो। इन देशों में बाजारों की मुक्ति के अतिरिक्त भी बहुत कुछ हुआ है। यहाँ शिक्षा, जन-स्वास्थ्य आदि का व्यापक प्रसार, दूरगामी भूमि सुधार आदि के साथ-साथ आर्थिक संवृद्धि की दिशा में सरोकार द्वारा दृढ़तापूर्वक सारे समाज का नेतृत्व भी स्पष्ट दिखाई पड़ता है। ये देश और सुधारोपरान्त चीन 'सामाजिक' क्षेत्रकों में भारत की अपेक्षा कहीं अधिक विकसित रहे हैं। इसी कारण ये बाजार की स्वतंत्रता और विस्तार के कारण सृजित अवसरों का बहुत अच्छी तरह लाभ उठा पाए हैं। यही नहीं, वस्तुतः बाजार की उछाल से पूर्व ही वे सामाजिक दृष्टि से अधिक अच्छी तैयारी में थे। 'प्रमुख' एवं 'गौण' अथवा 'सहायक' मुद्दों की अलग-अलग पहचान करने के नाम पर इन बातों को दृष्टिगत करने का परिणाम यही होगा कि हम इन देशों के अनुभवों से लाभान्वित हो पाने के स्थान पर कदाचित् 'विनाशकारी' सीख ग्रहण कर बैठेंगे। अगले भाग में हम इन बातों पर अपनी चर्चा को और आगे बढ़ाएँगे।

---

1. दक्षिण कोरिया में तो शुरू से ही आर्थिक विषमताएँ भी बहुत कम थीं।

दूसरी महत्त्वपूर्ण बात यह है कि हमें सीख के स्रोत 'दूसरों' के चयन में भी सावधानीपूर्वक बर्ताव करना होगा। "हमें केवल उन्हीं से कुछ सीखना है जिन्होंने बड़ी तेजी से आर्थिक विकास किया है" यह धारणा भी भ्रामक होगी। वस्तुतः सार्वजनिक प्रयास के माध्यम से शिक्षा और स्वास्थ्य विकास द्वारा (अधिक आर्थिक अभाव में भी) जिन्होंने अपने जनसामान्य के जीवन-स्तर को बहुत ज्यादा सुधारने में सफलता पाई है, उनके अनुभव भी हमारे लिए बहुत प्रेरक एवं उपयोगी सिद्ध हो सकते हैं। यह ध्यान देने की बात है कि अधिक आर्थिक संवृद्धि के बाद भी थाईलैंड और द. कोरिया में जन्म के समय जीवन-आशा का स्तर श्रीलंका या जमैका के स्तर को नहीं छू पाया है। इसी प्रकार सिंगापुर जैसा एकनगरीय राष्ट्र भी अभी तक कोस्टारीका से जीवन-आशा के मामले में आगे नहीं निकल पाया है, जबकि इसकी आय का स्तर तो बहुत ऊँचा हो चला है। सुधार-कार्यक्रमों से पहले ही, न्यून आर्थिक संवृद्धि काल में चीन में जीवन की गुणवत्ता के अनेक लक्षणों में आश्चर्यजनक सुधार हुए थे। उन पर ध्यान देना भी बहुत प्रासंगिक रहेगा—वैसे हम चीन की उपलब्धियों एवं विफलताओं पर अलग से अध्याय 4 में विस्तार से चर्चा करेंगे। धीमी आर्थिक संवृद्धि के बावजूद जीवन-यापन की दशाओं में तीव्र दर से सुधार के इन और अन्य देशों के अनुभवों से हम अनेक सबक सीख सकते हैं, ये हैं : आर्थिक विकास की प्रारम्भिक सीढ़ियों में ही व्यापक सामाजिक प्रगति सम्भव भी है और व्यावहारिक भी, स्वास्थ्य एवं शिक्षा के क्षेत्रों में सुविचारित नीतियों के बहुत सशक्त एवं मंगलकारी प्रभाव एवं परिणाम सामने आते हैं। कम मजदूरी वाले गरीब देश में श्रमप्रधान विधि से ही प्राथमिक शिक्षा की सार्वजनिक व्यवस्था कोई विशेष खर्चीली नहीं होती तथा सार्वजनिक नीतियों एवं कार्यक्रमों का स्वरूप कहीं इन दिशाओं में 'सहयोगी' हो सकता है तो इसके प्रतिरोधी या विध्वंसक स्वरूप धारण करने में भी बहुत समय नहीं लगता (कई बार तो सार्वजनिक नीति-निर्धारक किसी कार्यक्रम के प्रति अपनी उदासीनता द्वारा ही उसे 'मरणासन्न' अवस्था तक पहुँचा देने में 'सफल' हो जाते हैं)। हम शेष विश्व के विकास के उदाहरणों से इस प्रकार के और भी अनेक सबक सीख सकते हैं। इन सीखने योग्य सबकों को पहचान लेना भी उतना ही जरूरी है जितना उन देशों को जानना, जिन्होंने तीव्र आर्थिक विकास और उसके आधार पर जनसामान्य का जीवन-स्तर सुधारने में भारी सफलता अर्जित की है।

तीसरी यह बात भी विचारणीय है कि सभी देश, जिन्होंने उच्च संवृद्धि दर प्राप्त की है, भौतिक संसाधनों पर अपनी बढ़ी हुई अधिकारिता का प्रयोग व्यापक जनसामान्य के जीवन-स्तर को सुधारने में कर पाने में सफल रहे हों, ऐसी बात भी नज़र नहीं आती। पिछले कुछ वर्षों में अनेक तीव्र गति से संवृद्धिमान देशों की दशा को यदि 'लक्ष्यविहीन समृद्धि' या 'दिक्विहीन विपुलता' का नाम दिया

जाए तो अतिशयोक्ति नहीं होगी। इनमें उच्च संवृद्धि दर के साथ-साथ ही व्यापक गरीबी, निरक्षता, निरन्तर रोग-व्याधियों का साम्राज्य, बाल मजदूरी की विवशता, आपराधिक हिंसा का वातावरण आदि ऐसी ही अनेक परस्पर जुड़ी हुई सामाजिक बुराइयों के बड़े सशक्त प्रमाण मिल रहे हैं। इस सन्दर्भ में अक्सर ब्राज़ील की चर्चा होती है। ब्राज़ील एवं इसी प्रकार की समस्याओं से ग्रस्त देशों में पाया गया है कि आर्थिक समृद्धि के प्रयोग से जीवन की गुणवत्ता सुधारने के कार्य विफलता के पीछे समाज में व्याप्त आर्थिक, सामाजिक विषमताओं और मूलभूत अधिकारिताओं (हकदारियों) के संरक्षण में सार्वजनिक प्रयासों के अभाव की ही महती भूमिका रही है। तीव्र गति से संवृद्धिशील अर्थव्यवस्थाओं के अनुभव से भारत को भी यह सीख अवश्य लेनी चाहिए कि यह उनकी तरह 'लक्ष्यविहीन विपुलता' के दलदल में न जा फँसे।

चौथी अत्यन्त महत्त्वपूर्ण बात यह है कि विदेशों से सीखते समय हमें अपने ही देश के अनुभवों की विविधता से सीखे जा सकने वाले सबक भी याद रखने चाहिए। यह बात नज़रअन्दाज नहीं की जा सकती कि न्यून आय एवं संवृद्धि की दिशा में प्रयासों के प्रायः निष्फल रहने वाले केरल प्रान्त ने भी जीवन की आशा (72 वर्ष) का जो स्तर प्राप्त किया है वह हमारे पूर्व दिशा के 'पड़ोसी' राष्ट्रों—इंडोनेशिया (60 वर्ष), थाईलैंड (69 वर्ष) और द. कोरिया (71 वर्ष) से अधिक ही है। यहाँ इस बात पर भी गौर करना आवश्यक है कि इन तीनों देशों की प्रति व्यक्ति आय केरल प्रान्त की (प्रति व्यक्ति) आय से कई-कई गुणा अधिक है। अतः हमें भारत के अपने ही अनुभवों से भी बहुत कुछ सीखना है—इनमें सफलता एवं विफलता दोनों का ही सम्मिश्रण रहा है। विफलताओं में हम जहाँ उत्तर प्रदेश आदि अनेक राज्यों में सामाजिक पिछड़ेपन के शिकंजे की जकड़न को रख सकते हैं वहीं जीवन-यापन की अनेक कसौटियों पर शानदार उपलब्धियों के बाद भी आर्थिक संवृद्धि की कसौटी पर केरल की विफलता भी गौण नहीं है।

अपने एक अन्य अध्ययन[1] में हमने पाया था कि विश्व के जिन दस देशों में शिशु एवं बालमृत्यु दर में 1960 से 1985 के बीच सबसे अधिक गिरावट आई है उनमें से पाँच ऐसे हैं, जहाँ यह सफलता आर्थिक संवृद्धि के परिणामस्वरूप सम्भव हुई है तो दूसरे पाँच में वास्तविक औसत आय में विशेष सुधार आए बिना ही स्वास्थ्य, शिक्षा एवं सामाजिक सुरक्षा के निमित्त सुसंगठित सार्वजनिक प्रयास इस सफलता का आधार बने हैं।

इसे दूसरे वर्ग के अनुभव को हम 'सार्वजनिक सहयोग' से प्रेरित सफलता कह सकते हैं। इस सफलता का रहस्य यही रहा है कि न्यून मजदूरी वाली अर्थव्यवस्थाओं

---

1. Dreze and Sen, 1989, *Hunger and Public Action,* Oxford Univ. Press.

में प्राथमिक शिक्षा एवं स्वास्थ्य व्यवस्था कोई विशेष खर्चीली नहीं होती (इन कार्यों में वैसे भी मुख्यतः उपकरणों की अपेक्षा व्यक्तियों का योगदान ही अधिक महत्त्वपूर्ण होता है)। अतः यह नहीं मान लेना चाहिए कि गरीब देशों में भुगतान कर पाने की न्यून क्षमता के कारण शिक्षा-स्वास्थ्य की व्यवस्था कर पाना समाज के बूते से बाहर होगा। विश्व में पिछले कुछ समय से चल रहे आर्थिक विकास के घटना-क्रम से सीख लेने के सन्दर्भ में भारत को आर्थिक संवृद्धि-आधारित एवं सार्वजनिक सहयोग-आश्रित, दोनों ही प्रकार की प्रगति के उदाहरणों से बहुत कुछ सीखना होगा। 'लक्ष्यहीन विपुलता' की दुर्सम्भावना पर तो विशेष ध्यान देना होगा–कहीं भारत दक्षिण कोरिया की बजाय ब्राज़ील के रास्ते पर न चल पड़े। उदारीकरण का कोई 'मानक' एवं 'सर्वग्राह्य' सर्वव्यवहार्य प्रतिमान नहीं है–हमें स्वयं ही अपने मार्ग एवं दिशा का चयन करना होगा।

पूर्वी एशिया और संवृद्धि-प्रेरित सामाजिक प्रगति

अन्य देशों के अनुभवों से कुछ सीखते समय हमें अपने कारण-प्रभाव 'सिद्धान्तों' को विशेष दशाओं से जुड़े तथ्यों के साथ जोड़कर चलना होगा। अर्थशास्त्री बाजार और व्यापार को आर्थिक प्रसार का कारक मानते रहे हैं। एडम स्मिथ (1776) में देशों की सम्पत्ति के कारणों के रूप में इन्हीं दो बातों पर विशेष ध्यान दे रहे थे। अभी कुछ समय से संवृद्धि-उन्मुख व्यापार सिद्धान्तों की ओर सिंहावलोकन भी उन्हीं दो बातों की ओर ध्यान खींच रहा है जिनके विषय में एडम स्मिथ भी बहुत कुछ कह गए हैं : (1) बड़े पैमाने पर कार्य करने की मितव्ययिताओं का महत्त्व और (2) सम्पन्नता का सृजन करने में योग्यता संवर्धन एवं मानवीय गुणों का महत्त्व। रिकार्डो द्वारा निश्चित परिधि[1] से बाहर निकलकर व्यापार से सम्भावित लाभों का आकलन पूर्वी एशियाई करिश्मे की व्याख्या करने में बहुत ही उपयोगी है–यही बात भारत एवं अन्य देशों के लिए भी महत्त्वपूर्ण हो सकती है।

बड़े पैमाने की मितव्ययिताओं के महत्त्व एवं भूमिका की प्रतिष्ठापना ने भारत एवं अन्य देशों में 1960 के दशक में प्रचलित संवृत अर्थव्यवस्था (Close economy) की मान्यता पर आश्रित आर्थिक नियोजन के प्रतिमानों के बौद्धिक आधार को ही बदल डाला है। निर्यात को लेकर निराशाजनक अनुभवों के कारण ही वह अन्तर्मुखी दृष्टि विकसित हुई थी। इसी के आधार पर देश की सभी आवश्यकताएँ अपनी भौगोलिक सीमाओं के भीतर उत्पादन से पूरी करने के निमित्त योजनाओं की रचना

---

1. डेविड रिकार्डो का मत था कि व्यापार का आधार लागतों का तुलनात्मक अन्तर ही होता है अतः व्यापार से सम्भावित लाभों का व्यापार कर रहे देशों के बीच विभाजन भी उनकी तुलनात्मक लागतों के अन्तरों पर ही निर्भर करेगा।

हो रही थी। उस समय सभी यह मानते थे कि 'सापेक्ष लाभ' ही वास्तविक लाभकारी व्यापार का आधार है। अतः जो विद्वान व्यापार में अधिक वृद्धि के प्रति आशावान नहीं थे वे व्यापार के सही लाभों का अनुमान नहीं लगा पाए। संवृत अर्थव्यवस्था की मान्यता में सोत्साह व्यापार को अस्वीकृत करने का भाव कभी भी निहित नहीं था। यह तो केवल व्यापार की वृद्धि की सम्भावनाओं के प्रति अविश्वास की भावना की ही एक प्रतिच्छाया थी।

रिकार्डो 'तुलनात्मक लाभ' की अपेक्षा एडम स्मिथ के पैमाने की मितव्ययिता की प्रबलता की स्वीकारोक्ति से तो व्यापार संवर्धन की सीमाओं का वितान बहुत विस्तृत हो गया है—इसी विस्तार से निर्यात सम्बन्धी निराशा की भावना भी छिन्न-भिन्न हो चली है। अब व्यापार की सीमाएँ मात्र संसाधन भंडारों और साधन अनुपातों द्वारा निर्धारित नहीं होतीं। संवृति के कारण होने वाली हानि में अब विशिष्टीकरण के लाभों के आकलन में पैमाने के लाभ का अनुमान शामिल करना भी आवश्यक हो गया है। भारत के आर्थिक आयोजन की विधियों में अब आधुनिक संवृद्धि सिद्धान्तों के तर्कशास्त्र तथा पूर्वी एशियाई देशों द्वारा व्यापार का प्रयोग कर संवृद्धि के स्वरूप की रचना करने के सफल अनुभव के आधार पर उचित आमूलचूल परिवर्तन करना आवश्यक हो गया है।

हाल ही में आर्थिक संवृद्धि से जुड़े अध्ययनों में श्रम तथा मानवीय पूँजी के महत्त्व के विषय में भी काफी चर्चा हुई है। स्कूली शिक्षा की आर्थिक भूमिका, काम के दौरान प्रशिक्षण, तकनींकी प्रगति और यहाँ तक कि बड़े पैमाने की मितव्ययिताएँ, सभी किसी-न-किसी रूप में आर्थिक संवर्धन में प्रत्यक्ष मानवीय भूमिका के केन्द्रभूत महत्त्व की ही पुष्टि करती हैं। आर्थिक सिद्धान्तों की दृष्टि से ध्यान केन्द्र के इस विवर्तन से सोलो (Solow) द्वारा प्रतिपादित नव-क्लासिकी के आर्थिक विकास प्रतिमान में बहुत बड़े 'अनिर्णीत अंश' की व्याख्या भी हो जाती है। हाल ही में विकास सिद्धान्तों में हुए परिमार्जन से भौतिक पूँजी के संचयन से आगे बढ़कर प्रत्यक्ष मानवीय प्रयास के महत्त्व का भी प्रतिपादन हुआ है। पूर्वी एशिया के करिश्मे तथा अन्य संवृद्धिप्रेरित सामाजिक प्रगति के अनुभवों से कुछ सीखने के प्रयास में (इनकी आभा से अभिभूत होकर) हमें इन अध्ययनों एवं विश्लेषणों से प्राप्त महत्त्वपूर्ण जानकारी को अनदेखा करने से बचना होगा।

मानवीय पूँजी की महती भूमिका हमें इस बात के लिए बाध्य करती है कि हम समझदारीपूर्ण सार्वजनिक प्रयासों और आर्थिक प्रगति के गहरे सम्बन्धों को भली प्रकार समझ लें। इसका एक कारण यह भी है कि सार्वजनिक नीतियों का शिक्षा के प्रसार एवं प्रशिक्षण आदि द्वारा योग्यताओं के संवर्धन में बहुत योगदान रहता है। जिन देशों में सामाजिक प्रगति की प्रेरणा का स्रोत आर्थिक संवृद्धि रहा है, उनमें भी प्राथमिक शिक्षा के (संवृद्धिपूर्व) व्यापक प्रसार का महत्त्व स्वयंसिद्ध-

तालिका 3.2

चुने हुए एशियाई देशों में वयस्क साक्षरता दरें

	1960	1980	1992
भारत	28	36	50
दक्षिण कोरिया	71	93	97
हांगकांग	70	90	100
थाईलैंड	68	86	94
चीन	अनुपलब्ध	69	80

स्रोत : World Development Report(s) 1980, 1983, Human Development Report 1994. (देखें, इसी पुस्तक का सांख्यिकीय परिशिष्ट)

सा लगता है। जिन आधुनिक उद्योगों के उत्कर्ष के सहारे इन देशों में समृद्धि सम्भव हुई है उनमें कारीगरों का प्राथमिक शिक्षा से सम्पन्न होना तो अत्यन्त ही आवश्यक होता है—यदि माध्यमिक शिक्षण भी हुआ हो तो सोने पर सुहागा हो जाता है। यद्यपि कुछ अध्येताओं ने काम के दौरान ही तकनीकी ज्ञान अर्जित करने की बात पर बहुत बल दिया है—पर काम शुरू करने से पहले ही यदि स्कूली शिक्षा का लाभ मिला हो तो काम के दौरान नई तकनीकें सीखने एवं उन्हें अपनाने में कारीगरों को बहुत सहायता मिलती है।

आज के भारत की तुलना में जब इन देशों में संवृद्धिप्रेरित सामाजिक प्रगति का दौर प्रारम्भ हुआ तो इनका प्राथमिक शिक्षा-क्षेत्र का विकास बहुत अधिक हो चुका था। इस विषय में आवश्यक जानकारी हम तालिका 3.2 में रख रहे हैं। यहाँ इस बात पर गौर करना आवश्यक नहीं है कि आज भारत में साक्षरता दर इन देशों से कम है या फिर जिस समय इन देशों ने विकास की लम्बी छलाँग लगाई उस समय भारत उनकी तुलना में साक्षरता की दृष्टि से काफी पिछड़ा हुआ था। हम तो इस बात की ओर पाठकों का ध्यान आकृष्ट करना चाहते हैं कि आज भी भारत शिक्षा और साक्षरता के उस स्तर को नहीं छू पाया है जिस स्तर पर ये देश अपनी विकास-यात्रा को आरम्भ करने से तत्काल पूर्व पहुँच चुके थे। आज के भारत और 1960 के कोरिया या फिर 1980 के चीन के बीच तुलना हमारे इस कथन को और भी अर्थपूर्ण बना देती है। इतना समय व्यतीत हो जाने पर भी हम उस साक्षरता स्तर तक नहीं पहुँच पाये हैं जहाँ पर ये देश अपने बाजार-आश्रित आर्थिक विकास कार्यक्रम प्रारम्भ करने से पूर्व पहुँच चुके थे।

सभी उच्च निष्पादी एशियाई देशों में शिक्षा के प्रसार में सरकार ने ही मुख्य

योगदान दिया है। सार्वजनिक नीतियों का महत्त्वपूर्ण उद्देश्य रहा है कि समाज के अधिकांश युवा सदस्य पढ़ने, लिखने एवं आधुनिक औद्योगिक उत्पादन व्यवस्था में भागीदारी के अनुरूप संप्रेषण आदि की योग्यता से सम्पन्न हों। इनके विपरीत भारत में तो प्राथमिक एवं माध्यमिक शिक्षा के प्रसार के प्रति विचित्र-सी उदासीनता दृष्टिगोचर होती है। हम कह सकते हैं कि तथाकथित योजनाबद्ध विकास कार्यक्रमों के बावजूद इस क्षेत्र में सरकार 'बहुत अधिक हस्तक्षेप' नहीं 'बहुत ही कम योगदान' की दोषी रही है।

भारत में उच्च शिक्षा-सम्पन्न व्यक्तियों का बहुत विशाल समुदाय है। इनकी योग्यताओं का प्रयोग कर दक्षता-आधारित उद्योगों के तीव्र विकास के आज अनेक अवसर उपलब्ध हैं—वस्तुतः बँगलौर नगर एवं उसके आसपास कम्प्यूटर आदि से जुड़े अनेक नए उद्योगों के व्यापक विकास का क्रम आरम्भ भी हो गया है। ये उपलब्धियाँ महत्त्वपूर्ण हैं तथा कुल मिलाकर भारतीय अर्थव्यवस्था के भविष्य के प्रति शुभ संकेत भी हैं। किन्तु भारतीय शिक्षा व्यवस्था में व्याप्त भयावह विषमताओं के कारण आर्थिक प्रगति के सामान्य लाभ भी समाज में अधिक व्यापक रूप से प्रसारित नहीं हो पा रहे। जबकि चीन और कोरिया आदि देशों ने तो उन उद्योगों का विकास किया है जिनमें विश्वविद्यालय स्तरीय उच्च शिक्षा की कोई विशेष आवश्यकता नहीं होती, फिर भी आज दुनिया के बाजार इन देशों के उत्पादनों से भरे हुए दिखाई देते हैं। बस, उनकी प्रगति का रहस्य यही है कि प्राथमिक शिक्षा प्राप्त कारीगरों को जो हिदायतें दी जाती हैं उनका अक्षरशः पालन होता है तथा उसके परिणामस्वरूप प्राप्त होता है उच्च गुणवत्ताशील विश्वस्तरीय उत्पादन। इस उत्पादन का लाभ समाज में व्यापक रूप से वितरित होता है। इसके विपरीत यदि आज भारत विश्वभर के कम्प्यूटर सॉफ्टवेयर उद्योग पर अपना अधिकार करने में सफल हो जाए तो भी इसकी जनसंख्या के विशाल गरीब, अशिक्षित जनसमुदायों तक उसका कोई लाभ नहीं पहुँच पायेगा। एक साधारण-सा जेबी चाकू या ठीक से काम करने वाली अलार्म घड़ी के निर्माण में सर्वोत्कृष्ट कम्प्यूटर सॉफ्टवेयर बनाने की अपेक्षा वाहवाही बहुत कम रहती है, किन्तु चीन के गरीब मजदूरों को उन चीजों के निर्माण से गुजारे लायक आय प्राप्त हो जाती है—पर भारत का गरीब तो प्रत्यक्षतः बड़ी तड़क-भड़क वाले उद्योगों के विकास के बाद भी भूखा रह जाता है। आम प्रयोग की उन साधारण चीजों के निर्माण में, जिनका विश्वव्यापी बाजार अतिविशाल है और जिनमें प्राथमिक शिक्षा से अधिक योग्यताओं की आवश्यकता भी नहीं पड़ती, ही चीन एवं दक्षिण एशियाई देशों की साक्षर श्रम-शक्ति एक बहुत बड़ी पूँजी सिद्ध होती है।

भारत में उच्च-दक्षतापूर्ण उद्योगों के कुछ क्षेत्रों में भारी विकास के बाद भी कुल मिलाकर सारे औद्योगिक क्षेत्र की संवृद्धि दर बहुत उल्लेखनीय नहीं रही है।

वस्तुतः 1990-91 के बाद से औद्योगिक संवृद्धि की नगण्यता को भारत सरकार (आर्थिक सर्वेक्षण 1995, पृष्ठ 2) स्वयं भी स्वीकार कर रही है। हम यह नहीं कह रहे कि व्यापक अशिक्षा के बावजूद भारत अपने सकल राष्ट्रीय या घरेलू उत्पादन में भारी वृद्धि कर पाने में सफल नहीं हो सकता। किन्तु प्राथमिक शिक्षा का स्वल्प प्रसार, कुछ उद्योगों तक सीमित रह रही प्रगति (जिसकी अनेक वित्तीय पत्रिकाओं में बहुत ही प्रशंसा हो रही है) हमारे पूर्वी पड़ोसियों की भाँति समग्र समाज की साँझी भागीदारी व्यापक औद्योगिक संवृद्धि में परिवर्तित नहीं हो पा रही। यहाँ भारत में सम्भावित आर्थिक प्रसार की सशक्तता एवं स्वरूप का प्रश्न उठाया जा रहा है। हम यह बात उठा रहे हैं कि क्या यह संवृद्धि सारे देश की साँझी संवृद्धि बन पाएगी ? क्या इसके लाभों में जनसामान्य को भागीदारी मिल पाएगी ? हमने पहले भी अपने इसी निबन्ध में यह बात समझाने का प्रयास किया है कि किस प्रकार असाक्षर श्रम शक्ति जो लिख, पढ़ या गिन नहीं सकती, छपे या हस्तलिखित निर्देशों को समझकर उनका अनुपालन नहीं कर सकती, वह आधुनिक उद्योगों में ठीक से काम भी नहीं कर सकती। इसी कारण बाजार-आधारित विकास के आर्थिक सुयोगों का लाभ उठा पाने से भी यह विशाल जनसमुदाय, जो देश के अनेक भागों में तो जन-बल का अधिकांश ही है—वंचित रह जाता है। इस प्रकार प्राथमिक शिक्षा की विषमता अकुशलता का स्वरूप धारण कर नए आर्थिक अवसरों से लाभान्वित न हो पाने की विषमता में परिवर्तित हो जाती है। एक प्रकार से समाज में वितरण की विफलता दक्षता-आश्रित आधुनिक उद्योगों के व्यापक प्रसार को कुंठित कर पाने में सक्षम शैक्षणिक पिछड़ेपन का और सम्पोषण करने लगती है।

शिक्षा एवं विषमता की बात नर-नारी के बीच गैर बराबरी के सन्दर्भ में और भी अधिक स्पष्ट एवं स्थूल रूप धारण कर लेती है। इस मामले में भी तीव्र गति से संवृद्धिमान एशियाई देशों की उपलब्धियाँ अत्यन्त स्पृहणीय रही हैं : इन देशों में प्राथमिक शिक्षा के सम्बन्ध में नर-नारी के बीच की खाई जितनी तेज़ी से पाटी गई है, वह अपने आपमें अभूतपूर्व है। अभी तक विश्व में कहीं भी यह अन्तर इतनी तीव्रगति से कम नहीं हो पाया था। आर्थिक एवं सामाजिक भागीदारी और अवसरों से लाभ उठाने की दृष्टि से इस उपलब्धि के कारण महिलाओं की सक्षमता में भारी सुधार हुआ है। संवृद्धि-प्रेरित प्रगति ने तो महिलाओं के लिए सुलभ रोजगारों और अन्य अवसरों को बहुगुणित कर दिया है। भारत के साथ तुलना में यह भेद बहुत ही तीखा प्रतीत होता है। वस्तुतः इस मामले में सारा ही दक्षिण एशिया न केवल पूर्वी एशिया से पिछड़ गया है वरन् लेटिन अमेरिका एवं अफ्रीका के सभी पिछड़े हुए देशों से भी पिछड़ा हुआ प्रतीत होता है।

भारत और तीव्र संवृद्धिशील एशिया में केवल प्राथमिक शिक्षा का अन्तर इतना विशाल नहीं है—अनेक अन्य सामाजिक क्षेत्रों में जिस प्रकार सरकारी प्रयासों से

इन देशों में व्यापक सफलता मिली है, वैसा भारत में सम्भव नहीं हो पाया। इन देशों में तीव्र विकास से पूर्व भी सामान्य स्वास्थ्य की दशा भारत से बेहतर थी। इस बेहतरी का आधार सरकार द्वारा बेहतर चिकित्सा व्यवस्था—विशेषकर रोग अवरोधन व्यवस्था—का गठन रहा है। चीन में तो ग्रामीण जनस्वास्थ्य व्यवस्था का प्रसार सुधार-पूर्व काल की एक श्रेष्ठतम उपलब्धि रही है। यही स्वस्थ जनशक्ति आर्थिक सुधारों के दौर में एक बहुत बड़ा सम्बल सिद्ध हुई है। यह मुद्दा केवल जीवन-यापन की गुणवत्ता का नहीं है, बल्कि इसमें आर्थिक उत्पादिता/कार्यक्षमता भी निहित रहती है। इसका कारण यही है कि सामान्यतः अधिक मरणशीलता एवं कुपोषण प्रभावी कार्यशीलता एवं आर्थिक निष्पादन में बहुत बड़ी बाधाएँ सिद्ध होते हैं।

इन समृद्धिशील देशों में भू-सुधार के क्षेत्र में भी भारत की अपेक्षा कहीं अधिक शानदार कार्य किया गया है। जापान, द. कोरिया, ताईवान व चीन सहित सारे ही पूर्वी एशिया में भू-सुधारों के कार्यक्रम बहुत ही निष्ठापूर्वक एवं विस्तार से लागू हुए हैं। कुछ व्यक्तियों तक सिमटी हुई भूस्वामित्व व्यवस्था की समाप्ति सामाजिक समता की दृष्टि से तो उपयोगी है ही, इसके कारण उत्पादन बढ़ाने की सामान्य प्रेरणा को भी बल मिलता है और कृषि उत्पादक बाजार पहले से ही खुले तकाज़ों के प्रति सहज संवेदनशील हो जाते हैं। यहाँ इस बात पर ध्यान देना बहुत आवश्यक है कि इस क्षेत्र में सबसे कम आर्थिक संवृद्धि फिलिपीन्स में हुई है—यही देश भू-सुधारों के मामले में भी सबसे पिछड़ा हुआ रहा है। भारत की हालत तो फिलिपीन्स से भी गई-गुजरी है—यहाँ तो केवल पं. बंगाल एवं केरल में भू-सुधारों में कुछ सफलता हाथ लगी है, शेष प्रान्तों के विषय में जितना कम कहा जाए उतना ही अच्छा है।

अतः हम कह सकते हैं कि संवृद्धि-प्रेरित सामाजिक प्रगति की पूर्वी एशियाई सफलताओं के पीछे प्राथमिक शिक्षा, स्वास्थ्य एवं भू-सुधार आदि में सरकार की अतिसक्रिय भूमिका का बड़ा योगदान रहा है। 'एशियाई चमत्कार' को ठीक से समझने के लिए यह जान लेना आवश्यक है कि इन देशों की सरकारों द्वारा बाजारों को मुक्त करने के साथ-साथ प्रत्यक्षतः औद्योगीकरण को बढ़ावा देने, उसे निर्यातोन्मुखी बनाने आदि में योगदान एवं मार्गदर्शन के साथ-साथ सरकारी नीतियों के माध्यम से सामाजिक जीवन के उपर्युक्त तीन आयामों—शिक्षा, स्वास्थ्य एवं भू-सुधार कार्यक्रमों—के प्रभावी क्रियान्वयन का भी बहुत बड़ा योगदान रहा है। इन प्रत्यक्ष हस्तक्षेपवादी नीतियों की सफलता को देख कुछ 'प्रतिगामी' विश्लेषक तो यहाँ तक कह गए हैं कि पूर्वी एशियाई चमत्कार वास्तव में सरकारी हस्तक्षेप की सफलता का प्रमाण है—आर्थिक गतिविधियों से सरकार की निरपेक्षता या बाजार व्यवस्था पर आश्रित रहने की नीति की सफलता का नहीं। और अध्ययनकर्ताओं ने भी किसी-न-किसी रूप से इसी प्रकार के निष्कर्षों की ओर इंगित किया है : सरकार ने प्रत्यक्षतः औद्योगीकरण को बढ़ावा देने के अनेक कार्य किए हैं। कहीं विशेष

उद्योगों को सस्ती दरों पर पूँजी उपलब्ध कराई गई है तो कहीं अन्तर्राष्ट्रीय व्यापार पर दृष्टि लगाए कुछ ख़ास उद्योगों का विशेष रूप से पोषण कर विशिष्ट निर्यात प्रोत्साहन की नीति लागू करने के साक्ष्य मिल रहे हैं। शिक्षा, स्वास्थ्य एवं भू-सुधार के क्षेत्रों में सरकारी पहल को तो सरकार की क्रियाशीलता की एक झलक ही माना जा सकता है। वस्तुतः पूर्वी एशिया के आर्थिक चमत्कार को केवल 'आर्थिक' उदारीकरण और बाजारों की विमुक्ति का परिणाम मान लेना अपने आपमें विकृतिमय बौद्धिक प्रयास होगा।

मानवीय पूँजी एवं अधिक मौलिक जीवन-मूल्य

यद्यपि हम इस पुस्तक में 'मानवीय पूँजी' शब्दों का प्रयोग कर रहे हैं किन्तु ये शब्द किसी सीमा तक भ्रमकारी ही रहते हैं; यह भ्रम वास्तव में हम जिन विषयों पर बल देना चाहते हैं उन्हें कुछ धुँधला कर देता है। हमारा वास्तविक अभिप्राय तो मानवीय जीवन की गुणवत्ता से है, केवल उत्पादन वृद्धि में सहायक मानवीय क्षमता से नहीं। भौतिक एवं मानवीय पूँजी के बीच में बहुत बड़ी असम्मिति पाई जाती है। मानवीय पूँजी के अवयवों या लक्षणों का अपना गम्भीर महत्त्व भी होता है—जबकि मशीन पर इस प्रकार की कोई बात लागू नहीं होती। दूसरे शब्दों में, यदि कोई मशीन उत्पादन वृद्धि में सहायक नहीं हो तो उसके मूल्य को आकलित करना अटपटा-सा लगेगा—किन्तु एक व्यक्ति—चाहे वह उत्पादन वृद्धि में सहायक नहीं हो, फिर भी, उसका स्वस्थ एवं शिक्षित होना अपने आपमें महत्त्वपूर्ण होता है। मानवीय पूँजी के अवयव मानव जीवन का अंग ही होते हैं; उनका महत्त्व उत्पादन में सहायक स्वरूप से कहीं अधिक बढ़ा-चढ़ा होता है। शायद ही कोई व्यक्ति केवल मानवीय पूँजी के एक घटक होने की सम्भावना को प्रेरणास्पद मान पाए—उसकी आकांक्षाएँ कहीं अधिक उच्च स्तर की अभिलाषी होती हैं।

संसाधनों के युक्तियुक्त आबंटन में साधनों एवं ध्येयों के बीच का भेद समझ लेना बहुत आवश्यक होता है। इसी दृष्टि से मानवीय योग्यताओं के अन्तर्निहित एवं सहायक स्वरूप का अपना ही महत्त्व है—पर इसी बात में उलझे रहना उचित नहीं होगा। बस, इतना जान लेना पर्याप्त है : (1) अच्छे जीवन के शिक्षा स्वास्थ्य आदि लक्षण अपने आप में भी महत्त्वपूर्ण हैं—केवल इसलिए नहीं कि उनके कारण उत्पादिता बढ़ती है; (2) अनेक दशाओं में इन लक्षणों के कारण वस्तुओं का उत्पादन बढ़ाने में बहुत मदद मिल सकती है; तथा (3) उनकी कुछ अपनी वैयक्तिक एवं सामाजिक भूमिका (जैसे कि अध्याय 2 में बताई गई है) भी हो सकती है। जब यह बात समझ में आ जाए कि मानवीय स्वास्थ्य, ज्ञान और योग्यताओं के और अधिक प्रत्यक्ष लाभ भी होते हैं तो फिर 'मानवीय पूँजी' शब्दों के प्रयोग से किसी हानि की आशंका नहीं रहती।

यद्यपि मानवीय योग्यताओं का अन्तर्निहित एवं सहायक दोनों दृष्टियों से महत्त्व होता है, प्रति व्यक्ति समग्र राष्ट्रीय उत्पाद की वृद्धि का महत्त्व तो केवल 'सहायक' स्वरूप में ही स्वीकार्य हो पाता है। हमने अध्याय-2 में भी इस बात पर बल दिया था कि आर्थिक संवृद्धि की सफलता की कसौटी यही होगी कि इसका हमारे जीवन पर क्या प्रभाव पड़ता है, हमारे जीवन-यापन की गुणवत्ता कैसी रहती है और हम किस प्रकार के स्वातंत्र्यों को भोग पाते हैं। सामान्य रूप में आर्थिक सफलता का मानवीय योग्यताओं और क्षेम तथा स्वातंत्र्य-संवर्धन से भिन्न अन्य कोई महत्त्व नहीं होगा। अर्थशास्त्र में प्रति व्यक्ति अथवा किसी प्रकार आबंटन-जन्य शुद्धि सहित प्रति व्यक्ति सकल राष्ट्रीय उत्पाद की वृद्धि को सफलता का प्रमाण मानने की परम्परा बहुत गहरी पैठी हुई है। यदि हमें इस बात का ध्यान रहे कि वास्तविक आय, वस्तुओं आदि का हमारे जीवन में सहायक स्वरूप ही है—ये अपने आपमें महत्त्वपूर्ण नहीं हैं—तो फिर जीवन की वास्तविकता (गुणवत्ता) और इसमें सहायक तत्त्वों के बीच भ्रम नहीं होगा। उस दशा में हम रूढ़ परम्परा (आर्थिक संवृद्धि को प्रति व्यक्ति आय की वृद्धि से समीकृत करना) का अनुसरण भी करें तो कोई हानि नहीं होगी। अक्सर प्रति व्यक्ति वास्तविक आय के अन्तरों के आधार पर जीवन-आशा, बालमृत्यु दर, साक्षरता आदि मानवीय कुशल मंगल के अनेक सूचकों के अन्तरों की बहुत सशक्त व्याख्या सम्भव हो जाती है। एक अध्ययन[1] में जीवन-आशा का अधिकतम स्तर 80 वर्ष मानकर इससे आनुपातिक कमी का प्रति व्यक्ति समग्र राष्ट्रीय उत्पाद के लघुगणकों पर प्रतिगमन किया गया है। उस अध्ययन का निष्कर्ष रहा है कि जीवन-आशा के अन्तरों के अर्द्धांश की व्याख्या प्रति व्यक्ति समग्र आय के अन्तरों द्वारा ही हो जाती है। दूसरे शब्दों में, जीवन-आशा के अन्तरों का आधा भाग केवल आय स्तर के अन्तरों की ही देन प्रतीत होता है।

वास्तविक आय के स्तर में वृद्धि निश्चित रूप से हमें सार्थक जीवन जीने की वे सम्भावनाएँ सुलभ करा देती है जो निम्न आय के साथ कभी सम्भव नहीं हो पातीं। पर यह भी इतना ही सही है कि उच्च आय के जीवन-यापन पर प्रभाव मुख्यतः सार्वजनिक नीतियों के माध्यम से ही व्यावहारिक रूप धारण कर पाते हैं। उसी अध्ययन में अब जीवन-आशा का प्रति व्यक्ति सार्वजनिक स्वास्थ्य व्यय, गरीबी की रेखा से नीचे जनानुपात तथा प्रति व्यक्ति समग्र राष्ट्रीय उत्पाद पर एक साथ प्रतीयगमन आकलित किया गया तो प्रतिव्यक्ति आय और जीवन-आशा के बीच 'निर्भरता' का सम्बन्ध निरर्थकप्राय प्रतीत होने लगा (सांख्यिकीय दृष्टि से इनका

1. Anand and Ravallion 1993, *Human Development in Poor Countries,* Journal of Economic Perspecties, 7. (Winter)

घनात्मक सम्बन्ध महत्त्वहीन हो गया)। इसका यह अभिप्राय नहीं है कि आय का दीर्घायुता पर प्रभाव नहीं पड़ता। यही व्याख्या संगत प्रतीत होती है कि दीर्घायु पर आय का प्रभाव अप्रत्यक्ष रूप से पड़ता है। अधिक आय के कारण जनस्वास्थ्य पर अधिक व्यय सम्भव हो पाता है तथा गरीबी की रेखा से अनेक व्यक्ति ऊपर उठ पाते हैं। इन्हीं के कारण जीवन-आशा में सुधार हो पाता है। इस अध्ययन द्वारा संवृद्धि-प्रेरित प्रगति प्रतिमान को झुठलाने का प्रयास नहीं किया जा रहा, यह स्पष्टीकरण किया जा रहा है कि संवृद्धि-प्रेरणा वास्तव में सार्वजनिक सेवाओं के संवर्धन तथा गरीबी की समस्या के निराकरण के माध्यम से जीवन की गुणवत्ता एवं जीवन-आशा संवर्धन में सहायक है। हमारा उपर्युक्त विश्लेषण आर्थिक संवृद्धि, विवेकशील सार्वजनिक प्रयास और समाज के सदस्यों के लिए आर्थिक, सामाजिक सुयोगों के संवर्धन के बीच परस्पर सम्बन्धों पर प्रकाश डालता है। भारतीय समाज एवं अर्थव्यवस्था के व्यापक परावर्तन-परिमार्जन के लिए इन सम्बन्धों पर ध्यान देना बहुत आवश्यक है।

आन्तरिक विविधता

हमने प्रथम अध्याय में भी कहा था कि भारत को केवल विदेशों से ही नहीं, अपने ही प्रदेशों में भी बहुत कुछ सीखना बाकी है। भारत में क्षेत्रीय अनुभवों और उपलब्धियों में बहुत भारी अन्तर दृष्टिगोचर होते हैं। मानक आर्थिक सूचकों के आधार पर भी ये अन्तर बहुत विशाल है। पंजाब, हरियाणा आदि कुछ राज्य आर्थिक विकास की दौड़ में अग्रणी रहे हैं और बहुत समृद्ध हो चले हैं। वर्ष 1991-92 में भारत की प्रति व्यक्ति आय रु. 5583 थी जबकि पंजाब में और हरियाणा में इसका स्तर क्रमशः रु. 9643 तथा रु. 8690 रहा। परिणामस्वरूप जहाँ भारत में 43 प्रतिशत ग्रामीण जनता गरीबी की रेखा से नीचे है, वहीं इन प्रदेशों में यह अनुपात क्रमशः 21 तथा 23 प्रतिशत ही रह गया है। इन प्रान्तों का यह अनुपात अखिल भारतीय अनुपात से प्रायः आधा ही है, जबकि यह बिहार और उड़ीसा के 66 प्रतिशत का तो एक तिहाई मात्र लगता है।

सामाजिक विकास के पटल पर भी अन्तर बहुत ही चौंकाने वाले हैं : जहाँ केरल में नारी साक्षरता 86% है वहीं राजस्थान में अभी भी यह 20% ही है। ये क्षेत्रीय अन्तर भारत के साक्षरता के परिदृश्य के केवल एक आयाम को दिखाते हैं। अधिक गहन अध्ययन से नर-नारी के बीच साक्षरता भेद, शिक्षा में भी फैले जातिवाद पर आधारित भेदभाव आदि के भी दर्शन होते हैं। जहाँ केरल में 94% पुरुष साक्षर हैं, वहीं बिहार-राजस्थान की अनुसूचित जातीय महिलाओं में केवल 10 प्रतिशत ही अक्षर ज्ञान प्राप्त कर पाई हैं।

जीवन-दशाओं के अन्य सूचकों, यथा—स्वास्थ्य, पोषण, मरणशीलता आदि

में भी बहुत बड़ी आन्तरिक विषमताएँ देखने में आती हैं। इन सूचकों का साक्षरता की भाँति विस्तृत आकलन सम्भव नहीं हो पाता (क्योंकि आँकड़े उपलब्ध नहीं हैं)। वैसे भी साक्षरता को आयु वर्ग एवं सामाजिक वर्ग के अनुसार बाँट कर देखना सांख्यिकीय दृष्टि से बहुत आसान है। फिर भी राज्यस्तरीय सूचकों के आधार पर विभिन्न क्षेत्रों की जीवन-दशाओं की मोटी-मोटी सी तुलना सम्भव हो ही जाती है।

ये राज्यस्तरीय सूचक बहुत ही समुच्चित (Aggregative) प्रतीत होते हैं। उदाहरण के लिए, 13 करोड़ 90 लाख जनसंख्या वाले उत्तर प्रदेश की अपनी आन्तरिक विषमताएँ अपने आपमें भी बहुत विशद हैं पर राज्यस्तरीय तुलना में कहीं भी उनकी झलक नहीं मिल पाती। यह बात भी ध्यान देने योग्य है कि विभिन्न राज्यों के आकार और जनसंख्या के अन्तर भी बहुत विशाल हैं—हम इस भाग में उन्हीं राज्यों की तुलना कर रहे हैं जिनकी जनसंख्या 1991 में कम-से-कम 50 लाख अवश्य थी। जनसंख्या के आकार के अन्तर के कारण राष्ट्रीय सूचकों में इन प्रदेशों का 'भारमान' एक सा नहीं रहता। फिर भी प्रदेश राजनीतिक एवं प्रशासनिक इकाई है और इसी कारण प्रदेशस्तरीय सूचक भी महत्त्वपूर्ण हो जाते हैं। वैसे भी शिक्षा, स्वास्थ्य आदि को हमारे संविधान ने प्रान्तीय सरकारों का दायित्व माना है—क्योंकि इनके सन्दर्भ में संविधान-निर्माताओं की धारणा थी कि केन्द्र की अपेक्षा राज्य सरकारें अधिक कुशलता एवं संवेदनशीलतापूर्वक कार्य कर पाएँगी। इस कारण भी प्रदेश-स्तरीय सूचकों की तुलना करने की प्रेरणा मिलती है।

तालिका 3.3 में उपलब्ध सूचकों को संग्रहीत किया गया है। जीवन-दशा सूचकों के अनुसार विभिन्न राज्यों की 'सफलताओं' में व्यापक अन्तर इस तालिका द्वारा सहज ही स्पष्ट हो जाते हैं। जन्म के समय स्त्री जीवन की आशा 54 से 74 वर्ष पाई गई है तो नारी साक्षरता (10-14 वर्ष आयु वग) का अनुपात 22 से 98 प्रतिशत। मध्य प्रदेश में बालमृत्यु दर केरल से दस गुना अधिक है। बिहार-उड़ीसा ग्रामीण जनसंख्या का दो तिहाई गरीबी की रेखा से नीचे है तो पंजाब में यह मान केवल 21 प्रतिशत पाया गया है। जहाँ हरियाणा में स्त्री-पुरुष अनुपात समग्र विश्व में सबसे कम 865 प्रति हजार रहा है वहीं केरल में यह अनुपात 1036 पाया गया है (ऐसा सामान्यतः विकसित औद्योगिक अर्थव्यवस्थाओं में ही होता है)। भारत की आन्तरिक विषमताएँ एवं विविधताएँ भी समग्र विकासशील विश्व की विषमताओं से कम नहीं हैं।

यद्यपि सामाजिक क्षेत्रों में सफलता की दृष्टि से केरल का अनुभव सर्वोत्तम कहा जा सकता है पर यदि हम इस प्रदेश के आँकड़ों को एक बार छिपा भी दें तो भी शेष देश के सारे प्रान्तों में भारी विषमता और विविधता बनी ही रहती है। केरल को अलग रखने पर भी देश में भारी असमानताएँ बनी ही रहती हैं। उदाहरण के लिए केरल की 1991 की जनन-क्षमता दर 1.8 थी जो उत्तर प्रदेश की 5.1

तालिका 3.3—*भारत के प्रमुख राज्यों में विभिन्न विकास सूचक*

राज्य	1991 में जनसंख्या (मिलियन)	जन्म के समय जीवन की आशा		0-4 वर्ष आयु वर्ग में मृत्यु दर 1991	सकल जनन क्षमता दर 1991	स्त्री-पुरुष अनुपात (प्रति हजार) 1991	7 वर्ष से अधिक आयु वर्ग में साक्षरता दर		10-14 वर्ष आयु वर्ग में ग्रामीण साक्षरता 87-88		गरीबी का प्रभाव 1987-8 (व्यक्ति गणना अनुपात)	
		स्त्री	पुरुष				स्त्री	पुरुष	स्त्री	पुरुष	ग्रामीण	शहरी
केरल	29.1	74.4	68.8	4.3	1.8	1,036	86	94	98	98	44.0	44.5
हिमाचल प्रदेश	5.2	प्राप्त नहीं	प्राप्त नहीं	19.3	3.1	976	52	75	81	95	24.8	3.3
महाराष्ट्र	78.9	64.7	63.1	16.3	3.0	934	52	77	68	86	54.2	35.6
तमिलनाडु	55.9	63.2	61.0	16.1	2.2	974	51	74	71	85	51.3	39.2
पंजाब	20.3	67.5	65.4	17.0	3.1	882	50	66	69	76	21.0	11.2
गुजरात	41.3	61.3	59.1	23.3	3.1	934	49	73	61	78	41.6	38.8
पश्चिम बंगाल	68.1	62.0	60.5	20.6	3.2	917	47	68	61	69	57.2	30.6
कर्नाटक	45.0	63.6	60.0	23.6	3.1	960	44	67	56	74	42.3	45.0
आसाम	22.4	प्राप्त नहीं	प्राप्त नहीं	32.4	3.5	923	43	62	78	83	53.1	11.4
हरियाणा	16.5	63.6	62.2	23.0	4.0	865	41	69	63	87	23.2	18.3
उड़ीसा	31.7	54.8	55.9	39.0	3.3	971	35	63	51	70	65.6	44.5
आंध्र प्रदेश	66.5	61.5	59.0	21.3	3.0	972	33	55	42	66	31.6	40.0
मध्य प्रदेश	66.2	53.5	54.1	44.5	4.6	931	29	58	40	68	49.8	46.0
उत्तर प्रदेश	139.1	54.6	56.8	35.6	5.1	879	25	56	39	68	47.7	41.9
बिहार	86.4	58.3	प्राप्त नहीं	22.8	4.4	911	23	52	34	59	66.3	56.7
राजस्थान	44.0	57.8	57.6	30.9	4.6	910	20	55	22	72	41.9	41.5
भारत	846.3	59.4	59.0	26.5	3.6	927	39	64	52	73	44.9	36.5

स्रोत : देखें सांख्यिकीय परिशिष्ट/जम्मू कश्मीर राज्य में 1991 की जनगणना नहीं हो पाई थी, अतः उसके आँकड़े यहाँ नहीं रखे गए। राज्यों को नारी साक्षरता क्रम के अनुसार क्रमबद्ध किया गया है।

से बहुत ही कम लगती है। पर तमिलनाडु में भी यह दर 2.2 ही थी। अभी भी उत्तर प्रदेश से तुलना में बहुत भारी अन्तर स्पष्ट है। आइए, अब इन्हीं आँकड़ों को एक और रूप में देखें : तमिलनाडु की जनन-क्षमता दर विकसित देशों, संयुक्त राज्य अमेरिका व स्वीडन (2.1) के समानप्राय ही है—यह चीन के अतिरिक्त सारे विकासशील देशों से भी कम है। दूसरी ओर उत्तर प्रदेश की (5.1) दर तो विश्व के सभी गरीब देशों की औसत (3.4) से भी अधिक है। यही नहीं, यह श्रीलंका (2.5), इंडोनेशिया (2.9), बँगलादेश (4.0) तथा म्याँमार (4.9), से भी अधिक है। अन्तर्प्रान्तीय तुलनाओं में केरल को शामिल करने पर सफलता-विफलता का टकराव बहुत ही स्पष्ट दीखने लगता है, केरल को छोड़कर भी अन्तर कुछ कम नहीं है। केरल भारत की आन्तरिक विविधता का बहुत ही सशक्त चित्रण करता है—हम अपने इस अध्ययन में बार-बार केरल का उदाहरण देंगे—किन्तु हमारा मन्तव्य केरल और शेष भारत के बीच टकराव कराना बिलकुल नहीं है।

भारत की आन्तरिक विविधताओं का आकलन करते समय यह ध्यान रखना आवश्यक है कि मानवीय अभावों और वंचनाओं में अनेक प्रकार की योग्यताओं की सम्प्राप्ति में असफलता का योगदान रहता है। यही नहीं, जैसा कि तालिका 3.3 से भी स्पष्ट है, अभावों के विभिन्न सूचकों के बीच सदैव सहसम्बन्ध होना भी आवश्यक नहीं है। अतः देश के विभिन्न क्षेत्रों के बीच अभावों की तीक्ष्णता का अनुपात इस बात पर निर्भर रहेगा कि हम किस अनुपात का प्रयोग कर रहे हैं। परम्परागत व्यक्ति गणना विधि से मापी गई ग्रामीण गरीबी देश के पूर्वी भागों में सबसे अधिक (बिहार, उड़ीसा और किसी सीमा तक प. बंगाल भी) है। किन्तु बालमृत्यु दर के आधार पर उत्तर, मध्य एवं पश्चिम क्षेत्र के प्रदेश—उत्तर प्रदेश, मध्य प्रदेश और राजस्थान की हालत तो पं. बंगाल और बिहार से भी गई-गुज़री है—उड़ीसा में भारी गरीबी और उच्च बालमृत्यु दर के बीच सामंजस्य दिखाई पड़ता है। स्त्री-पुरुष अनुपात के आँकड़े देश के समृद्धतम राज्यों में ही नर-नारी के बीच भारी वैषम्य के संकेत देते हैं—इस बारे में अन्य स्वतंत्र साक्ष्य भी हैं। अतः भारत के किसी एक क्षेत्र को समस्या क्षेत्र नहीं माना जा सकता। सार्वजनिक नीतियों को देश के विभिन्न क्षेत्रों में उठने वाली चुनौतियों का सामना करने के लिए सन्नद्ध (एवं उनके प्रति संवेदनशील) होना होगा। एक मुख्य बात यही सामने आती है कि सारे उत्तर भारत में अभावों एवं वंचनाओं का साम्राज्य है—केरल, पंजाब, हरियाणा ही अपवाद प्रतीत होते हैं और यहाँ की एकमात्र समस्या स्त्री-पुरुष भेदभाव ही लगती है। दक्षिण भारत के राज्यों में अधिकांश कसौटियों (विशेषकर मृत्युदर, जनन-क्षमता दर, साक्षरता और स्त्री-पुरुष समता) के अनुसार बहुत सुधार हुए हैं।

इन्हीं बातों से जुड़ा एक और भी मुद्दा है : विभिन्न राज्यों के क्षेम-मंगल के सूचकों का आय और व्यय सूचकों से कोई सम्बन्ध नहीं दिखाई पड़ता। साथ

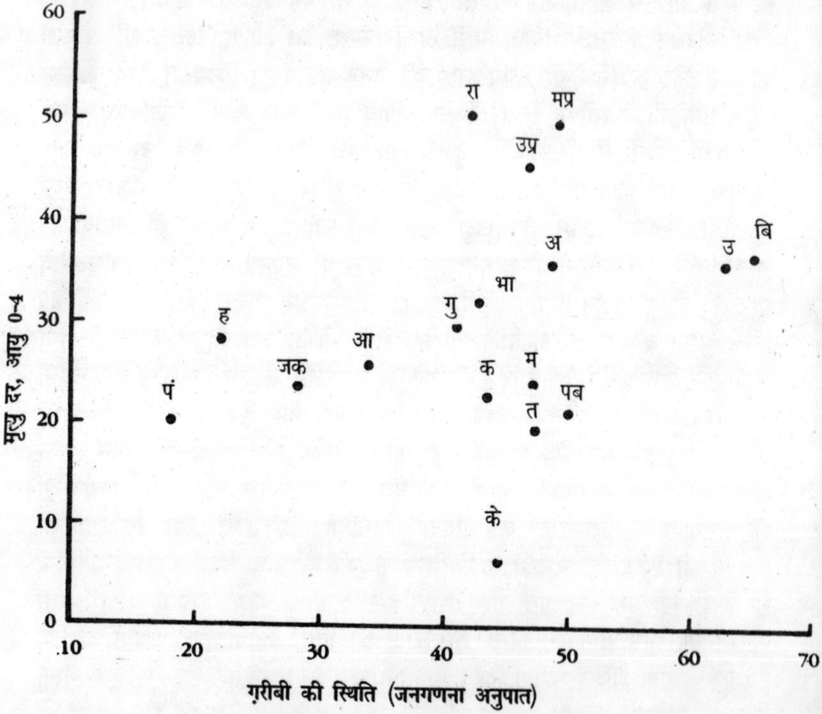

चित्र 3.1 भारतीय राज्यों में गरीबी और बालमृत्यु दर

भा=भारत
आ=आंध्र
बि=बिहार
गु=गुजरात
क=कर्नाटक
म=महाराष्ट्र
उ=उड़ीसा
रा=राजस्थान
उ.प्र.=उत्तर प्रदेश

अ=असम
ह=हरियाणा
जक=जम्मू-कश्मीर
के=केरल
मप्र=मध्य प्रदेश
पं=पंजाब
त=तमिलनाडु
पब=प. बंगाल

स्रोत : मिनहास तथा अन्य (1991), सैंपिल रजिस्ट्रेशन सिस्टम, 1998, वक्तव्य 39 (पृ. 48)

के चित्र में हमने विभिन्न राज्यों की बालमृत्यु दर एवं व्यक्ति गणना विधि द्वारा आकलित गरीबी अनुपात को अंकित किया है। इन दोनों के बीच का सह सम्बन्ध बहुत सशक्त प्रतीत नहीं होता। उदाहरण के लिए, यद्यपि गरीबी के अनुमान के अनुसार तो केरल और उत्तर प्रदेश एक ही स्तर (जो भारत का औसत स्तर भी है) पर हैं किन्तु उत्तर प्रदेश में बालमृत्यु दर केरल से 6 गुनी अधिक है। इसका यह अर्थ नहीं है कि आय-व्यय स्तर का बालमृत्यु तथा स्वास्थ्य आदि के सूचकों पर कोई प्रभाव नहीं पड़ता। भारत एवं अन्य देशों से ही अनेक प्रमाण मिल जाते हैं कि आय में वृद्धि से स्वास्थ्य की उपलब्धियों में बहुत सुधार होता है। पंजाब प्रान्त में ही आय की वृद्धि के कारण जीवन-आशा में बहुत सुधार हुआ है। यहाँ विचारणीय बात यह है कि जीवन-आशा पर और भी अनेक कारकों का प्रभाव पड़ता है, ये कारक प्रत्यक्षतः आय पर आश्रित नहीं होते। इसीलिए जब हम समग्र दृष्टि से विवेचन करते हैं तो जीवन-आशा और आय का सम्बन्ध अपेक्षतया कमजोर-सा प्रतीत होता है।

निजी आय के अतिरिक्त वे अन्य कारक, जिनका कि जीवन की दशाओं पर गहरा प्रभाव पड़ता है, इस प्रकार हैं : सामाजिक सेवाओं की व्यवस्था, परम्परागत विषमताओं की समाप्ति, साक्षरता का प्रसार। इन तीनों के लिए सुनिश्चित एवं सतत सार्वजनिक प्रयास की आवश्यकता होती है। अगले भाग में केरल एवं उत्तर प्रदेश का तुलनात्मक विश्लेषण इसी तथ्य को उजागर कर रहा है।

भारतीय प्रदेशों का तुलनात्मक विश्लेषण

भारत के राज्यों के विकास अनुभवों की विविधता से भी बहुत कुछ सीखा जा सकता है। इस बारे में हमारा सहयोगी ग्रन्थ 'भारत का विकास : कुछ प्रादेशिक अध्ययन' में केरल, उत्तर प्रदेश एवं पश्चिम बंगाल के विशेष अध्ययनों के निष्कर्षों का ही उपयोग करता है। इस पुस्तक के शेष अध्यायों में हम बार-बार उन्हीं अध्ययनों का हवाला देंगे।

केरल और उत्तर प्रदेश की तुलना बहुत ही महत्त्वपूर्ण है। हम बार-बार इस तुलना का सहारा लेने वाले हैं। जीवन-स्तर के अनेक सूचकों के अनुसार इन दोनों प्रदेशों के बीच एक बहुत बड़ी खाई दिखाई पड़ती है जबकि इनके बीच परम्परागत गरीबी के समान स्तर की गहरी समानता भी है। केरल के विस्तृत अध्ययन से हमें ज्ञात होता है कि सामाजिक पटल पर उसकी सफलता का रहस्य प्राथमिक शिक्षा, भू-सुधार, समाज में नारी की भूमिका तथा जनस्वास्थ्य एवं अन्य सार्वजनिक सेवाओं के समतापूर्ण वितरण के निमित्त इस प्रदेश में बहुत ही उपयुक्त राजकीय नीतियों की रचना और अनुपालन हुआ है। इन्हीं क्षेत्रों को दृष्टिगत करने के कारण उत्तर प्रदेश सामाजिक विकास के अवसरों से वंचित रह गया है। भारत के विभिन्न

तालिका 3.4

भारत, उत्तर प्रदेश एवं केरल

सार्वजनिक सेवाओं की सुलभता में अन्तर

	भारत	उ. प्रदेश	केरल
12-14 वर्ष के उन बच्चों का अनुपात जो कभी स्कूल में भरती नहीं हुए–1986-87			
लड़कियाँ	51	68	1.8
लड़के	26	27	0.4
12-23 महीने के उन बच्चों का अनुपात जिन्हें कोई टीके नहीं लगे–1992-93 (%)	30	43	11
उन प्रसवों का अनुपात जिनसे पूर्व चिकित्सा लाभ सुलभ रहा–1992-93 (%)	49	30	97
चिकित्सालयों में हुए प्रसवों का अनुपात–1991 (%)	24	4	92
प्रति दस लाख व्यक्ति अस्पताल में बिस्तर संख्या –1991	732	340	2,418
चिकित्सा सुविधा वाले गाँवों का अनुपात–1981 (%)	14	10	96
सार्वजनिक वितरण व्यवस्था से अन्न प्राप्त करने वाली जनसंख्या का अनुपात–1986-87 (%)	29	3	87

स्रोत : देखें सांख्यिकीय परिशिष्ट

क्षेत्रों में सामाजिक उपलब्धियों की समीक्षा करने में यह बात बहुत ही महत्त्वपूर्ण है कि जहाँ केरल में कुछ विशेष कार्यों में सरकारी नीतियों की सफलता व्यापक सामाजिक विकास का आधार बनी है, वहीं उत्तर प्रदेश में उन्हीं कार्यों के प्रति सरकारी उदासीनता के परिणामस्वरूप उत्तर प्रदेश पिछड़ गया है। इन कार्यों (सामाजिक विकास के निर्धारक) के कारकों में प्रमुख इस प्रकार हैं :

दोनों ही अध्ययनों में साक्षरता, विशेषकर नारी साक्षरता की मूलभूत योग्यताओं के सवंर्धन में बहुत बड़ी भूमिका स्पष्ट होती है। केरल के विकास अनुभव की सबसे बड़ी विशेषता साक्षरता पर बहुत प्रारम्भ से दिया गया ध्यान रही है। इसी के कारण साक्षरता के विभिन्न सामाजिक एवं निजी स्वरूपों एवं प्रभावों के माध्यम

से अन्य सामाजिक सफलताओं का मार्ग प्रशस्त हुआ है। उत्तर प्रदेश में तो अभी भी नारी साक्षरता दर 25 प्रतिशत ही बनी हुई है, यही नहीं, प्रदेश की दो तिहाई ग्रामीण किशोरियों को कभी पाठशाला में जाने का अवसर ही नहीं मिल पाता। इसी शैक्षणिक पिछड़ेपन का दुष्परिणाम बहुत उच्च मृत्यु दर और जनन दर के रूप में सामने आता है।

दोनों अध्ययनों से जो दूसरा सबसे महत्त्वपूर्ण तथ्य उभरता है, वह है—नारी की सामाजिक दशा। उत्तर प्रदेश में दमनात्मक स्त्री-पुरुष सम्बन्धों का अपना इतिहास रहा है। अभी भी इस प्रदेश में स्त्री और पुरुष के बीच विषमता बहुत ही विशाल एवं विस्तृत है। विश्व के बहुत कम देशों में स्त्री-पुरुष अनुपात उत्तर प्रदेश जितना कम पाया जाता है। साक्षरता की ही भाँति नारी की अर्थव्यवस्था और समाज में सक्रिय तथा निर्बन्ध भागीदारी का दमन प्रदेश के सामाजिक पिछड़ेपन का मुख्य कारण रहा हैं। इसके विपरीत केरल में बहुत समय से नारी का सामाजिक स्थान बहुत गरिमामय रहा है। यही महिला जागरूकता अनेक सामाजिक उपलब्धियों का आधार बनी है। साक्षरता के प्रसार में भी इस जागरूकता का विशेष योगदान रहा है। केरल में दो तिहाई प्राथमिक स्कूल शिक्षक महिलाएँ हैं जबकि उत्तर प्रदेश में मात्र 18 प्रतिशत।

उत्तर प्रदेश और केरल में तीसरा बहुत बड़ा अन्तर उन सरकारी सेवाओं के कारण रहा है जिनके सुचारु रूप से कार्य करने से जीवन की दशा में सुधार आता है। हमने पहले भी कहा है कि केरल में जीवन के स्तर में उच्चता की व्याख्या उच्च आय अथवा गरीबी की न्यूनता द्वारा सम्भव नहीं है। इस दृष्टि से तो उत्तर प्रदेश और केरल एक सी ही हालत में हैं। यदि फिर भी दोनों प्रदेशों में मूलभूत वस्तुओं और सेवाओं पर अधिकारिता में भारी अन्तर हैं तो इनके कारण शिक्षा, स्वास्थ्य, बाल टीकाकरण, सामाजिक सुरक्षा व्यवस्था और सार्वजनिक खाद्य सम्भरण व्यवस्था आदि के स्वरूप एवं प्रसार में ही खोजने होंगे। उत्तर प्रदेश में इन सेवाओं की जमकर अनदेखी की गई है। ग्रामीण क्षेत्रों में तो इनका प्रायः अस्तित्व भी नहीं है। तालिका 3.4 में केरल और उत्तर प्रदेश की इन्हीं सेवाओं के आधार पर तुलना की गई है।

चौथी महत्त्वपूर्ण बात यह है कि सरकारी प्रयास से कहीं आगे बढ़कर सामाजिक प्रयास भी सरकारी नीतियों और उनकी कारगरता को प्रभावित करते हैं। केरल में बहुत जल्दी ही साक्षरता के प्रसार से वहाँ की जनता सरकार की नीतियों और सामाजिक कार्यों के निर्धारण में बहुत सक्रिय हो पायी है—पर उत्तर प्रदेश में यह सम्भव नहीं हुआ। जनता की सक्रियता का केरल में सामाजिक अवसरों को बढ़ाने के प्रति सरकार की प्रतिबद्धता को बनाए रख पाने में बहुत योगदान रहा है। सुशिक्षित जन समुदाय की सुसंगठित एवं समवेत स्वर में की गई माँगों के कारण ही अक्सर

वहाँ उनके लिए सार्वजनिक सेवाओं और सुविधाओं की व्यवस्था की गई है। केरल में प्राथमिक स्कूल और स्वास्थ्य केन्द्र आदि ठीक से कार्य कर रहे हैं तो इसका श्रेय वहाँ की सतर्क एवं जागरूक जनता को ही दिया जाना चाहिए।

अन्त में, उत्तर प्रदेश एवं केरल दोनों ही प्रान्तों में समाज के अभावग्रस्त लोगों की राजनीतिक संघटना और उसके विशेष महत्त्व की बात उठती है। केरल में व्यापक साक्षरता पर आधारित जागरूक राजनीतिक सक्रियता ने जाति, लिंग तथा वर्ग आधारित विषमताओं की धार कुंठित करने में बहुत योगदान दिया है। राजनीतिक रूप से संगठित होने से भी जनता की आर्थिक विकास और सामाजिक परिवर्तन की प्रक्रिया में सक्रिय भागीदारी सुनिश्चित हो पायी है। उत्तर प्रदेश में परम्परागत विषमताओं और सामाजिक विभाजनों का वर्चस्व अभी भी अक्षुण्ण है और अनेक सामाजिक सद्प्रयासों में बाधक बनता रहता है। उत्तर प्रदेश के कई गाँवों में आज भी ऐसे शक्तिशाली भूस्वामी मिल जाते हैं जिनके दबदबे के कारण वहाँ सरकारी स्कूल की स्थापना नहीं हो पाती। अधिक सामान्य रूप से यही कहा जा सकता है कि समाज के विशिष्ट वर्गों का सत्ता पर एकाधिकार रहा है। इसी के दम पर राज्य और स्थानीय राजनीतिक स्तरों पर अभावग्रस्त वर्गों की मूलभूत आवश्यकताओं को भी नज़रअन्दाज किया जाता है।

इन सभी अन्तरों की पृष्ठभूमि के रूप में हम विकास प्रक्रिया में राजनीति की भूमिका की चर्चा कर सकते हैं। केरल में ऐसी विशेष सांस्कृतिक एवं ऐतिहासिक परम्पराएँ भी रही होंगी जिनके कारण यहाँ सामाजिक परिवर्तन में सहायता मिली होगी, किन्तु राजनीतिक घटनाक्रम ने भी इन धरोहर-स्वरूप मिली विशेषताओं को सँवारने-सुधारने के माध्यम से विकास क्रम में अपना योगदान किया है। इसका केरल के अनुभव की कहीं और पुनरावृत्ति की सम्भावनाओं पर गहरा प्रभाव पड़ सकता है। अतः राजनीतिक आन्दोलनों के मद्देनज़र ऐसा कोई कारण नहीं दीखता कि उत्तर प्रदेश जैसे अभावपीड़ित राज्यों में केरल के विकास अनुभवों को क्यों नहीं दोहराया जा सकता–आवश्यकता है तो बस कृतसंकल्प एवं प्रबुद्ध राजनीतिक सक्रियता की।

राजनीतिक परिवर्तन की व्यावहारिकता का एक अच्छा उदाहरण पश्चिम बंगाल से मिलता है। यहाँ अभावग्रस्तों के राजनीतिक रूप से संगठित हो जाने के फलस्वरूप राजनीतिक शक्ति सन्तुलन में एक निर्णायक बदलाव आ गया है। इसी के कारण 1977 में वाम मोर्चा चुनाव द्वारा सत्तासीन हो पाया। तब से लगातार अनेक चुनाव जीत चुके इस मोर्चे का मुख्य जनाधार भूमिहीन मजदूर, बटाईदार, शहरों की गन्दी बस्तियों के वासी तथा अन्य अभावग्रस्त वर्ग ही रहे हैं। राजनीतिक शक्ति सन्तुलन के इसी बदलाव के कारण यहाँ अनेक ऐसे सामाजिक कार्यक्रम लागू हो पाये हैं जिन्हें और राज्यों में 'राजनीतिक दृष्टि से अव्यावहारिक' घोषित कर दिया जाता

है। इनके दो उदाहरण हैं—भूमि सुधार और ग्राम पंचायत स्तर पर सशक्त लोकतांत्रिक व्यवस्था की स्थापना।

प. बंगाल सरकार कुछ अन्य प्रकार के सामाजिक अवसरों के संवर्धन को लेकर बहुत कम सक्रिय रही है। भूमि सुधार जैसे कार्यक्रम तो सरकार के वरीयता क्रम में बहुत ऊपर रहे हैं—यह बात समझ में आती है क्योंकि उस राजनीतिक संग्राम में ये मुद्दे बहुत महत्त्वपूर्ण रहे हैं जिसके फलस्वरूप वाम मोर्चा सत्तारूढ़ हो पाया है—किन्तु स्वास्थ्य, शिक्षा आदि से जुड़ी सरकारी नीतियों में तो उपेक्षा भाव ही झलकता है। इसी कारण पिछले वर्षों में बंगाल में जीवन-स्तर में सुधार की गति भी धीमी ही रही है। एक प्रकार से सामाजिक विकास का एक स्वर्णिम अवसर गँवा दिया गया है। इस कार्य में (अन्य क्षेत्रों में प्रदर्शित) यहाँ की सरकार एवं सत्तारूढ़ दलों की संगठन शक्ति बहुत भारी योगदान दे सकती थी। ये पश्चिम बंगाल के अनुभवों की मुख्य और गम्भीर विफलताएँ हैं। फिर भी इनके कारण सफलताओं का महत्त्व कम नहीं आँकना चाहिए और न ही इस कारण से भारत में क्रान्तिकारी राजनीतिक परिवर्तनों की सम्भावनाओं आदि के सामान्य मूल्यांकन पर प्रभाव पड़ना चाहिए।

4.

भारत और चीन

चीन-विषयक धारणाएँ

किपलिंग ने कभी मांडले की ओर अपनी यात्रा में प्रकृति का वर्णन करते हुए कहा था कि चीन की ओर से प्रभात का आगमन कुछ ऐसे हुआ जैसे दामिनी चमक गई हो। वर्ष 1949 में चीन में जनवादी गणतंत्र की स्थापना के बाद भारत में अनेक राजनीतिक कार्यकर्ताओं को भी कुछ ऐसी ही अनुभूति हुई थी। उसके बाद से ही भारतीय राजनीतिक चिन्तन में चीन के साथ तुलना और उसके अनुभवों से कुछ सीखने की बात छायी रही है।

भारत और चीन की सफलताओं और विफलताओं की तुलना करना स्वाभाविक भी है। कई बार तो ये तुलनाएँ पांडित्यपूर्ण, विद्वताप्रदर्शनकारी तथा पराङ्मुखी-सी रही हैं। दूसरी ओर, अनेक तुलनाओं के पीछे भारत में विशेष प्रकार की राजनीतिक बहस शुरू करने का मंतव्य भी रहा है। इनका व्यावहारिक प्रभाव भी रहा है–इनके कारण कई विचारों और आन्दोलनों को बल मिला है (विशेषकर माओवादी राजनीतिक दलों का उदय तो इसी विचार मंथन का परिणाम रहा है)। भारत की संसदीय प्रशासन व्यवस्था से जुड़े वामपंथी दल भी चीन की आर्थिक, सामाजिक उपलब्धियों के प्रति निरन्तर सचेत रहे हैं–उनका विचार रहा है कि इससे सीख ग्रहण कर वे भारतीय समाज में (अपनी विचारधारा के अनुरूप) घटना चक्र को और अधिक गतिशील बना पाएँगे।

सन् 1979 में प्रारम्भ हुए आर्थिक सुधारों के बाद से तो चीन के अनुभवों का उदाहरण देने वालों में दूसरी राजनीतिक विचारधारा के पक्षधर भी सम्मिलित हो गए हैं–ये वे विशेषज्ञ हैं जो भारत में उदारीकरण के माध्यम से इसे विश्व अर्थव्यवस्था में पूरी तरह समाहित देखना चाहते हैं। चीन में उदारीकरण और विश्व बाजार में उसके सशक्त प्रवेश को ये लोग भारत के समक्ष अनुकरणीय उदाहरण के रूप में

प्रस्तुत करते हैं। यह बाजारवादी नया प्रभाव उस स्वप्निल प्रभात से बहुत अलग है जिसने कभी भारत के नक्सलवादियों को कड़े सामाजिक संघर्ष मार्ग चुनने की प्रेरणा दी थी—उसे भी कुछ लोगों ने क्षितिज कोंधती हुई बिजली माना था।

भारतीय गणतंत्र की स्थापना (1950) से कुछ महीने पहले चीन के जनवादी गणतंत्र की नींव रखी गई थी। उस समय भारतीय नेतृत्व के चीन से बहुत सदाशयता-पूर्ण सम्बन्ध थे। उन्होंने चीन के साथ किसी प्रकार की स्पर्धा (या विरोध ?) की धारणा को महत्त्व नहीं दिया। उनका विचार था कि आर्थिक विकास एवं राजनीतिक विमुक्ति की दिशा में दोनों देशों के अपने-अपने प्रयास एक भावना के परिचायक हैं। जवाहरलाल नेहरू ने तो 1954 के एक भाषण में कहा भी था : "भारत और चीन में चल रहे नए क्रान्तिकारी परिवर्तन बेशक अलग से दिखाई पड़ रहे हों पर ये एशिया की एक नई अन्तर्भावना के ही परिचायक हैं—ये एशियाई देशों में जागृत हो रही एक नई स्फूर्ति के चिह्न हैं।"

चीन के अनुभव से कुछ सीखने, ग्रहण करने की भावना बहुत ही प्रबल रही है। कितने ही व्यक्तियों को भारत की व्यापक गरीबी एवं आर्थिक दुर्दशा के कारण चीन की राजनीतिक धारा का वामपंथी स्वरूप बहुत ही सही प्रतीत होता रहा है। भारत की जनसंख्या के आकार और उसी की भाँति गरीबी और अभावों को झेलने के कष्ट से परिचित विश्व का एकमात्र देश चीन ही रहा है। 'चीन ने समाज की रचना में क्रान्तिकारी परिवर्तनों के माध्यम से उन समस्याओं का समाधान करना चाहा है' इस बात का भारतीय उपमहाद्वीप के राजनीतिक प्रतिबोध पर बहुत गहन प्रभाव पड़ा है। इसी प्रकार, जब बाद में चीन ने बाजारवादी नीतियाँ अपनाकर विश्व अर्थव्यवस्था में प्रवेश करना आरम्भ किया तो उसकी भारतीय चिन्तन पर गहरी छाप पड़नी स्वाभाविक ही थी—आखिर भारत से बहुत ही छोटे एवं पृथक् (भौतिक, सामाजिक) परिस्थितियों वाले देशों में इन्हीं नीतियों की सफलता में भारत को प्रभावित कर पाने का दमख़म कहाँ था ? (चाहे ये देश हांगकांग, सिंगापुर, ताईवान या फिर कोरिया ही क्यों न रहे हों) ? चाहे क्रान्तिकारी प्रेरणा का आह्वान रहा हो या सुधारवादी स्वर, चीन के घटनाक्रम की अनुगूँज भारत में निरन्तर होती ही रही है।

इस निबन्ध में हमारा तर्क है कि वस्तुतः चीन से बहुत कुछ सीखा जा सकता है। किन्तु उससे पूर्व चीन की सफलताओं और उपलब्धियों के मूल एवं उसकी समस्याओं तथा विफलताओं के कारणों को समझ लेना भी आवश्यक है। उससे भी पहले यह जरूरी है कि चीन के अनुभव के पृथक्-पृथक् सोपानों का निर्धारण और उनकी तुलना की जाए। विशेषकर 1979 में प्रारम्भ सुधारों से पूर्व तथा तत्पश्चात् की दशाओं पर विचार करना तो अपरिहार्य-सा ही है। किन्तु उससे भी महत्त्वपूर्ण उन सूत्रों का बोध है जो विभिन्न सोपानों में हुई उपलब्धियों के अन्तर्सम्बन्धों (पारस्परिक निर्भरता) की साक्षी प्रदान करते हैं। हमारा दावा है कि सुधारपूर्व अवधि

में शिक्षा, स्वास्थ्य, भू-सुधार एवं सामाजिक परिवर्तनों का सुधार-पश्चात् की उपलब्धियों पर बहुत गहन सकारात्मक प्रभाव रहा है। इन सुधारपूर्व की उपलब्धियों के आधार पर न केवल जीवन-आशा उच्च स्तर पर बनी रही है बल्कि बाजार-सुधारों द्वारा आर्थिक प्रसार को भी संबल मिला है।

सम्भवतः माओ को यह ख्याल भी नहीं आया होगा कि कभी (उस द्वारा प्रारम्भ) साक्षरता एवं प्राथमिक स्वास्थ्य सेवाओं का विकास बाजार-आश्रित अन्तर्राष्ट्रीय व्यवस्थोन्मुखी व्यवसायों का आधार बन जाएगा (यहाँ मार्क्सवादी विचारकों को द्वन्द्वात्मक विरोधाभासों की मीमांसा कर पाने की सम्भावनाएँ बहुत ही सहज भाव से सुलभ हैं) ! सुधारपूर्व की सामाजिक संरचनागत उपलब्धियों ने सुधारोपरान्त चीन को आर्थिक निष्पादन उच्च स्तर पर बनाए रखने का व्यावहारिक आधार प्रदान किया है। चीन से कुछ सबक सीखते समय वहाँ के घटनाक्रम की इन विरोधाभासपूर्ण विलक्षणताओं का ध्यान रखना बहुत ही महत्त्वपूर्ण सिद्ध होगा।

इस अध्याय में हम मुख्यतः (1979 के सुधारों से पूर्व एवं उनके बाद) चीन के राजनीतिक और आर्थिक विकास पर विचार कर रहे हैं। साथ ही हम यह भी जानने का प्रयास करेंगे कि इनमें (विकास-अनुभवों में) किस प्रकार की पारस्परिक निर्भरता रही है तथा भारत चीन की सफलताओं और विफलताओं से क्या कुछ सीख ग्रहण कर सकता है। इससे पूर्व, आइए, भारत एवं चीन की वर्तमान परिस्थितियों का एक आकलन कर लें।

जीवन एवं मरण की परिस्थितियाँ

सम्भवतः चीन में राजनीतिक बदलाव के समय (1949) वहाँ की जीवन-दशाएँ भारत से बहुत भिन्न नहीं रही होंगी। दोनों ही देश उस समय विश्व के गरीबतम देशों में थे, दोनों में ही बहुत उच्च मृत्यु दर, अल्पपोषण और निरक्षरता छायी हुई थी। यद्यपि उस समय दोनों देशों के जीवन-स्तर के अनुमानों में अक्सर भारी अन्तर आ जाते हैं पर इस बात के कोई प्रमाण नहीं मिलते कि इनके जीवन-स्तरों में (उस समय) कोई विशेष अन्तर रहा होगा।

किन्तु उसके बाद से दोनों देशों का परिदृश्य बहुत ही भिन्न हो गया है। यह बात प्रति व्यक्ति वास्तविक आय पर भी लागू होती है। वैसे तो कीमतों में अन्तर के कारण विभिन्न देशों के प्रति व्यक्ति समग्र राष्ट्रीय उत्पादन के आंकडों की तुलना कर पाना सहज नहीं होता—पर अभी कुछ समय से क्रय शक्ति क्षमता के आधार पर आकलित समग्र प्रतिव्यक्ति घरेलू उत्पाद की शृंखलाएँ इन कठिनाइयों को काफ़ी कम कर देती हैं। इन आँकड़ों के आधार पर चीन की प्रति व्यक्ति समग्र आय भारत से दोगुनी होने के संकेत मिलते हैं (देखें ता. 4.1)। यदि 1940 के दशक के अन्त पर भारत एवं चीन एक जैसी गरीबी में फँसे थे तो आज उनकी

तालिका 4.1
भारत, चीन एवं केरल
कुछ तुलनाएँ

	भारत	चीन	केरल
क्रय शक्ति समता के आधार पर प्रति व्यक्ति समग्र राष्ट्रीय उत्पाद–1992 (अमेरिका=100)	5.2	9.1[a]	4.6[a]
प्रति व्यक्ति समग्र रा. आय की संवृद्धि दर 1980-92(%)	3.1	7.6	0.3[b]
जन्म के समय जीवन की आशा-1992 (वर्षों में)	59	69	72
शिशुमत्यु दर, 1992, (प्रति हजार जीवित जन्म)	79	31	17
कुल जनन क्षमता दर 1992	3.7	2.0	1.8
सामान्य से कम जन्म-भार वाले शिशुओं का अनुपात-1985-90(%)	33	9	उपलब्ध नहीं
वयस्क साक्षरता दर-1990-91			
स्त्री	39	68	86
पुरुष	64	87	94

नोट : (a) आंकड़ों के अनुमान में त्रुटियाँ सम्भव हैं

(b) स्थिर कीमतों पर राज्य प्रति व्यक्ति आय की संवृद्धि दर (1980-90)

(c) भारत में 7 वर्ष से अधिक पर, चीन में 15 + वर्ष से अधिक आयु पर। यह बात ध्यान देने योग्य है कि भारत में 7 + वर्ष वर्ग में साक्षरता अनुपात 15 + वर्ष से अधिक है।

स्रोत : देखे सांख्यिकीय परिशिष्ट, मुख्यतः World Dev. Rep. 1994 से संकलित

स्थिति एक दूसरे से बहुत भिन्न हो चली है।

जीवन स्तर के प्रत्यक्ष सूचकों की तुलना में भी भारत और चीन की उपलब्धियों में भारी अन्तर इसी प्रकार स्पष्ट दिखाई देता है। इस तुलना की जानकारी ही तालिका 4.1 में रखी गई है। भारत के केरल प्रान्त की जानकारी को इसी तालिका में रखने का एकमात्र औचित्य यही है कि हम शीघ्र ही इस जानकारी का प्रयोग करने वाले हैं। भारत में जन्म के समय जीवन-आशा 59 वर्ष है पर जीवन का स्तर इससे पूरा एक दशक अधिक–69 वर्ष है, जो कहीं अधिक सम्पन्न दक्षिण कोरिया या फिर लेटिन अमेरिका के बहुत विकसित देशों से कुछ विशेष कम नहीं है। भारत की शिशुमृत्यु दर (79 प्रति हजार) चीन के स्तर (31 प्रति हजार) से ढाई गुना है तो भारत में जन्मे 33 प्रतिशत शिशुओं का भार (जन्म के समय)

तालिका 4.2

साक्षरता–भारत, चीन और केरल

	साक्षरता दर 1981-82				साक्षरता दर 1990-91			
	वयस्क (उम्र 15+)		किशोर (उम्र 15-19)		वयस्क (उम्र 15+)		किशोर (उम्र 15-19)	
	स्त्री	पुरुष	स्त्री	पुरुष	स्त्री	पुरुष	स्त्री	पुरुष
भारत	26	55	43	66	39	64	52	74
चीन	51	79	85	96	68	87	92	97
केरल	71	86	92	95	86	94	98	98

नोट : चीन में आयु 15+ वर्ष भारत में 7+ वर्ष।

स्रोत : विस्तृत जानकारी इसी पुस्तक के सांख्यिकीय परिशिष्ट में देखें।

सामान्य से कम रहता है जबकि चीन में इस समस्या से मात्र 9 प्रतिशत शिशु ही पीड़ित होते हैं। बच्चों की शरीर-रचना-मापों, रोग-व्याधि स्वरूपों आदि से जुड़ी जानकारी भी यही सिद्ध करती है कि जहाँ तक स्वास्थ्य सम्बन्धी वंचना को दूर करने का प्रश्न है, चीन भारत से बहुत आगे निकल चुका है।

बहुत ही अधिक विषमता पूर्ण क्षेत्र है–प्राथमिक शिक्षा और साक्षरता। अगले भाग में हम इस क्षेत्र में भारत और चीन की तुलना कर रहे हैं।

बुनियादी शिक्षा में अन्तर

यह बात तालिका 4.1 से ही स्पष्ट है कि चीन में साक्षरता दर भारत से बहुत ऊँची है। भारत में 1981 एवं 1991 तथा चीन में 1982 और 1990 में राष्ट्रव्यापी जनगणनाएँ सम्पन्न हुई हैं। आइए, उन जनगणनाओं में संकलित जानकारी के आधार पर इन देशों के साक्षरता स्तरों का विश्लेषण करें। इन सभी जनगणनाओं में साक्षरता के बारे में विस्तृत जानकारी का संग्रह हुआ है–वह संकलन तुलना का बहुत अच्छा आधार हो सकता है।

तालिका 4.2 में इन जनगणनाओं पर आधारित आँकड़े संकलित हैं। हम विश्लेषण की सुविधा के लिए 1981-82 तथा 1990-91 वर्षों का प्रयोग कर रहे हैं–यहाँ 1981 भारत के तथा 1982 चीन के और इसी तरह 1990 चीन के तथा 1991 भारत के वास्तविक जनगणना वर्ष के परिचायक हैं।

चित्र 4.1 तथा 4.2 में हमने भारत एवं चीन तथा उनके एक-एक प्रान्त–केरल और तिब्बत की पुरुष एवं स्त्री साक्षरता दरों को क्रमशः वर्ष 1981-82 तथा 1990-91 के लिए अंकित किया है। इनकी तुलनाओं से ये मुख्य निष्कर्ष स्पष्ट होते हैं :

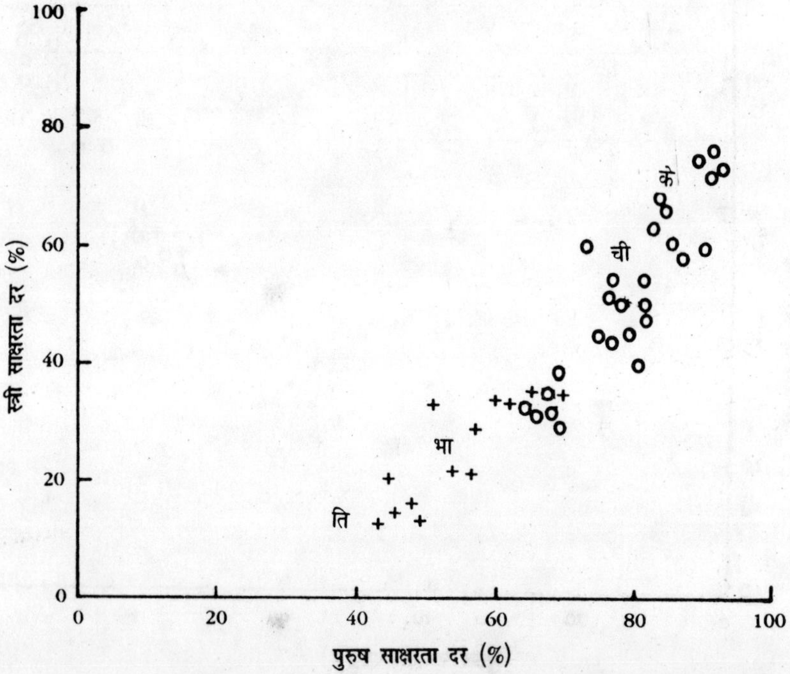

चित्र 4.1 भारत के राज्यों और चीन के प्रान्तों में वयस्क साक्षरता दर (1981-82)

स्रोत : लोह (1993) और द्रीज़ तथा लोह (1995), जनगणना पर आधारित

ची	=	चीन	भा	=	भारत
0	=	चीन के प्रान्त	+	=	भारत के राज्य
ति	=	तिब्बत	के	=	केरल

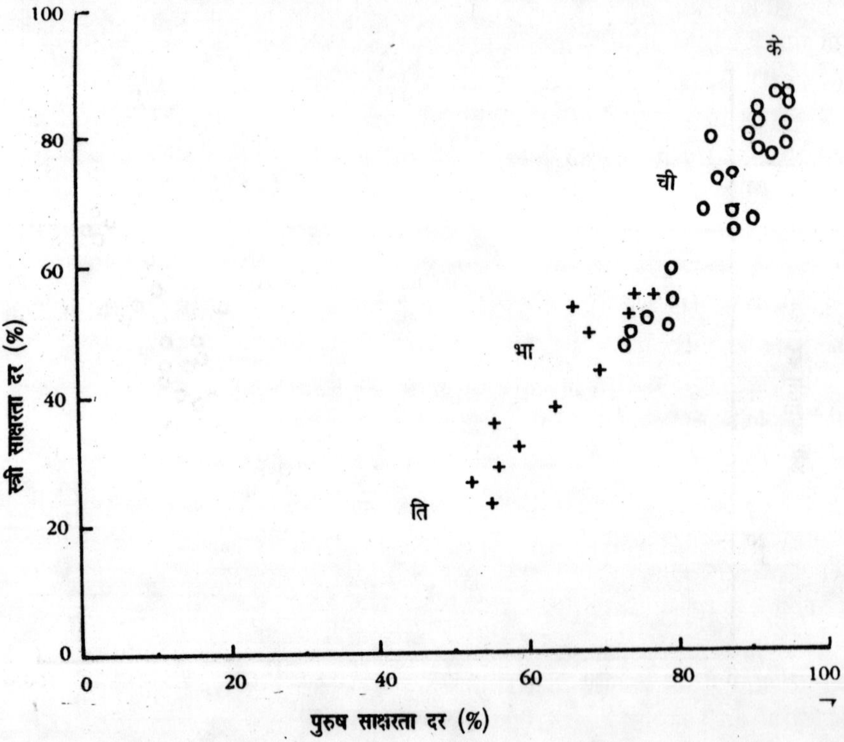

चित्र 4.2 : भारत के राज्यों और चीन के प्रान्तों में वयस्क साक्षरता दर (1990-91)

स्रोत : लोह (1993) और द्रीज़ तथा लोह (1995), जनगणना पर आधारित–चीनी दरें 15 तथा अधिक आयु के लोगों से सम्बन्धित हैं। भारत में 7+ की साक्षरता दरें 15+ से कुछ ज्यादा हैं।

ची = चीन भा = भारत
0 = चीन के प्रान्त + = भारत के राज्य
ति = तिब्बत के = केरल

सर्वप्रथम तो, जनगणना आँकड़ों के अनुसार भी भारत चीन से बहुत पीछे रह गया है। 1990-91 में भारत में स्त्री साक्षरता मात्र 39% एवं पुरुष साक्षरता 64% रही जबकि चीन में ये दरें क्रमशः 68 प्रतिशत और 87 प्रतिशत थीं।

दूसरे, आयु अनुसार साक्षरता दरें भी चीन की बेहतरी का कुछ प्रमाण देती हैं। 1987-88 में भारत के 26 प्रतिशत किशोर एवं 48 प्रतिशत किशोरियाँ निरक्षर थे पर 1990 में चीन में केवल 3 प्रतिशत किशोर एवं 8 प्रतिशत किशोरियाँ अनपढ़ पाए गए (ता. 4.2)। दूसरे शब्दों में, चीन कम आयु वर्गों में तो पूर्ण साक्षरता के लक्ष्य के बहुत निकट पहुँच चुका है किन्तु भारत में यहाँ भी समस्या का स्वरूप विकराल बना हुआ है–विशेषकर लड़कियों की शिक्षा को लेकर तो स्थिति बहुत ही खराब है।

तीसरी मुख्य बात यह है कि 1981-82 के जनगणना आँकड़े ही यह बात स्पष्ट कर देते हैं कि चीन 1979 में प्रारम्भ हुए व्यापक बाजारवादी आर्थिक सुधारों से पूर्व ही शिक्षा के क्षेत्र में भारत से कहीं आगे निकल चुका था। 1980 के दशक में दोनों ही देशों में प्रगति हुई है पर उनकी तुलनात्मक स्थिति में कोई बदलाव नहीं आया। अतः हम कह सकते हैं कि साक्षरता के बारे में चीन की उपलब्धियों की भारत से श्रेष्ठता सुधारों से पूर्व किए गए ठोस कार्य पर आधारित है–सुधारों द्वारा प्रेरित दिशा-परिवर्तन का परिणाम नहीं।

चौथी बात यह है कि दोनों देशों में पुरुष एवं स्त्री साक्षरता में काफी अन्तर है–पर भारत में यह विषमता बहुत ही अधिक है जहाँ आधी से कुछ ही अधिक किशोरियाँ साक्षर हो पाई हैं। कम आयु वर्गों में, पूर्ण साक्षरता की ओर बढ़ते हुए चीन में यह विषमता बहुत तेज़ी से कम हो रही है।

पाँचवें, दोनों ही देशों में साक्षरता स्तर में क्षेत्रीय आधार पर भी बहुत विषमताएँ पाई गई हैं–इन विषमताओं का आधार भी नारी साक्षरता के अन्तर ही हैं। किन्हीं प्रदेश विशेषों में नारी निरक्षरता का बहुत ऊँचा स्तर दोनों ही देशों के लिए चिन्ता का विषय होना चाहिए। भारत में तो इस बारे में विशेष ध्यान दिए जाने की आवश्यकता है।

छठे, दोनों ही देशों में क्षेत्रीय वैषम्यों के बाद भी हम पाते हैं कि चीन के अधिकतर प्रान्तों का साक्षरता स्तर केरल को छोड़, भारत के सभी प्रान्तों से कहीं उच्चतर रहा है। भारत का केरल राज्य भारत के सामान्य अभावग्रस्तता के चित्र से कुछ भिन्न ही झाँकी प्रस्तुत करता है। इस राज्य में 1991 में साक्षरता दर 90 प्रतिशत रही–किशोर-किशोरियों की साक्षरता तो प्रायः शत-प्रतिशत तक पहुँच चुकी है अतः केरल न केवल सभी भारतीय राज्यों से आगे है वरन् उसी स्तर को पा चुका है जहाँ चीन के प्रान्त पहुँचे हैं। ग्रामीण साक्षरता में तो केरल के पुरुष चीन के प्रत्येक प्रान्त से आगे हैं। युवाओं के शिक्षण में केरल में किसी प्रकार का भेदभाव

नहीं देखा गया—इस मामले में भी इस राज्य की उपलब्धियाँ चीन के प्रत्येक प्रान्त से श्रेष्ठतर हैं। केरल की शिक्षा के क्षेत्र में ये अनुपम उपलब्धियाँ प्राथमिक शिक्षा व्यवस्था के निमित्त जनता एवं सरकार द्वारा पिछले 100 वर्षों से अधिक समय से किए जा रहे सतत प्रयासों का ही परिणाम है।

और अन्त में, चीन की भारत पर श्रेष्ठता का एक अपवाद चीन का तिब्बत प्रान्त है। तिब्बत की साक्षरता दर उत्तरी भारत के शैक्षणिक दृष्टि से पिछड़े राज्यों से भी गई-गुज़री है। यही नहीं, इसमें समय के साथ-साथ सुधार के भी कोई आसार नहीं दिखाई पड़ते। यद्यपि तिब्बत के जनगणना आँकड़ों के और विश्लेषण की अभी आवश्यकता है, पर इस प्रान्त में प्राथमिक शिक्षा सुविधाओं की जानबूझकर पूरी तरह अनदेखी किए जाने की सम्भावनाएँ बहुत प्रबल हैं। यहाँ राजनीतिक स्वातंत्र्य और आर्थिक एवं सामाजिक उपलब्धियों के बीच सम्बन्ध का महत्त्व भी स्पष्ट होने लगता है।

सुधार-पूर्व की उपलब्धियाँ

चीन के आर्थिक सुधारों से पूर्व उसके प्रति व्यक्ति सकल राष्ट्रीय उत्पाद की वृद्धि भारत से विशेष भिन्न नहीं थी किन्तु सुधारों के बाद से अवश्य स्थिति बदल गई है—अब तो चीनी अर्थव्यवस्था में काफी समय से निरन्तर तीव्र प्रसार की प्रक्रिया चल रही है। सुधार-पश्चात् की स्थिति का हम अगले भाग में विस्तृत विवेचन करेंगे, पर, सुधारपूर्व चीन में इस प्रकार का कोई दावा कर पाने का आधार नहीं मिलता कि वहाँ प्रति व्यक्ति सकल राष्ट्रीय उत्पाद अथवा उससे जुड़े वास्तविक राष्ट्रीय आय या सकल घरेलू उत्पाद में किसी प्रकार की तीव्र वृद्धि होती रही हो।

यह बात और है कि चीन सरकार निरन्तर सुधार-पूर्व अवधि में भी सकल राष्ट्रीय उत्पाद में भारी वृद्धि के दावे करती रही है तथा विश्व बैंक और संयुक्त राष्ट्र आदि संस्थाएँ पूरी 'वफादारी' के साथ उन्हीं दावों को विश्व विकास रिपोर्ट (World Development Report) जैसे दस्तावेज़ों में छापती भी रही हैं। उदाहरण के लिए, 1979 की रिपोर्ट के परिशिष्ट में 1960-77 के बीच भारत के प्रति व्यक्ति सकल राष्ट्रीय उत्पाद की वृद्धि दर 1.7 प्रतिशत वार्षिक तथा चीन की दर 5.1 प्रतिशत प्रतिवर्ष दर्ज की गई है। किन्तु उसी दस्तावेज़ में सन्निहित अन्य आँकड़े इन दावों की पुष्टि कर पाने में पूरी तरह असफ़ल रहते हैं। यदि इस अवधि में चीन की प्रति व्यक्ति सकल आय में वृद्धि की दर अधिक रही भी हो तो वह भारत से कुछ ख़ास अधिक नहीं थी।

इस अवधि में चीन की वास्तविक उपलब्धि तो उन सफलताओं में छिपी है जिन्हें वह न्यून आय वृद्धि के बावजूद पा सकने में समर्थ रहा—इस बात में नहीं कि अधिक वृद्धि के सहारे क्या कर पाया होता। उदाहरण के लिए, प्रति व्यक्ति

खाद्य उपलब्धि में बिना किसी विशेष सुधार के ही निरन्तर चले आ रहे कुपोषण पर विजय पा लेना अपने आपमें एक बहुत बड़ी बात रही है। चीन में 1977 का वार्षिक प्रति व्यक्ति अन्न उत्पादन 1950 के दशक के अन्त से कुछ विशेष अधिक नहीं था। 1955-57 में औसतन 301 किलोग्राम (प्रति व्यक्ति) उत्पादित हुआ तो 1977 में यह औसत मात्र 305 किलोग्राम तक ही पहुँच पाई थी। यहाँ कुपोषण पर विजय में जिन कारकों ने मुख्य योगदान किया, वे हैं : सरकार द्वारा वितरण एवं पुनः वितरण की सतत रूप से लागू की गई नीतियाँ, पोषण सहयोग आन्दोलन तथा स्वास्थ्य-चिकित्सा व्यवस्था में सुधार (ये बात बहुत ध्यान देने योग्य है कि बहुधा पराजीवी कीटाणुओं द्वारा फैलाए गए संक्रामक रोग आदि ही कुपोषण के कारण होते हैं)।

सुधार-पूर्व अवधि में चीन की जनस्वास्थ्य सफलताएँ बहुत ही प्रशंसनीय रही हैं : शिशु एवं बालमृत्यु दर में आई नाटकीय गिरावट से जीवन-आशा में बहुत सुधार हुआ है। वर्ष 1981 के आते-आते जन्म के समय जीवन-आशा 68 वर्ष तक पहुँच गई थी जबकि भारत में इसका स्तर 54 वर्ष ही छू पाया था। यही नहीं, भारत में 110 की तुलना में चीन में शिशुमृत्यु दर 37 प्रति हजार ही थी। 1980 के दशक में स्वास्थ्य एवं दीर्घायुता वृद्धि की प्रक्रिया वस्तुतः सुधार-पूर्व की प्रवृत्ति के चलते रहने का ही प्रमाण है, किसी नए घटनाक्रम की झलक नहीं।

यह तो हम पहले ही बता चुके हैं कि प्राथमिक शिक्षा के क्षेत्र में भारी परिवर्तन भी 1979 में शुरू हुए सुधारों से बहुत पहले ही आ चुके थे। जनगणना आँकड़ों के अनुसार 1982 में 15-19 आयु वर्ग में किशोर साक्षरता 96 प्रतिशत एवं किशोरी साक्षरता दर 85 प्रतिशत के उच्च स्तर पर पहुँच चुकी थी। उस समय भारत में ये दरें क्रमशः 66 तथा 42 प्रतिशत ही थीं। अस्सी के दशक तक तो यही प्रक्रिया चलती रही। भारत की तुलना में श्रेष्ठता की प्राप्ति तो पहले ही हो चुकी थी (अर्थात् वह श्रेष्ठता 1979 के सुधारों के पूर्व ही अर्जित हो गई थी—सुधारों के कारण सम्भव नहीं हुई है)।

सुधार के बाद की स्थिति

चीन में 1979 के सुधारों के बाद का घटनाक्रम भी बहुत ही प्रभावशाली रहा है। आर्थिक संवृद्धि दर बहुत ही शानदार रही है। 1980 से 1992 की अवधि में प्रति व्यक्ति सकल राष्ट्रीय उत्पाद वृद्धि की दर 7.6 प्रतिशत प्रतिवर्ष रही है। यह अपने आपमें एक विस्मयकारी उपलब्धि है (देखें तालिका 4.1)। औद्योगिक उत्पादन की वृद्धि दर 11 प्रतिशत रही। यही नहीं, सामान्यतः बहुत धीरे-धीरे बढ़ पाने वाले कृषि उत्पादन की वृद्धि दर का प्रतिवर्ष 5.4 प्रतिशत बने रहना वास्तव में बहुत बड़ी बात है।

उत्पादन एवं वास्तविक आय की तेज़ी से वृद्धि ने वे आर्थिक संसाधन सुलभ करा दिए जिनसे समाज में गरीबी कम हो पाई तथा जीवन स्तर में सुधार सम्भव हो पाया। स्वाभाविक ही है कि 2 या 3 प्रतिशत वार्षिक दर से रेंगती हुई अर्थव्यवस्था (भारत) की तुलना में उस देश में गरीबी निर्मूलन अधिक सहज होगा जहाँ हर दस वर्ष में आय का स्तर दुगुना हो रहा हो (7.4 प्रतिशत वार्षिक दर से संवृद्धिशील प्रति व्यक्ति आय दस वर्ष में दुगुनी हो जाती है)। विश्व बैंक के 1992 के अनुमान के अनुसार ग्रामीण चीन की जनसंख्या का 33 प्रतिशत 1978 में गरीबी रेखा से नीचे था पर 1990 में यह अनुपात गिर कर मात्र 11 प्रतिशत रह गया। यह गिरावट वाकई में बहुत तीव्र है। भारत में भी इस अवधि में काफी सुधार आया है पर यहाँ तो 1977-78 के 55 प्रतिशत से गरीबी का अनुपात घटकर 1988-89 में 42 प्रतिशत तक ही पहुँच पाया। निस्संदेह गरीबी-निवारण की दिशा में चीन की सफलता भारत की अपेक्षा बहुत ही स्पृहणीय रही है। इस शानदार सफलता में चीन की उच्च संवृद्धि दर ही मुख्य सकारात्मक कारक रही है। वस्तुतः सुधारों के बाद से चीन में कोई महत्त्वपूर्ण आय-व्यय पुनः वितरण प्रयास नहीं हुआ है, ऐसे भी साक्ष्य मिल रहे हैं कि सुधार क्रम आरम्भ होने के बाद से अर्थव्यवस्था में विषमताओं में कमी आने के स्थान पर कदाचित् वृद्धि ही हुई है। अस्सी के दशक में चीन में गरीबी के प्रभाव में कमी का मुख्य कारण विकास-संवृद्धि में जन-जन की भागीदारी रही है, किसी प्रकार के सामाजिक पुनः वितरण कार्यक्रम की सफलता नहीं। भारत में भी इसी दशक में आर्थिक संवृद्धि दर में कुछ सुधार हुआ है। इस कारण से यद्यपि विषमताओं में तो विशेष कमी नहीं आई पर व्यक्तिगणना-सूचक में काफी गिरावट दिखाई पड़ी है। फिर भी कुल मिलाकर गरीबी के प्रसार में अपेक्षाकृत रूप से सामान्य सी ही कमी आई है।

हमारा यह गरीबी विश्लेषण किसी नियत गरीबी की रेखा से नीचे रहे व्यक्तियों की संख्या और कुल जनसंख्या के अनुपात पर आधारित है। इस अनुपात को व्यक्तिगणना-अनुपात भी कहा जाता है। इसका आधारभूत विचार यही है कि गरीबी का आकलन आय अथवा व्यय के 'अपर्याप्त' स्तर के माध्यम से सम्भव है। किन्तु यह आधारभूत विचार ही अपने आप में काफ़ी त्रुटिपूर्ण सिद्ध होता है। अभावों और वंचनाओं के अनेक रूप हो सकते हैं। इनमें अपर्याप्त निजी आय के साथ-साथ सामाजिक स्वास्थ्य एवं सुरक्षा व्यवस्थाओं की त्रुटियों के कारण मूलभूत योग्यताओं/क्षमताओं में आनेवाली कमियाँ भी कम महत्त्वपूर्ण नहीं होतीं। यदि हम आय पर ही अपना ध्यान केन्द्रित रखें तो भी एक समस्या पैदा होती है। यह व्यक्तिगणना-अनुपात गरीबी की रेखा से नीचे रह गए वर्ग के लोगों के बीच आय की विषमताओं के प्रति पूरी तरह से निरपेक्ष भावयुक्त रहता है–अर्थात् रेखा से जरा सा नीचे तथा समाज के सबसे निम्न स्तर के व्यक्ति की दुर्दशा के स्तर में

इस गरीबी सूचक के अनुसार कोई भेद नहीं हो पाता। अतः यह आय के अभाव का आकलन भी एकपक्षीय-सा ही हो पाता है। आय वंचना के वास्तविक स्वरूप एवं प्रसार को ठीक से समझने के लिए गरीबी की आबंटन के प्रति अधिक संवेदनशील विश्लेषण विधि का अनुसरण करना आवश्यक है।

गरीबी के आकलन के प्रति अधिक विस्तृत दृष्टिकोण अपनाते हुए भी व्यक्ति गणना अनुपात द्वारा सम्प्रेषित जानकारियाँ बहुत महत्त्वपूर्ण रहती हैं। सुधारोपरान्त चीन में आय के अनुसार गरीबी में जो कमी आई है उसका अपना महत्त्व है—क्योंकि अनेक बार आय का अभाव ही हमारे जीवन-यापन को बहुत कुंठित बना देता है। किन्तु इस निष्कर्ष को हमें जीवन दशाओं की अन्य कसौटियों पर भी परखना पड़ेगा—अर्थात् यह भी देखना होगा कि क्या आय के अभाव में कमी के साथ-साथ समाज में मृत्यु दर एवं उससे जुड़े हुए सूचकों से भी सुधार के संकेत मिल रहे हैं ? वास्तव में, सुधारोपरान्त अवधि में जीवन-आशा वृद्धि, शिशु एवं बालमृत्यु दर में कमी आदि जीवन स्तर सुधार की 1979 पूर्व की प्रवृत्तियाँ पूर्ववत् बनी रही हैं किन्तु इनमें और सुधार अपेक्षाकृत सामान्य ही रहा है। यह 'अपेक्षाकृत सामान्यतया' (1) सुधारपूर्व की भारी सफलताओं, (2) सुधार-उपरान्त आय तथा व्यक्तिगणना सूचकों की संवृद्धि तथा (3) उन अनेक देशों की तुलना में ही मान्य सिद्ध होती है जो चीन जैसे ही विकास स्तर पर रहे हैं—पर इसी अवधि में उनकी उपलब्धियाँ चीन से भी अधिक शानदार रही हैं।

इस उपर्युक्त कथन को ही हमारी तालिका 4.3 जीवन-आशा और शिशुमृत्यु दर के माध्यम से और स्पष्ट कर रही है। आँकड़े साफ़-साफ़ बता रहे हैं कि चीन में शिशुमृत्यु दर एवं जीवन-आशा स्तर प्रारम्भ में तो भारत जैसे स्तर पर ही थे पार साठ और सत्तर के दशकों में वहाँ अप्रत्याशित सुधार हुआ है और वह बीस वर्षों में ही केरल, श्रीलंका तथा दक्षिण कोरिया के समकक्ष आ खड़ा हुआ। किन्तु सुधारोपरान्त अवधि में इन क्षेत्रों में प्रगति की दर इतनी उल्लेखनीय नहीं रही है। वस्तुतः अन्तर्राष्ट्रीय तुलना की दृष्टि से इस अवधि में चीन की प्रगति बस ऐसी ही रही है। 1981 से 1991 के दशक में चीन में जीवन-आशा में केवल 1.6 वर्ष की वृद्धि अनुमानित है जबकि श्रीलंका में 2 वर्ष, दक्षिण कोरिया में 4 वर्ष केरल में 4-6 वर्ष और केरल सहित समग्र भारत में 5-6 वर्ष की वृद्धि दर्ज हुई है।

केरल राज्य से तुलना करना तो और भी ज्ञानवर्धक है। सत्तर के दशक के अन्त में चीन की शिशुमृत्यु दर केरल जितनी ही थी, हाँ, जीवन-आशा में चीन थोड़ा सा आगे था। अस्सी के दशक में केरल में वह शिशुमृत्यु दर 37 प्रति हजार से घटकर 16.5 प्रति हजार हो गई और जीवन-आशा में 4.6 वर्ष की वृद्धि हुई। दूसरी ओर चीन में शिशुमृत्यु दर 37 से घटकर 31 प्रति हजार ही हो पायी—वहाँ जीवन-आशा की वृद्धि भी दो वर्ष कम ही रही। दोनों के बीच यह वैषम्य और

भी अधिक महत्त्वपूर्ण प्रतीत होगा जब हम इसे आर्थिक विकास के परिप्रेक्ष्य में रखकर इसका विश्लेषण करने का प्रयास करेंगे : इसी अवधि में चीन में बहुत शानदार आर्थिक विकास का दौर चला है जबकि केरल की अर्थव्यवस्था तो बस हिचकोले ही खाती रही है।

हमारी यह टिप्पणी एक महत्त्वपूर्ण तथ्य की ओर संकेत करती है : आर्थिक संवृद्धि जीवन स्तर के कुछ आयामों को सुधारने में अधिक प्रभावोत्पादक रहती है तो कुछ ऐसे आयाम भी हैं जिन पर इसका प्रभाव कम ही रह पाता है। जिन आयामों पर आय की वृद्धि का बहुत अधिक निर्णायक सकारात्मक प्रभाव नहीं होता उन्हीं को लेकर सुधारोपरान्त चीन में समस्याएँ सामने आई हैं। इस अवधि में निजी आयों में तो जबर्दस्त उछाल आया है पर सार्वजनिक सुविधाओं के विकास में कुछ विशेष सफलता हाथ नहीं लगी—इस सम्बन्ध में गरीबीग्रस्त ग्रामीण क्षेत्रों की दशा तो और भी बुरी रही है। इसके कई कारण रहे हैं। एक तो सुधारों के कारण समाज में उत्पादन पर अधिकारिता वितरण की व्यवस्था में भारी बदलाव आया है। सुधार-पूर्व की कम्यून व्यवस्था में तो आर्थिक गतिविधियों के फलों पर सामाजिक समष्टि का अधिकार सर्वोपरि था किन्तु, सुधारों के बाद स्थानीय सेवाओं के वित्तीय प्रबंध की व्यवस्था के लिए निजी आय पर करों का सहारा लिया जाने लगा है। इस विधि में कार्य के प्रति प्रेरणाओं और प्रशासनिक गतिरोधों से जुड़ी समस्याओं से अब यहाँ भी वास्ता पड़ने लगा है। अब स्थानीय सार्वजनिक सेवाओं की आपूर्ति करने वाली संस्थाओं का आर्थिक आधार चरमरा रहा है—जिन क्षेत्रों में आर्थिक संवृद्धि भी अपेक्षतया कम रही है, वहाँ तो दशा और भी बुरी है। निज़ी क्षेत्र की तीव्र प्रगति के कारण सार्वजनिक क्षेत्र से मानवीय पूँजी का पलायन होने लगा है—क्योंकि इस क्षेत्र में कमाई के अवसर कम रहते हैं (यह बात शिक्षकों और डॉक्टरों पर विशेष रूप से लागू हो रही है)। यही नहीं, अब सरकार भी सार्वजनिक सेवाओं और सुविधाओं के व्यापक एवं समतापूर्ण आबंटन के प्रति कम प्रतिबद्धता के संकेत दे रही है। इसका एक चिह्न सामाजिक सेवाओं के प्रबन्धन पर भी 'उद्यमीय उत्तरदायित्व' के प्रतिमान को लागू करना रहा है। अब सुविधाओं का प्रयोग करने वालों से लागू वसूली सुनिश्चित करने वाली फीस उगाहने पर बल दिया जा रहा है।

ऐसे तथा और अनेक कारणों से सुधारोपरान्त चीन के ग्रामीण अंचलों में सार्वजनिक सेवाओं की दशा काफ़ी खराब हुई है। ग्राम स्वास्थ्य सेवाएँ अब पूरी तरह से निजी हाथों में चली गई हैं। यद्यपि इस कार्य के दुष्प्रभाव निजी आय में तीव्र वृद्धि के कारण बहुत स्पष्टतः दिखाई नहीं पड़ रहे और जीवन स्तर में कुछ-न-कुछ सुधार भी दिखाई दे रहा है, किन्तु इस तनाव के कारण आर्थिक प्रगति में उछाल के बावजूद सामाजिक सफलताओं के मामले में चीन की प्रगति काफ़ी सामान्य सी प्रतीत होने लगी है।

तालिका 4.3

चीन एवं कुछ अन्य अर्थव्यवस्थाओं में मृत्यु दर में गिरावट

	शिशु मृत्यु दर (प्रति हजार जीवित जन्मों पर)				जन्म के समय जीवन-आशा, वर्षों में			
	1960	1981	1991	1981-91 में प्रतिशत कमी	1960	1981	1991	1981-91 में बढ़त (वर्षों में)
चीन	150	37	31	16	47.1	67.7	69.3	1.6
भारत	165	110	80	27	44.0	53.9	59.2	5.3
केरल	93	37	16	57	50.3	66.9	71.5	4.6
द. कोरिया	85	33	23	30	53.9	66	70	4
श्रीलंका	71	43	26	40	62.0	69	71	2

स्रोत : आंकड़ों के स्रोत एवं व्याख्याओं के लिए देखें इसी पुस्तक का सांख्यिकीय परिशिष्ट

हमारी यह विश्लेषण धारा सुधारों के बाद से चीन की आर्थिक सफलताओं की चमक-दमक को फीका नहीं करना चाहती—पर सामाजिक सेवाओं के क्षेत्र में नीतिगत बदलावों के कारण आय की वृद्धि की गरिमा कम अवश्य हुई है—तीव्र आर्थिक संवृद्धि द्वारा बहुत तेज़ी से अतिरिक्त संसाधन उपलब्ध हो रहे थे, उनके आधार पर सामाजिक प्रगति भी बहुत तीव्र गति से सम्भव हो सकती थी पर नीतिगत विवर्तन के कारण यह अवसर हाथ से निकल गया लगता है। हमारा यह कथन सुधारों से पूर्व हुई उपलब्धियों को बेकार घोषित करने से भी हमें बचा लेता है। इस सामान्य निष्कर्ष को सुधारोपरान्त चीन की तीव्र आर्थिक प्रगति के निर्धारक कारकों की मीमांसा की आवश्यकता से और भी समर्थन एवं बल प्राप्त होता है।

सुधार-पूर्व एवं सुधारोपरांत निष्पादन

सुधारों के बाद से चीन के आर्थिक प्रसार के स्वरूप को ठीक से समझने के लिए सारे देश में प्राथमिक शिक्षा के विस्तार पर ध्यान देना आवश्यक है। पूर्वी एशियाई देशों के सन्दर्भ में शिक्षा से विस्तृत भागीदारी वाली आर्थिक संवृद्धि में सहायक स्वरूप पर विकास के अर्थशास्त्रीय साहित्य में बहुत चिन्तन-मनन हुआ है। चीन में इस दिशा में भी बहुत बड़ा कदम सुधारों से पहले ही उठाया जा चुका था। हमने पहले ही देखा है कि 15-19 वर्ष के युवाओं में 1982 में ही 96 प्रतिशत साक्षरता (तथा युवतियों में 85 प्रतिशत) का स्तर पाया जा चुका था। इस कारण से विकास एवं आर्थिक प्रसार में जो व्यापक भागीदारी चीन में उस समय सम्भव हो सकी, वह भारत में व्यावहारिक नहीं हो पाई। यही नहीं, आती भी भारत में इसकी सम्भावना नहीं लगती।

सारे पूर्वी एशिया में ही भू-सुधार आर्थिक विकास के महत्त्वपूर्ण कारक सिद्ध हुए हैं। यहाँ भी सुधारोपरान्त अवधि (1979 के बाद) का आर्थिक प्रसार इस अवधि से पूर्व की सफलताओं से ही लाभान्वित होता हुआ दिखाई दे रहा है। चीन में तो भू-सुधारों से ही सब्र नहीं हुआ था—वहाँ सामूहिक कृषि व्यवस्था स्थापित की गई थी जो उत्पादन वृद्धि के मार्ग में सबसे बड़ी बाधा सिद्ध हुई—यही नहीं, 1958-61 के भीषण अकाल की जननी भी वही सामूहिक कृषि व्यवस्था रही है। बेशक इस समूहीकरण में अक्सर दमनशक्ति का खुलकर प्रयोग हुआ—पर इसने चीन में सदियों से रूढ़ जमींदारी जैसी व्यवस्था का निर्मूलन तो कर ही दिया था। अतः जब सरकार ने सत्तर के दशक के उत्तरार्द्ध में 'उत्तरदायित्व व्यवस्था' लागू करने का निर्णय लिया तो उस समय समाज पूरी तरह से भारी विषमतापूर्ण भू-आबंटन से युक्त हो व्यक्तिगत कृषि प्रणाली को अपनाने के लिए तैयार था। यहाँ भारत की दशा से अन्तर बहुत ही सुस्पष्ट दिखाई देता है (हमारे यहाँ तो अभी भी ग्रामीण क्षेत्रों में भू-स्वामित्व में भारी विषमताएँ विद्यमान हैं)।

यह भी ध्यान देने योग्य बात है कि प्राथमिक शिक्षा, जन स्वास्थ्य तथा भू सुधारों के जिन संस्थागत कारकों पर पूर्वी एशिया के आर्थिक विकास में व्यापक भागीदारी के सन्दर्भ में बार-बार ध्यान आकर्षित किया जाता है, उन कारकों में परिवर्तन एक साथ या एक ही जैसी विधि से नहीं आए थे। कुछ क्षेत्रों में तो विदेशी कब्जे ने भी इस दिशा में सहायता की है, जैसे—ताईवान व दक्षिण कोरिया में भू-सुधार जापानी कब्जे के समय ही हो गए थे। चीन की सुधारपूर्व व्यवस्था ने अपने उद्देश्यों और प्रतिबद्धताओं के कारण कई परिवर्तन किए थे—वही बाजार- आधारित आर्थिक प्रसार में बहुत उपयोगी सिद्ध हुए। चीन की हाल ही के वर्षों की सफलता को सही रूप में समझने में इस सम्बन्ध (सुधारपूर्व के परिवर्तनों तथा सुधारोपरान्त निष्पादन के बीच सम्बन्ध) की जानकारी बहुत ही उपयोगी है। यदि भारत चीन की भाँति बाजार-सुधारों से लाभान्वित होना चाहता है तो केवल बाजार व्यवस्था में परिवर्तन पर्याप्त नहीं होंगे क्योंकि यहाँ, चीन में जिस प्रकार के सामाजिक, आर्थिक अवसरों का सृजन सुधार कार्यक्रम से पहले ही हो चुका था, उनका नितान्त अभाव ही है। चीन में बाजार का जादू सुधारों से पूर्व हुए सामाजिक परिवर्तनों की सुदृढ़ नींव पर आधारित रहा है। शिक्षा, जन स्वास्थ्य और भू-सुधारों जैसे व्यापक सामाजिक परिवर्तनों के बिना ही भारत यह जादू नहीं कर पाएगा—यहाँ के बाजार चीन की भाँति काम नहीं कर पाएँगे।

निरंकुशता, अकाल एवं दुर्बलता

चीन के अनुभवों से सीख ग्रहण करते समय केवल उन्हीं सकारात्मक आयामों पर ध्यान देना पर्याप्त नहीं होगा जिनका अनुकरण कर हम लाभान्वित हो सकते हैं। उस देश के नकारात्मक पक्षों पर भी विचार आवश्यक है ताकि हम कुसीख सीखने से बचे रह सकें। इस सन्दर्भ में जहाँ भारत अकालों की दुष्छाया से अपने जनसामान्य को बचाए रखने में समर्थ रहा है वहीं चीन में तो अकाल के कारण व्यापक जनहानि ही होती रही है। 1958-61 के अकाल वर्षों में ही 2 करोड़ 30 लाख से लेकर 3 करोड़ तक लोगों के अकाल के गाल में समा जाने का अनुमान रहा है। स्वतंत्रता के बाद से भारत में अकाल-प्रबन्धन बहुत ही प्रभावी रहा है। यदि अनावृष्टि के कारण अकाल जैसी स्थिति की आशंका हुई तो तत्काल एवं पर्याप्त सरकारी कार्यवाही के माध्यम से उस पर काबू पा लिया गया और उस क्षेत्र की जनता को अकाल की विभीषिका से बचा लिया गया।

चीन में अकालों के कारणों का विश्लेषण अनेक दृष्टिकोणों से किया जा सकता है। उनकी 'लम्बी छलांग' की विनाशकारी विफलता और कृषि के अतिशीघ्र सामूहिकीकरण के कार्यक्रमों को इस कहानी के विशेष घटक माना जा सकता है। इनसे प्रेरणा व्यवस्था बुरी तरह छिन्न-भिन्न हो गई थी तथा चीनी कृषि व्यवस्था

का संरचनात्मक आधार पूरी तरह ध्वस्त हो गया था।

इस समस्या को आबंटन नीतियों के मनमाने स्वरूप ने और भी गम्भीर बना दिया–इस विषय में सामूहिक भोजन व्यवस्था तो बहुत ही भयावह सिद्ध हुई। किन्हीं क्षेत्रों में सामूहिक रसोइयों के कारण आवश्यकता से अधिक खिलाई-पिलाई हो गई तो कहीं व्यापक भुखमरी के अतिरिक्त और कुछ हाथ नहीं लगा। यहीं पर शहरों और ग्राम्य प्रदेशों के बीच अन्न के बँटवारे का प्रश्न भी आता है। जिस समय खाद्यान्न उत्पादन में कमी आई उसी समय शहरों के लिए ज्यादा अनुपात में जबरन अनाज की उगाही की नीतियाँ अपनाने से भी चीनी सरकार ने परहेज़ नहीं किया।

चीनी सरकार बहुत लम्बे समय तक समस्या के स्वरूप और गहनता के प्रति आँखें मूँदे रही। तीन वर्षों तक उसने अपनी घातक नीतियों में कोई परिवर्तन नहीं किया और जनसामान्य अकाल के ग्रास बनते रहे। सरकारी नियंत्रण के अधीन काम कर रहे समाचार पत्रों ने जनता को धोखा देने के लिए अकाल की खबरें नहीं छापीं और इस प्रकार वास्तविक जानकारी से मुँह मोड़ने वाली सरकारी व्यवस्था स्वयं भी अपने ही बुने भ्रमजाल में उलझ कर रह गई, अपने द्वारा रचित झूठ के पुलिन्दों को सच मानने की मूर्खता का शिकार हो गई। स्थानीय साम्यवादी नेता अपने क्षेत्र प्रतिद्वन्द्वियों को नेतृत्व के समक्ष नीचा दिखाने के उद्देश्य से अपने कार्यक्षेत्र में बहुत शानदार कृषि उत्पादन के झूठे दावे करते रहे। एक स्थिति ऐसी भी आई कि चीन सरकार अपने इन वफादारों की हाँकी गई डींगों के आधार पर यह मान बैठी कि उसके पास तो (वास्तविक स्तर से) 10 करोड़ टन अधिक अनाज के भंडार जमा हैं।

यह सरकार सार्वजनिक दबाव से पूरी तरह 'मुक्त' हो चुकी थी क्योंकि किसी विपक्षी दल या राजनीतिक मतभेद को सहन कर पाना इसकी प्रकृति का अंग नहीं था (विरोधियों का शारीरिक रूप से सफाया करने में साम्यवादी विचारधारा को कभी हिचक या संकोच नहीं रहा)। अतः निरन्तर भुखमरी और जनहानि के बाद भी कहीं से सरकार से इस्तीफा देने की माँग करने वाला कोई था ही नहीं। इसी से चीनी राजनीतिक नेतृत्व इतने समय तक अपनी विनाशकारी नीतियों से चिपके रहने में सफल रहा। चीन के अकाल का यह पक्ष उस सामान्य परिदृश्य का ही अंश है जिसमें हम पाते हैं कि सामान्यतः लोकतान्त्रिक समाज में अकाल जैसी समस्याओं से बचने में सफलता मिलती रही है। दूसरे रूप में हम कह सकते हैं कि लोकतंत्र के अभाव में इस बात की कोई गारंटी नहीं रहती कि अकाल से समाज को बचाने का कोई प्रयास गम्भीरतापूर्वक हो भी पायेगा।

यह एक बड़ी श्लाघ्य वास्तविकता है कि जहाँ सरकार विपक्ष को सहन करती हो, चुनाव प्रक्रिया द्वारा निर्वाचित होती हो और जिसकी सार्वजनिक आलोचना सम्भव

हो, ऐसे लोकतांत्रिक देशों में शायद ही कभी गम्भीर अकाल पड़ा हो। जिस सरकार का विपक्षी दलों से सामना होता हो, जिसे संसद में अमैत्रीपूर्ण प्रश्नों के उत्तर देने पड़ते हों, समाचार पत्र आदि में निरन्तर भर्त्सना झेलनी पड़ती हो और नियत अवधि में चुनाव के दंगल में भी उतरना पड़ता हो, वह कभी भी अकाल की आशंका को अपने प्रयासों से टालने में टालमटोल नहीं कर सकती–किन्तु गैर-लोकतान्त्रिक व्यवस्था में ऐसी कोई गारंटी नहीं होती।

किसी-न-किसी रूप में चीन की इस अकाल गाथा के अन्य प्रमुख पात्र भी लोकतंत्र के अभाव की ही सृष्टि रहे हैं। किसी बहुलतापूर्ण लोकतांत्रिक व्यवस्था में बिना व्यापक विचार विमर्श के, 'लम्बी छलाँग' जैसी विध्वंसकारी नीति आरम्भ हो पाने का प्रश्न ही नहीं उठता। इसी प्रकार सरकार के व्यक्तियों के बीच तथा ग्राम्यांचलों और शहरों के बीच अन्न आदि के आबंटन सम्बन्धी निर्णय भी 'आलोचना-मुक्त' नहीं रह पाते। जिस प्रकार भयावह अकाल के समय चीन में समाचारों एवं जानकारी को दबाया जा सका इस प्रकार की घटना के विषय में किसी बहुदलीय लोकतंत्र में सोच पाना भी सम्भव नहीं होता। चीन के अकाल के बहुआयामी कारकों में वस्तुतः लोकतंत्र का अभाव ही केन्द्रभूत कारक है–अन्य सभी कारकों के प्रभाव तो छिटपुट और बिखरे हुए से ही रहे हैं।

भारत की लोकतांत्रिक व्यवस्था में अनेक त्रुटियाँ हों, पर अकाल जैसी सामाजिक दुर्घटना का सामना कर पाने में यह व्यवस्था बहुत ही कुशल एवं सक्षम सिद्ध हुई है। अकाल एवं अकाल-निरोधन से ही जुड़ा हुआ एक अन्य महत्त्वपूर्ण प्रश्न भी यहाँ विचारणीय प्रतीत होता है। चीन की आर्थिक और सामाजिक नीतियों की सफलता वहाँ के नेतृत्व की प्रतिबद्धता और कटिबद्धता के आधार पर ही सम्भव हुई है। गरीबी-उन्मूलन एवं जीवन-दशा सुधारने के विषय में जिस प्रकार की वैचारिक दृढ़ता माओवादी एवं मार्क्सवादी विचारधारा में पाई गई है उन्हीं का परिणाम है कि चीन ये सफलताएँ अर्जित कर सका, पर भारतीय नेतृत्व इन मोर्चों पर किसी प्रकार का उत्साह दिखा पाने में विफल ही रहा। व्यापक भूख, निरक्षरता एवं रोग-व्याधि के उन्मूलन के कार्य इसी श्रेणी में आते हैं (जहाँ चीन सफल पर भारत विफल रहा है)। जहाँ सरकार पूरे मनोयोग से सही दिशा में कार्य करे वहाँ शुभ परिणाम भी आशा से बढ़कर प्राप्त हो सकते हैं–यह बात चीन की आर्थिक सुधार-पूर्व अवधि की सामाजिक उपलब्धियों से स्पष्ट होती है।

इस प्रकार की कार्यविधि बहुत ही भंगुर होती है–इसकी सफलता नेतृत्व के जीवन मूल्यों एवं राजनीतिक दर्शन पर आश्रित होकर रह जाती है। जिस भी सामाजिक ध्येय के प्रति नेतृत्व में लगाव का अभाव हो, प्रतिबद्धता नहीं हो, वह ध्येय पूरी तरह से ही दृष्टिगत हो जाता है; जब कभी नेतृत्व इस भ्रम में हो जाए और कारणों एवं प्रभावों के सम्बन्ध को ठीक से समझने को तैयार नहीं हो पाए

तो सारी व्यवस्था इस प्रकार व्यवहार करती रह जाती है जैसे सब कुछ ठीक-ठाक है। उसे किसी प्रकार छानबीन की आवश्यकता ही प्रतीत नहीं होती। जब राजनीतिक नेतृत्व किसी कारणवश किसी समस्या को न समझ पाए या जानबूझकर उसके अस्तित्व को झुठलाने का प्रयास करे तो जनसामान्य उसे अपनी नीति बदलने या उसकी भूल समझने के लिए किसी भी प्रकार बाध्य नहीं कर पाता। 1958-61 के अकाल के दौरान हुआ व्यवहार ही इस विचित्र सामाजिक अवस्था का चित्रण नहीं करता, ऐसा ही परिदृश्य तिब्बत को निरन्तर निरक्षर बनाए रखने की दुष्चक्रीय नीतियों में झलकता है। एक परिवार एक बच्चा नीति, सांस्कृतिक क्रान्ति के नाम पर हुआ भारी उत्पीड़न और मानवीय अधिकारों के निरन्तर व्यापक हनन भी इसी राजनीतिक जीवन दर्शन की देन हैं। कुल मिलाकर हम कह सकते हैं कि निरंकुशता सामाजिक प्रगति का बहुत ही अविश्वस्त माध्यम है।

दमन चक्र, जनसंख्या और जनन-क्षमता

आधुनिक चीन की जिस नीति का अनुसरण करने की अनेक अन्तर्राष्ट्रीय 'समझदार' लोग भारत को सलाह देते हैं, वह जनसंख्या नियंत्रण के विषय में चीन की निरंकुशतावादी व्यवस्था की कार्यविधि ही है। अनेक अन्तर्राष्ट्रीय 'नेता' विश्व की जनसंख्या वृद्धि को लेकर इतने चिन्तित हैं कि उन्हें चीन द्वारा भारी दमनपूर्ण जनन-नियंत्रण नीतियों में भी कुछ गलत नज़र नहीं आता क्योंकि उन नेताओं के मनोनुकूल जन्म दर में कमी ला पाने में वह दमन चक्र सफल रहा है। उन विद्वानों को जनसंख्या संकट इतना गहराता दीख रहा है कि वे तीसरे विश्व में लोगों को कम बच्चे पैदा करने को बाध्य करना चाहते हैं, उसके लिए सशक्त कदम (यानी दमन) को आवश्यक मानते हैं। इस बारे में अन्य अनेक हलकों में, विशेषकर नारीवादी समूहों में, तीखी आलोचना के बावजूद चीन द्वारा की गई ज़ोर-ज़बरर्दस्ती को ही वे सराहनीय और अनुकरणीय मानते हैं।

चीन में (या भारत में भी) जनसंख्या समस्या कितनी गम्भीर है, इस विषय में पर्याप्त मतभेदों की सम्भावना है। जनसंख्या की तीव्र वृद्धि के प्रति चिन्ता के कारण कितनी ही बार बहुत शानदार विश्लेषणों में भी समस्या के स्वरूप की बहुत ही भ्रामक व्याख्या हुई है। एक ऐसी ही व्याख्या जनसंख्या वृद्धि और आर्थिक संवृद्धि के सम्बन्ध से जुड़ी है। कई बार समझा जाता है कि प्रति व्यक्ति सकल घरेलू उत्पाद को बढ़ाने (या उसका घटना रोकने) के लिए जनसंख्या वृद्धि पर रोक लगाना आवश्यक है। जनसंख्या नीतियाँ चाहे जितनी भी महत्त्वपूर्ण समझी जाएँ पर चीन और भारत जैसे देशों की प्रति व्यक्ति आय संवृद्धि दरों पर उनका शायद ही कोई प्रभाव पड़ पाए।

तालिका 4.4

भारत एवं चीन : आर्थिक संवृद्धि एवं जनसंख्या वृद्धि

देश	जनसंख्या वृद्धि दर 1980-92	सकल घ.उ. वृद्धि दर 1980-92	निम्न देश की जनसंख्या वृद्धि के आधार पर स.घ. उत्पादन संवृद्धि दर*	
			भारत	चीन
भारत	2.1	5.2	3.1	3.8
चीन	1.4	9.1	7.0	7.7

नोट–*ये दरें स.घ. उ. वृद्धि दरों में से क्रमशः भारत एवं चीन की जनसंख्या वृद्धि दरें घटाकर ज्ञात हुई हैं।

स्रोत : World Dev. Rep. 1994

हमारी तालिका 4.4 इसी तथ्य को उजागर कर रही है। यदि चीन की जनसंख्या वृद्धि दर 1.4 के स्थान पर भारत जितनी–अर्थात् 2.4 रही होती तो उसकी आर्थिक संवृद्धि दर 7.7 प्रतिशत से घटकर 7.0 प्रतिशत रह जाती। इसी प्रकार यदि भारत भी चीन की भाँति जनसंख्या वृद्धि दर का 1.4 प्रतिशत तक घटा पाने में सफल रहा होता, तो यहाँ आर्थिक संवृद्धि दर 3.1 से बढ़कर 3.8 प्रतिशत हो जाती। भारत और चीन की संवृद्धि दरों में बड़े अन्तर का कारण चीन की उच्च सकल घरेलू उत्पाद वृद्धि दर है–इस अन्तर में जनसंख्या वृद्धि दरों का प्रभाव बहुत ही मामूली है।

हमारी इस टिप्पणी का अभिप्राय यह कदापि नहीं है कि जनसंख्या की तीव्र वृद्धि पर ध्यान देने की कोई आवश्यकता नहीं है। इसके प्रति चिन्ता के अनेक कारण हो सकते हैं, जैसे–जनंख्या की अतिशय वृद्धि के स्थानीय पर्यावरण पर प्रभाव, बार-बार गर्भधारण के कारण महिलाओं के जीवन पर प्रभाव आदि। हमारा तात्पर्य यह बताना है कि निम्न आर्थिक संवृद्धि के लिए जितनी शक्ति से जनसंख्या वृद्धि को दोषी ठहराया जाता है, इससे तो इस समस्या का वास्तविक स्वरूप ही कहीं छिप-सा जाता है।

चीन में 1979 के आर्थिक सुधारों के बाद से देश के बहुत बड़े भू-भाग में 'एक परिवार एक सन्तान' का नियम लागू करने का प्रयास हुआ है। सरकार अधिक बच्चों वाले परिवारों को घर तथा अन्य लाभों से वंचित कर रही है। इस प्रकार नियम तोड़नेवाले वयस्कों के साथ पूरी तरह निर्दोष बच्चों को भी सरकारी दंड का भागी होना पड़ रहा है। वर्ष 1992 में चीन की जन्म दर घटकर 19 प्रति

हजार रह गई थी। भारत में इसका स्तर 29 रहा है तथा शेष अल्पविकसित देशों में 37 प्रति हजार आँका गया है। प्रति महिला औसत बच्चों की संख्या को ही हम जनन दर कहते हैं। चीन में यह दर घटकर 2 रह गई है, जबकि मान्यता यह है कि जनसंख्या को अपने वर्तमान स्तर पर यथापूर्व बनाए रखने के लिए औसत जनन दर 2.1 होनी चाहिए। भारत में जनन दर 3.7 है तथा शेष अल्पविकसित देशों में तो 4.9 की औसत बैठती है। जनन दर घटाने में चीन को अवश्य भारी सफलता मिली है, इस विषय में कोई सन्देह नहीं है।

किन्तु जनसंख्या वृद्धि की समस्या के इस समाधान में किन्हीं और पक्षों की ओर से कठिनाइयाँ सामने आती हैं। इस विषय में स्वतंत्रता की समाप्ति अपने आपमें बहुत बड़ी सामाजिक हानि ही है। मानव अधिकारों, विशेषकर नारी अधिकारों के प्रति सजग समूह तो इस प्रकार जबर्दस्ती प्रजनन की स्वतंत्रता से भी वंचित किए जाने पर बहुत क्षुब्ध है।

वैयक्तिक स्वतंत्रता के अतिरिक्त भी इस प्रकार अनिवार्य सन्तति निरोध के अनेक परिणाम हैं जिनका मूल्यांकन अवश्य होना चाहिए। दमन द्वारा लोगों को वह सब कुछ करने को बाध्य किया जाता है जिसे वे सामान्यतः कभी नहीं करते। ऐसे दमन के सामाजिक दुष्परिणाम बहुत ही भयानक हो सकते हैं। जब किसी विशाल जन समुदाय को दबा कर रखा जाता है तो उसकी प्रतिक्रिया का आकार और स्वरूप दोनों ही बहुत उग्र हो सकते हैं। 'एक सन्तान' पर आग्रह के फलस्वरूप शिशुओं पर ध्यान देना बन्द हो सकता है—यहाँ तक कि जन्म के तुरन्त बाद उनका परित्याग करना शुरू हो सकता है। इसके फलस्वरूप शिशुमृत्यु दर में उछाल आ सकता है। चीन भी भारत एवं शेष एशिया-अफ्रीका की भाँति बेटे को ही प्राथमिकता देने के सामाजिक दुराग्रह से मुक्त नहीं है। ऐसी दशा में 'एक सन्तान' पर सरकारी आग्रह से बेटियों की दुर्दशा इस सीमा तक पहुँच सकती है कि वे (बेटियाँ) असमय में ही दम तोड़ने लगें। ऐसे साक्ष्य मिल रहे हैं कि चीन में बहुत बड़े पैमाने पर यही हो रहा है।

यह कह पाना भी कठिन है कि जन्म दर में आई कितनी कमी का कारण सरकारी दमन को माना जा सकता है। चीन के अनेक दीर्घकालिक, सामाजिक एवं आर्थिक कार्यक्रम भी जनन दर कम करने में बहुत सहायक रहे हैं। इनमें से कुछ हैं—स्त्री-पुरुषों के लिए अधिक शिक्षा सुविधाएँ, स्वास्थ्य सेवाओं की सुलभता, महिलाओं के लिए रोजगार के बढ़ते हुए अवसर और तीव्र आर्थिक संवृद्धि। इन कारकों के प्रभाव से जनन दर में स्वाभाविक रूप से कमी आ जाती है। यह अनुमान लगा पाना बहुत ही कठिन है कि सरकारी दबाव के कारण कितनी और ज्यादा कमी आई है। हम यह देख सकते हैं कि विश्व के अन्य देश जिन्होंने जीवन-आशा वृद्धि, नारी शिक्षा और श्रम शक्ति में नारी की भागीदारी में चीन से भी उत्कृष्ट

सफलताएँ अर्जित की हैं. वहाँ जनन दर चीन से अधिक है या नहीं। वर्ष 1994 की विश्व विकास रिपोर्ट में जिन देशों के बारे में जानकारी संकलित है, उनमें से केवल तीन, जमैका (2.7), थाईलैंड (2.2) तथा स्वीडन (2.1) में जनन दर चीन के स्तर के निकट प्रतीत होती है। अतः यह स्पष्ट नहीं हो पाता कि दमन चक्र ने चीन में जनन दर घटाने में कितना अतिरिक्त योगदान दिया होगा।

इन सभी समस्याओं को एक तरफ रखते हुए कई विशेषज्ञ यह कहने से नहीं चूकते कि देखो, चीन का सन्तति-निरोध कार्यक्रम तो सफल रहा है पर भारत इस कार्य में सफल नहीं हो पाया। यह सत्य है। जनन दर को 2 तक घटा कर जिस प्रकार का जनसंख्या नियंत्रण चीन ने कर लिया है, भारत की 3.7 की जनन दर उस प्रकार के नियंत्रण का कोई संकेत नहीं देती। पर इस अन्तर का कितना श्रेय दमनकारी नीतियों को दिया जाना चाहिए ? वैसे भी हमारी सामान्य अपेक्षा यही होगी कि भारत की अपेक्षा दुगुनी नारी साक्षरता, श्रमशक्ति में अधिक व्यापक नारी भागीदारी (भारत से 50 प्रतिशत अधिक) और जीवन की उच्च आशा–दस वर्ष अधिक होने के कारण भी चीन में जनन दर भारत से पर्याप्त कम हो जानी चाहिए।

इस गुत्थी को सुलझाने का एक तरीका है। आइए, भारत के उन प्रान्तों की स्थिति का अवलोकन करें जहाँ जनन दर को स्वेच्छा से कम करने की प्रेरणा देने वाले उच्च साक्षरता एवं अन्य सामाजिक कारक विद्यमान हैं। भारत के केरल प्रान्त की चीन से तुलना बहुत ही सटीक रहेगी–इस प्रान्त में भी प्राथमिक शिक्षा एवं स्वास्थ्य सेवाओं का उच्च स्तर प्राप्त हो चुका है। केरल में जन्म दर 18 प्रति हजार है–जो चीन (19) से भी कम है। यहाँ यह सफलता बिना किसी जोर-जबर्दस्ती के प्राप्त हुई है। यही नहीं, 1991 में ही केरल की जनन दर 1.8 हो गई थी जबकि चीन 1992 में केवल 2 तक पहुँच पाया। यह निष्कर्ष हमारी उन अपेक्षाओं से मेल खाता है जिनका आधार जनन दर में स्वेच्छया कमी में सहायक कारकों की प्रगति में निहित होता है। केरल में नारी साक्षरता दर 86 प्रतिशत है जबकि चीन में केवल 68 प्रतिशत। हमने पहले भी कहा है कि केरल की नारी साक्षरता दर चीन के प्रत्येक प्रान्त की दर से अधिक ऊँची है। यही नहीं, 1991 में इस प्रान्त में जन्म के समय जीवन-आशा के स्तर, पुरुषों एवं महिलाओं के लिए क्रमशः 69 एवं 74 वर्ष थे। ये स्तर भी चीन के 68 और 71 वर्ष से अधिक ही हैं। यही नहीं, केरल के आर्थिक एवं राजनीतिक जीवन पर नारी का अपना विशिष्ट प्रभाव रहा है। यह प्रभाव सम्पत्ति पर अधिकार और शिक्षा आन्दोलनों में भी स्पष्ट दृष्टिगोचर होता है।

इन्हीं सकारात्मक उपलब्धियों के आधार पर जन्म दर नियंत्रण में केरल की सफलता गरीब देशों में जोर-जबर्दस्ती द्वारा जनन दर कम करने की अनिवार्यता

के विचार को स्पष्टतः झुठला देती है। यह सफलता स्वेच्छया प्राप्त हुई है, इसीलिए जैसे दुष्प्रभाव चीन में दिखाई पड़ रहे हैं, उनसे भी केरल का सामाजिक जीवन मुक्त है। केरल में चीन की भाँति शिशु कन्याओं की उच्च मृत्यु दर तथा लड़कियों की भ्रूण हत्याओं का सिलसिला नहीं चला। यही नहीं, केरल में शिशुमृत्यु दर मात्र 16.5 प्रति हजार है, जो कि चीन की दर (31) से प्रायः आधी ही है। यह बात और भी ध्यान देने योग्य है कि चीन की 'एक परिवार एक सन्तान' नीति के प्रारम्भ के समय केरल और चीन में शिशुमृत्यु दर एक समान थी। चीन में शिशु बालिका-मृत्यु दर 33 है और बालमृत्यु दर 28 किन्तु केरल में इसके विपरीत बालिकामृत्यु दर 16 है जो कि बालमृत्यु दर 17 से कुछ कम ही है।

कई बार यह भी दावा किया जाता है कि दमन नीति बहुत शीघ्र जन्म दर घटाने में सहायक हो जाती है जबकि 'स्वेच्छया' ऐसा हो पाना सम्भव नहीं है। पर केरल में तो स्वेच्छा से ही वह जन्म दर जो 50 के दशक में 44 थी, घटकर 1991 में 18 रह गई है। यह कमी चीन से कम तीव्र नहीं रही। यह भी तर्क दिया जा सकता है कि इतने लम्बे अन्तराल की तुलना तो 'एक सन्तान' नियम तथा अन्य दमनकारी नीतियों के साथ अन्यायपूर्ण होगी—क्योंकि ये नीतियाँ तो 1979 के बाद भी लागू हुई हैं। अतः यही उचित होगा कि 1979 के बाद के परिवर्तनों की ही तुलना की जाए।

हम तालिका 4.5 में यही कार्य करने जा रहे हैं। इसमें हमने चीन के साथ भारत के दो राज्यों, केरल और तमिलनाडु, की तुलना की है। तमिलनाडु में भी एक सक्रिय (पर दमनहीन) जन्म नियंत्रण कार्यक्रम चल रहा है। वहाँ की साक्षरता दर भी भारत के बड़े राज्यों में सबसे अधिक है। इसी प्रकार तमिलनाडु में श्रम शक्ति में नारी की भागीदारी भी अधिक है और शिशुमृत्यु दर कम है। इन सभी के कारण वहाँ भी जनन दर कम हुई है। हमारी तालिका 4.5 यह साफ-साफ बता रही है कि तमिलनाडु एवं केरल, दोनों ही प्रान्तों में 1979 के बाद से चीन की तुलना में जनन दर में कहीं ज्यादा कमी आई है। 1979 में केरल की जनन दर चीन से अधिक थी पर 1991 में यह चीन से कम रह गई। अतः 'एक सन्तान' नियम एवं अन्य दमनकारी नीतियों के प्रयोग के बाद भी चीन की जनन दर की गिरावट उतनी तीव्र नहीं रही जितनी इन दोनों नीतियों के बिना भी तमिलनाडु और केरल में सम्भव हो गई।

भारतीय राज्यों की तुलनाएँ एक और बहुत महत्त्वपूर्ण जानकारी प्रदान करती हैं। केरल और तमिलनाडु में तो जनन दर में अच्छी खासी गिरावट दर्ज हुई है किन्तु उत्तरी भारत की मुख्य भूमि (अर्थात् उत्तर प्रदेश, मध्य प्रदेश, बिहार और राजस्थान) में, जहाँ साक्षरता, विशेषकर नारी साक्षरता बहुत कम है और जन स्वास्थ्य व्यवस्था भी बहुत ढुलमुल है, जनन दर 4.4 तथा 5.1 के बीच रही है। वैसे इन

राज्यों में अनेक बार परिवार नियोजन के लिए दबावकारी नीतियों का भी प्रयोग हुआ है—जबकि केरल एवं तमिलनाडु के परिवार नियोजन कार्यक्रम सहयोगी स्वरूप के ही रहे हैं। भारत के अपने क्षेत्रीय अनुभवों के आधार पर भी यह कहा जा सकता है कि जनन नियंत्रण में दमन नहीं शिक्षित नारी के सहयोग और सक्रिय भागीदारी अधिक प्रभावोत्पादक सिद्ध होती है।

भारत को चीन से बहुत कुछ सीखना है—पर दमन एवं लोकतांत्रिक भावनाओं का शमन नहीं। भारत के लोकतंत्र में कई त्रुटियाँ हो सकती हैं पर व्यवस्था के लोकतांत्रिक स्वरूप पर आघात कर उन त्रुटियों को मिटाना सम्भव नहीं होगा। चीन की अनेक उपलब्धियाँ प्रशंसनीय हैं—उनसे सीख ग्रहण की जा सकती है, पर इसके लिए चीन की व्यवस्था के गैर लोकतांत्रिक चरित्र को अपनाना किसी भी तरह अनिवार्य नहीं है।

भारत चीन से वास्तविक सीख क्या ग्रहण कर सकता है ?

'प्रभात का आलोक' चीन से कौंधती हुई विद्युत्माला के समान प्रतीत हो न हो, किन्तु उसके अनुभव से बहुत कुछ सीखा अवश्य जा सकता है। हमें सतर्क रहना होगा कि हम केवल ग्राह्य सीखों को ही ग्रहण करें (और अग्राह्यों को तुरन्त त्याग दें)। सबसे सहज एवं स्पष्ट सीख तो यही है कि एक गरीब अर्थव्यवस्था में भी जन-जन के अभावों को दूर करने और आर्थिक विकास की सिद्धि के प्रति राजनीतिक प्रतिबद्धता में शिथिलता की सम्भावनाओं से बचते हुए भी बाजार व्यवस्था की कार्यप्रणाली का बहुत ही स्पृहणीय प्रयोग कर पाना सम्भव है। भारत में गरीबी की समस्या के बहुमुखी आयामों को देख कितनी ही बार यह आशंका व्यक्त की जाती है कि क्या वास्तव में बाजार व्यवस्था यहाँ कारगर सिद्ध हो पाएगी ? किसी सीमा तक यह आशंका उचित ही है—हमने समझाने का प्रयास भी किया है कि यदि उदारीकरण के समय में भी सामाजिक प्रगति के अन्य आयामों की अनदेखी ही होती रही, तो अकेले बाजार व्यवस्था भारत में व्याप्त सामाजिक अभावों एवं वंचनाओं को दूर कर पाने में कदापि सफल नहीं हो पाएगी। पर चीन के अनुभवों ने निस्सन्देह यह स्पष्ट कर दिखाया है कि एक ओजपूर्ण गतिशील बाजार व्यवस्था को यदि सामाजिक नीतियों का उचित सहारा मिले तो यह जनसामान्य को विपन्नता की दलदल से निकाल उनकी जीवन दशाओं में आमूलचूल परिवर्तन ला पाने में सफल हो सकती है। जो लोग दशकों से चीन की अन्यान्य उपलब्धियों का गुणगान करते रहे हैं, उनके लिए इस बहुत ही सशक्त सन्देश की ओर से मुँह मोड़ पाना सहज नहीं होगा।

दूसरे, चीन के अनुभव सामाजिक अवसरों के संवर्धन की आधारभूत दो बातों के बीच पारस्परिक निर्भरता को भी बहुत स्पष्ट कर देता है। ये बातें हैं :

(1) शिक्षा, स्वास्थ्य एवं सामाजिक सुरक्षा, भू-सुधार आदि की समर्थक सामाजिक नीतियाँ, तथा (2) व्यापार एवं उत्पादन व्यवस्थाओं का प्रभावपूर्ण आधार बाजार व्यवस्था। हमने बहुत विस्तार से यह जानने का प्रयास किया है कि किस तरह से पहले क्षेत्र–शिक्षा आदि से जुड़ी नीतियों के शुभ परिणामों के आधार पर आर्थिक सुधारों के दौरान बाजार व्यवस्था ने सामाजिक अवसरों के संवर्धन में भारी सफलता प्राप्त की है।

तीसरी मुख्य बात यह है कि चीन के उदारीकरण कार्यक्रम की कुछ अपनी व्यावहारिक विलक्षणताएँ हैं। इन्हीं के कारण यह अन्य देशों के सुधार कार्यक्रमों से बहुत अलग स्वरूप धारण कर लेता है। चीन में बाजार व्यवस्था को सामाजिक एवं आर्थिक सुयोगों के सृजन का एक अतिरिक्त माध्यम अथवा मार्ग बनाने का प्रयास किया गया है–इसे सम्पूर्ण सामाजिक व्यवस्था का पर्याय नहीं माना गया। यहाँ राजकीय उद्यमों के निजीकरण की तेज दौड़ शुरू नहीं हुई, और न ही सरकारी उत्तरदायित्वों का परित्याग हुआ है। इसके विपरीत सार्वजनिक क्षेत्र की प्रबन्धन विधियों में सुधार और निजी क्षेत्र के लिए प्रसार के नए क्षेत्रों के विकास की नीति अपनाई गई है। जहाँ भूतपूर्व सोवियत संघ में निजीकरण की लहर से जहाँ श्रम शक्ति में बड़ी व्यापक असुरक्षा भावना पैदा हो गई है, वहीं चीन में सार्वजनिक क्षेत्र के सुधारों और निजी उद्यम के प्रसार का बहुत ही सकारात्मक सामंजस्य स्थापित हुआ है। इस प्रकार चीनी नीति-निर्धारकों की शुद्धता के प्रति दुराग्रहहीन व्यावहारिकता से बहुत कुछ सीखा जा सकता है।

चौथे, चीन की आर्थिक नीतियों में आर्थिक संवृद्धि के प्रयासों में मौलिक सामाजिक सुरक्षा का परित्याग करने का कोई विचार सम्मिलित नहीं हुआ है। शहरी क्षेत्रों में सामाजिक सुरक्षा के आधार हैं–रोजगार की सुनिश्चितता और उद्यमों के सामाजिक दायित्वों की प्रतिबद्धता। ग्रामीण क्षेत्रों में सुधारों का 'पारिवारिक दायित्व' पर आग्रह है–यहाँ भू-स्वामित्व अभी भी सामुदायिक ही है–पर गाँव के प्रत्येक वयस्क नर-नारी को सुनिश्चित भूखंड पर खेती का अधिकार दिया गया है। इस प्रकार भू-आधारित सामाजिक सुरक्षा व्यवस्था ने भूमिहीन परिवारों के वर्ग के उदय की सम्भावना को टाल दिया है और अतिवंचना से बचाव की भी कुछ व्यवस्था अवश्य कर दी है। 'सार्वजनिक स्वामित्व और व्यक्तिगत प्रयोगाधिकार' की यह व्यवस्था चीन के आर्थिक सुधारों की एक महत्त्वपूर्ण विलक्षणता रही है।

पाँचवीं प्रमुख बात यह दिखाई पड़ रही है कि इस प्रकार की व्यावहारिकता के बावजूद चीन के बाजारोन्मुखी सुधार आय संवर्धन एवं आय विषमताओं के मर्दन में ही अधिक सफल रहे हैं। इन सुधारों के कारण सामाजिक सेवाओं में अधिक प्रसार नहीं हो पाया (विशेषकर स्वास्थ्य सेवाओं में) और इसी कारण सामाजिक सेवाओं पर निर्भर सामाजिक अवसरों की रचना भी पिछड़ने लगी है। वास्तविक आय तो

तेजी से दौड़ रही है पर जीवन की आशा में सुधार रेंगती हुई दर से ही हो पा रहा है। यह विचित्र सा लगता है कि सुधारोपरान्त चीन की जीवन-आशा की दृष्टि से भारत से बढ़त कुछ कम ही हुई है जबकि इसकी आर्थिक संवृद्धि दर भारत से बहुत ऊपर उठ चुकी है। यही नहीं, भारत के केरल प्रान्त की तुलना में तो चीन इस आर्थिक संवृद्धि के दौर में पिछड़ ही गया है।

और अब अन्त में यह बात बहुत ही महत्त्वपूर्ण है कि यद्यपि भारत सामाजिक और आर्थिक नीतियों के क्षेत्र में चीन से बहुत कुछ सीख सकता है–पर इन सीखों में उसकी व्यवस्था की निरंकुशता एवं दमनकारी विधियों को सम्मिलित करना पूरी तरह से अवांछनीय और अग्राह्य ही होगा। यह सच है कि चीन की सामाजिक प्रगति में अनेक सफलताएँ इसके नेतृत्व की गरीबी एवं वंचना-उन्मूलन के प्रति दृढ़तर प्रतिबद्धता के कारण सम्भव हुई हैं। किन्तु उन्हीं नेताओं की शक्तियों को किसी भी प्रकार की चुनौतियों के अभाव के कारण 1958-61 के अकाल जैसी विषम स्थितियाँ भी उत्पन्न हुई हैं। चीन में सामान्य लोकतांत्रिक व्यवस्था द्वारा नियंत्रण के नितान्त अभाव की समस्या बनी हुई है–इसके दुष्परिणाम किसी-न-किसी रूप में सामने आ ही जाते हैं। इसी के कारण सन्तति निरोध की दमनकारी नीतियाँ, जनन एवं राजनीतिक स्वातंत्र्य का दमन आदि होते रहे हैं। कुछ क्षेत्रों में भारत की नीतियाँ बहुत ही प्रभावहीन रही हैं–पर इसका अर्थ यह कदापि नहीं होगा कि उसे इसी कारण से चीनी राजनीतिक व्यवस्था की दमनकारी निरंकुशता को अपना लेना चाहिए।

चीनी अनुभव से सीखने में यह बात ध्यान रखनी होगी कि हमें न तो उनकी नीतियों के कुछ टुकड़े अपनाने पर्याप्त होंगे–(अर्थात् बाजार व्यवस्था अपना लेने और सहायक सामाजिक नीतियों को विस्मृत कर देने से काम नहीं चलेगा) और न ही उनकी समग्र व्यवस्था का अंध अनुसरण (जिसमें लोकतांत्रिक व्यवस्था का हनन सहज रूप से सम्मिलित है) करना उचित होगा। विभिन्न अवधियों में वहाँ अपनाई गई नीतियों के कारणों और प्रभावों के सम्यक विश्लेषण से ही हमें उचित मार्गदर्शन प्राप्त हो सकता है। चीन में सुधारपूर्व एवं पश्चात् मिली सफलताओं के पारस्परिक सम्बन्धों का आकलन बहुत ही आवश्यक है, अतः भारत चीन से बहुत कुछ सीख सकता है, मगर समझदारी के साथ।

5.

सार्वजनिक प्रयास और सामाजिक विषमता

जनसामान्य और उसकी भूमिका

जॉन ड्राइडन ने तीन सौ वर्ष पूर्व कहा था, "शान्त व्यक्ति के प्रचंड आक्रोश के प्रति सावधान रहो।" दुर्भाग्यवश, शासकगण इस प्राचीन ज्ञान को भुला देने के बहुत उत्कृष्ट बहाने खोज ही लेते हैं। सत्ता के तारतम्य पर नियंत्रण करनेवालों को शान्त स्त्री-पुरुषों का ध्यान रखने जैसा बोझा कहाँ सुहाता है ? भारत में भी एक के बाद एक सरकार अभावग्रस्त लाखों-करोड़ों लोगों (जो अभी तक निरक्षरता, भूख, बीमारी और आर्थिक असुरक्षा के विरुद्ध अपनी प्रबल रोषमय हुँकार के साथ कभी उठे ही नहीं हैं) की चिरंतन शान्ति के प्रति बहुत ही आश्वस्त रही हैं। इन अभावों की निरन्तरता का कारण सम्भवतः उस उग्र आक्रोश का अभाव ही रहा है।

सरकार क्या कुछ करती है अथवा कर पाती है—दोनों ही बातों पर जनसामान्य के दबाव का बहुत गहरा असर पड़ता है। बहुत कुछ इस पर भी निर्भर होता है कि किन अभावों को राजनीतिक स्वर मिल पाया है, किनकी व्यापक चर्चा होती है और कौन से अभावों से जुड़े मुद्दे चुनाव परिणामों पर प्रभाव डालने में सफल हो पाते हैं। जैसा हमने पिछले अध्याय में बताया था, स्वतंत्र समाचार पत्रों और विपक्षी दलों को सहन करने वाली लोकतांत्रिक व्यवस्थाओं में कहीं भी भीषण अकाल की स्थिति उत्पन्न नहीं हो पाई है। इससे यह बात स्पष्ट हो जाती है कि सार्वजनिक आलोचनाओं का प्रभाव अवश्य पड़ता है और बहुदलीय चुनाव-आश्रित लोकतन्त्र में बहुत बड़े स्तर पर जनता के भूखों मरने की 'दुर्सम्भावना' राजनीतिक दृष्टि से बहुत ही सशक्त दुर्घटना बन जाती है (जिसे टालने के लिए तत्काल प्रयास आरम्भ हो जाते हैं)। अकाल ऐसी प्रत्यक्ष दुर्घटना होती है जिसे स्वतंत्र प्रेस, विपक्षी दल और सक्रिय सांसद स्वयं ही मुखपृष्ठों पर ले आते हैं। इसी कारण पुनः निर्वाचन

की अनिवार्यता से बाध्य सरकार न तो विपक्षियों और समाचार पत्रों की आलोचना का सामना कर पाती है, और न ही अकाल की अनदेखी कर पाती है। स्वतंत्रता से चार वर्ष पूर्व पड़े बंगाल के अकाल (1943) के बाद से भारत यदि बड़े अकालों की काली छाया से बच पाने में सफल रहा है तो इसका मुख्य श्रेय भारत की लोकतांत्रिक राजनीतिक व्यवस्था में सम्भव सार्वजनिक आन्दोलनों या सहज सक्रियता को ही दिया जाना चाहिए। किन्तु यदि अभावों की गहनता कम हो, उनका विश्लेषण-आकलन सहज नहीं हो और उनका निराकरण भी सरल नहीं हो तो फिर सार्वजनिक आलोचना भी उतनी प्रभावोत्पादक नहीं रह पाती। बहुधा निरन्तर कुपोषण जैसी स्थिति (बशर्ते कि यह बहुत भयावह नहीं हो), आर्थिक असुरक्षा और समाज में सामान्य रूप से व्याप्त बीमारियों की चिकित्सा सुविधाओं के अभाव आदि के विषय में ऐसा ही होता है। इसी प्रकार सम्बद्ध क्षेत्रों में राजनीतिक एवं पत्रकारिक चरित्र के आधार पर अक्सर प्राथमिक शिक्षा एवं पीने के पानी आदि के अभाव पर भी उतना ध्यान नहीं दिया जाता जितना कि उनमें सुधार के प्रयास प्रारम्भ कराने के लिए आवश्यक होता है। जब कभी अकाल की छाया छाने लगती है तो किस जिम्मेदारी की भावना से भरा समाचार पत्र सम्पादक उसके विषय में लिखने से मुँह मोड़ सकता है ? एक जर्जर-शरीर माँ का अस्थिपिंजर मात्र रह गए बच्चे को सीने से लगाए हुए चित्र एक बहुत ही मुखर राजनीतिक कथन बन सकता है। किन्तु इससे कहीं कम भीषण एवं कम तात्कालिक निवारण की आवश्यकता वाले परन्तु निरन्तर चलने वाले अभावों पर भी ध्यान खींच पाना पत्रकारों की राजनीतिक चेतना और प्रतिबद्धता पर ही निर्भर करेगा। यही नहीं, राजनीतिक दलों की जीवन दृष्टि एवं व्यवहार भी इस बात के नियामक बन जाते हैं कि किन मुद्दों को राजनीतिक रूप मिलेगा और किन्हें नहीं। अतः अकाल से कम नाटकीय और महामारी से कम भीषण अभावों-दुर्दशाओं की ओर ध्यान दिए जाने के लिए यह नितान्त आवश्यक है कि सामाजिक गतिविधियों में व्यापक एवं सक्रिय भागीदारी की परम्परा विकसित हो। इस प्रकार की परम्परा का विकास अनेक कारकों पर निर्भर करता है, जैसे—राजनीतिक दलों एवं उनके नेताओं का अपना चरित्र, खोजी पत्रकारिता की सोच और परम्परा तथा सम्बद्ध क्षेत्रों में साक्षरता एवं शिक्षा का प्रसार आदि।

इस व्यापक स्वरूप में सार्वजनिक सक्रियता आर्थिक विकास में बहुत ही काँटे की भूमिका निभा सकती है। इसके माध्यम से जनसामान्य की पहुँच सामाजिक अवसरों तक सम्भव हो सकती है। कई बार आर्थिक साहित्य में सार्वजनिक कार्यों को जनसामान्य की क्रियाशीलता के स्थान पर सरकारी कारगुज़ारी भी मान लिया जाता है, किन्तु यह विचार बहुत ही भ्रमकारी भी हो सकता है—इसके कारण जन-

सामान्य की सरकार के कार्य-कलापों को प्रभावित (उसकी दिशा निर्धारण) कर पाने की क्षमता का विचार धूमिल पड़ जाता है। हम तो यही बताने का प्रयास कर रहे हैं कि जनता की सक्रियता किस प्रकार सामान्य आर्थिक, सामाजिक परिवर्तन की प्रक्रिया और विकास प्रयासों की सफलता या फिर निष्फलता के लिए उत्तरदायी हो जाती है।

सरकार के सकारात्मक कार्यों से जुड़ी सार्वजनिक नीति को प्रभावित करने में जन-सक्रियता बहुत महत्त्वपूर्ण योगदान दे सकती है। इस विषय में हमने अध्याय-2 के अन्तिम अंशों में चर्चा की थी। इन सकारात्मक कार्यों में सम्मिलित हैं : चिकित्सा, बाल टीकाकरण, प्राथमिक शिक्षा, सामाजिक सुरक्षा, पर्यावरण रक्षा और ग्रामीण संरचनात्मक पूँजी आदि से जुड़ी मूलभूत सार्वजनिक सुविधाएँ आदि। जनता की भागीदारी और संचेतना इन सेवाओं के प्रसार और सुचारु रूप से संचालन को सुनिश्चित कर सकती है—यदि इस प्रकार की संचेतना नहीं हो तो एक बार प्रारम्भ किए गए प्रकल्प शीघ्र ही प्रभावशून्य होकर रह जाते हैं। वस्तुतः जैसा कि इन सेवाओं के प्रसार एवं प्रभावोत्पादकता का स्तर होना चाहिए, उसे सुनिश्चित करने में स्थानीय जनता की जानकारी एकत्र कर पाने एवं अपनी आवाज नियन्ताओं तक प्रभावी रूप से पहुँचा पाने की क्षमता का बहुत बड़ा योगदान रहता है। गाँव की पाठशालाओं में अध्यापकों का समय से नहीं पहुँचना या पढ़ाने से जी चुराना आदि बातों को सरकारी निरीक्षकों की अपेक्षा ग्रामवासी आसानी से जान सकते हैं। इन समस्याओं के समाधान की खोज भी स्थानीय जनता की सक्रियता द्वारा अधिक प्रभावी ढंग से हो पाती है। यही बात राशन की सस्ती सामग्री के खुले बाजार तक पहुँचने, ग्रामीण स्वास्थ्य केन्द्रों की सुविधाओं और संसाधनों के गोलमाल, स्थानीय नेताओं द्वारा निजी लाभ के लिए साँझी भूमि के वृक्षों की कटाई, बिजली और बिजली के तारों की धड़ल्ले से हो रही चोरी आदि पर भी लागू होती है। स्कूल और अस्पताल स्थानीय जनता के आग्रह एवं दबाव के कारण आम आदमी की जरूरतों के प्रति अधिक संवेदनशील हो सकते हैं। ऊपर से आए सामान्य निर्देश इस विषय में इतने प्रभावपूर्ण नहीं हो पाते।

सरकार की नीतियों के रुझान को मोड़ने का प्रयास किए बिना भी आम जनता की सक्रियता उन नीतियों के परिणामों को प्रभावित कर सकती है। सार्वजनिक चर्चा से सामाजिक ही नहीं, कई बार तो वैयक्तिक व्यवहार में भी बदलाव आ जाते हैं। केरल में प्रबुद्ध समाज की खुली चर्चा एवं विचार विनिमय ने ऐसी सांस्कृतिक पृष्ठभूमि का निर्माण किया है जिसमें परिवार के भीतर स्त्री पुरुष के भेदभाव का निराकरण हो गया है। यही नहीं, संतति निरोध के उपायों की सहज स्वीकारिता सुनिश्चित कर जनन दर में भारी गिरावट को सम्भव बनाने में भी सार्वजनिक चर्चा एवं विचार-विमर्श का बहुत योगदान रहा है। इसी तरह जन सक्रियता और सामाजिक

आन्दोलन सरकारी संस्थाओं को बीच में डाले बिना ही सामाजिक विषमताओं के लिए बहुत बड़ी चुनौती बन सकते हैं। भारत में विकास की प्रक्रिया एवं इसके मार्ग में आनेवाली बाधाओं पर विचार करते समय सार्वजनिक सक्रियता की बहुमुखी भूमिकाओं और व्यापक प्रभावोत्पादक शक्ति पर विचार करना भी आवश्यक है।

जहाँ तक सरकारी निर्णय-प्रक्रिया पर सार्वजनिक सक्रियताा के प्रभावों का प्रश्न है, वहाँ केवल विकास प्रक्रिया पर पड़ने वाले सकारात्मक प्रभावों तक ही चर्चा को सीमित रखना उचित नहीं होगा। वस्तुतः किन्हीं विशेष सार्वजनिक क्रियाकलापों के सम्भावित नकारात्मक प्रभाव भी कम महत्त्वपूर्ण नहीं होते। अनेक सक्रिय दबाव गुट, जो जनसामान्य के ही उप-समूह होते हैं, कई बार अपने विशेष हितों के संवर्धन के लिए रियायतें प्राप्त कर ऐसी स्थिति पैदा कर देते हैं कि बृहत्तर विकास उद्देश्यों की संपूर्ति के स्थान पर सामाजिक संसाधन किन्हीं वर्गीय हितों के पोषण में ही खर्च होकर रह जाते हैं।

भारत में सरकारी योजनाओं में प्राथमिक शिक्षा की अनदेखी भी राजनीतिक सक्रियता और दबावों के पक्षपातपूर्ण व्यवहार का ही परिणाम रही है। दूसरी ओर भारतीय समाज के सबसे अशक्त वर्ग को प्रभावित करने वाले अभाव अर्थात् प्राथमिक शिक्षा के पक्ष में सशक्त राजनीतिक दबाव के अभाव के कारण ही सरकारी नीतियों के वास्तविक निर्धारण में इस बात पर बहुत कम ध्यान दिया गया है। इसके विपरीत समाज में अपना वर्चस्व बनाए हुए वर्गों के हितों का पोषण कर सकने में समर्थ उच्च शिक्षा के पक्ष में कार्य कर रहे दबाव गुटों की कोई कमी नहीं है। वे राष्ट्रीय शिक्षा नीति को उच्च शिक्षा की दिशा में प्रवृत्त करने में बहुत सफल भी रहे हैं। एक प्रकार से उच्च शिक्षा को दी गई उच्च वरीयता के परिणामस्वरूप ही प्राथमिक शिक्षा की अनदेखी हो रही है।

यह भारतीय समाज में व्याप्त सामान्य विषमताओं से जुड़ा मुद्दा है। इसका सम्बन्ध विभिन्न गुटों के निजी एवं साम्प्रदायिक हितों से जुड़ा हुआ है। सामान्यतः उच्च शिक्षा से लाभान्वित होने वाले वर्ग की अपेक्षा निरक्षरता के कारण सर्वाधिक दुष्प्रभावित वर्ग आर्थिक दृष्टि से बहुत ही खस्ताहाल भी होते हैं। शैक्षणिक वरीयताओं के इस पक्षपातपूर्ण स्वरूप से समाज में पहले से ही विद्यमान विषमताएँ और अधिक गहरी हो जाती हैं। इनका सर्वाधिक अभावग्रस्त वर्गों पर बहुत ही भीषण दुष्प्रभाव पड़ा है। किन्तु यदि हम इन नीतियों के परिणामों से इनके उद्गम स्रोत की ओर जाएँ तो हमें ज्ञात होता है कि इन नीतियों की रचना भारत की सामाजिक रचना में रूढ़ विषमताओं की प्रतिच्छाया ही है। अधिक विशेषाधिकार-सम्पन्न वर्ग ही उच्च शिक्षा के और ज्यादा प्रसार की बात बड़े जोर-शोर से करते हैं। ये वर्ग अपनी इस माँग को मनवा पाने की दृष्टि से न

केवल बेहतर रूप से संगठित हो पाते हैं, वरन्, राजनीतिक दृष्टि से भी बहुत शक्तिशाली होते हैं।[1] अतः यह एक प्रकार के आत्मपोषक तंत्र जैसा प्रतीत होता है।

भारतीय समाज में इस प्रकार के विभाजन को बनाए रखने का प्रतिरोध करने के लिए उसके अभावग्रस्त अंगों के राजनीतिक संगठन को और अधिक सक्रिय बनाने की आवश्यकता है। यह बहुत चुनौती-भरा कार्य है—पर ताजा ऐतिहासिक घटनाक्रम इस दिशा में अनेक सफलताओं का साक्षी रहा है। केरल की शिक्षा के क्षेत्र में अति गौरवपूर्ण सफलता को ही लें। साक्षरता और प्राथमिक शिक्षा के प्रसार की दिशा में उस प्रान्त के राजनीतिक संगठनों की सक्रियता ने बहुत बड़ा योगदान दिया है। किसी सीमा तक दक्षिण एवं पश्चिम भारत में चले निम्न जातीय आन्दोलनों में एक विशेषता—साक्षरता प्रसार—की भी रही है। कुछ समय से अन्य क्षेत्रों में भी अनुसूचित जातियों, पिछड़ी जातियों—यहाँ तक कि अनुसूचित जनजातियों में भी संगठित होकर निर्णायक राजनीतिक कदम उठाने की चेतना जागृत हो रही है। इस राजनीतिक सक्रियता को व्यवस्था से बाहर रह गए लोगों के लिए प्राथमिक शिक्षा, सभी के लिए स्वास्थ्य, चिकित्सा की समुचित व्यवस्था और सामाजिक सुरक्षा एवं तद्विषयक सार्वजनिक सहायता व्यवस्था को मजबूत बनाने के लिए एक सशक्त आवाज का स्वरूप दे पाने का एक स्वर्णिम अवसर आज उपस्थित है। ग्रामीण भारत की राजनीतिक धारा की दिशा इस राजनीतिक विकास क्रम को आर्थिक विकास एवं सामाजिक अवसरों के सृजन की ओर ढालने में बहुत सहायक हो सकती है। पर यह सब कुछ इस बात पर निर्भर रहेगा कि यह वर्ग विशेष से जुड़ी राजनीति क्या केवल उस वर्ग के कुछ सदस्यों के लिए सरकारी नौकरी की माँग तक ही सीमित रह जाएगी अथवा यह सभी अभावग्रस्त पिछड़े वर्गों को प्रभावित करने वाले व्यापक मुद्दों से अपने आपको जोड़ पाएगी। ये मुद्दे हैं—शिक्षा, स्वास्थ्य व्यवस्था, सामाजिक सुरक्षा, भू-सुधार आदि। यही उन राजनीतिक दलों और आन्दोलनों के लिए एक वास्तविक चुनौती है जो समाज के पिछड़े वर्गों के प्रतिनिधि होने का दम भरते हैं।

---

1. यह विडम्बना ही है कि भारत के सत्तासीन वर्गों के अभिजात्यवाद एवं धार्मिक परम्पराओं ने भी इस राजनीतिक समस्या को और गहन बना दिया है। हिन्दू एवं इस्लाम, दोनों ही धर्मों में धार्मिक अभिजात्य-वर्गीयता के दर्शन होते हैं—एक में ब्राह्मण-पुरोहित तो दूसरे पर मुल्ला छाए रहते हैं। यद्यपि समय-समय पर इस प्रवृत्ति का विरोध भी हुआ है—कबीर ने तो दोनों (पंडित और मुल्ला) के वर्चस्व के विरुद्ध एक साथ ही संघर्ष का प्रयास किया था—किन्तु धर्म पर उनकी पकड़ बहुत मजबूत रही है। बौद्ध धर्म में समतावाद की गहरी छाप देखी जा सकती है। वस्तुतः हिन्दू या मुस्लिम देशों की अपेक्षा बौद्ध देशों में साक्षरता का स्तर बहुत सराहनीय है। थाईलैंड, श्रीलंका तथा म्याँमार इस कथन के अच्छे साक्ष्य हैं।

विषमताओं की गहनता एवं विस्तार

स्वतंत्रता के बाद से सामाजिक, आर्थिक विषमताओं को कम करने की दिशा में भारत की उपलब्धि बहुत निराशाजनक रही है। यद्यपि किसी-न-किसी प्रकार की 'समाजवादी' व्यवस्था की रचना को आर्थिक नीतियों के लक्ष्य के रूप में सर्वानुमति ही रही है किन्तु फिर भी भारतीय समाज को बुरी तरह से विभाजित कर रही विषमता की खाई को पाटने के लिए बहुत कम व्यावहारिक कदम उठाए गए हैं।

इन विषमताओं के अनेक स्वरूप एवं आयाम हैं। ये केवल आय और सम्पत्ति के अन्तर ही नहीं हैं। कितनी ही बार ये जाति, स्त्री-पुरुष भेदभाव और शैक्षणिक अन्तरों का रूप भी धारण कर लेती हैं। अभी तक सरकारी नीतियों में यदि कहीं विषमता के प्रति चेतना झलकती है तो वह आर्थिक विषमताओं के चिरपरिचित स्वरूप तक ही सीमित रह गई है—अर्थात् आय तथा भू-स्वामित्व की विषमता आदि को ही अहम मान लिया गया है। सम्भवतः इसके कारण यही रहे होंगे कि एक तो यह विषमताएँ बहुत स्पष्ट दिखाई पड़ जाती हैं, दूसरे, इनका मापन भी बहुत सुविधा से हो सकता है। किसी सीमा तक इन पर ध्यान दिया जाना उचित भी रहा है क्योंकि ये विषमताएँ इतनी विशाल हैं कि जहाँ समाज के अनेक सदस्यों को अगले वक्त की रोटी जुटाने के लिए भी निरंतर संघर्ष करना पड़ता है, वहीं कुछ लोग बहुत ऐयाशीपूर्ण जीवन बिता रहे हैं।

कभी-कभी यह भी दावा किया जाता है कि जब तक गरीबी में कमी आ रही है, इस बात पर ध्यान देना जरूरी नहीं होगा कि विषमताएँ कम हुईं या नहीं। इस तर्क का आसरा लेकर आर्थिक नीतियों में तथाकथित मध्यम वर्गों के प्रति 'पक्षपात' को उचित ठहराया जाता है। इस विचित्र-सी सामाजिक इकाई से, जिसमें किसी निश्चित आय स्तर से ऊपर के सभी लोगों को शामिल कर लिया जाता है, नीति निर्धारक बहुत आस लगाए बैठे हैं (भारत जैसे समाजवादी देश में उच्च वर्ग का तो कोई स्थान ही नहीं है)। उन्हें आशा है कि ये वर्ग आर्थिक प्रसार की उपभोक्तावादी संस्कृति के विस्तार से सहज ही गरीबी घटाते हुए भारत की अर्थव्यवस्था की संवृद्धि की गाड़ी का इंजन सिद्ध होंगे। यदि व्यक्ति के क्षेम-मंगल का एक-मात्र आधार उसकी आय का आकार होता तो इस मत को किसी सीमा तक व्यावहारिक माना जा सकता था। किन्तु जब कुशलमंगल को हम मूलभूत योग्यताओं-क्षमताओं के रूप में परिभाषित करते हैं तो निजी आय इस क्षेत्र के स्तर को संवर्धित करने में सहायक अनेक कारकों में से केवल एक होकर रह जाती है। यदि गरीबी का स्तर पूर्ववत् ही रहे, तो भी आर्थिक विषमताएँ समाज के पिछड़े वर्गों की अनेक क्षमताओं को प्रत्यक्षतः कुंठित कर देती हैं। इन क्षमताओं में आत्मसम्मान की भावना, हिंसा से बच पाने की क्षमता तथा सामाजिक एवं राजनीतिक कार्यों में भागीदारी

प्रमुख होती है। गरीबी और भूखे लोगों को भी इस प्रकार की समताकारी क्षमताएँ बहुत मूल्यवान प्रतीत होती हैं।

विषमताओं और कुशल-क्षेम के इस प्रत्यक्ष संबंध के अतिरिक्त भी अनेक प्रभाव होते हैं। आर्थिक विषमताओं के उच्च स्तर के कारण समाज की बहुमूल्य क्षमताओं के संवर्धन की योग्यता अप्रत्यक्ष रूप से भी दुष्प्रभावित होती है। आर्थिक गैर-बराबरी से सामाजिक जीवन का स्वरूप, राजनीतिक प्रक्रियाओं का चरित्र और सरकार की प्राथमिकताएँ, सभी कुछ बदल जाता है। विषमता सामाजिक तनाव का एक बहुत बड़ा कारण बन सकती है। इससे हिंसा जन्म ले सकती है। ब्राज़ील, दक्षिण अफ्रीका, संयुक्त राज्य अमेरिका और भारत के बिहार प्रान्त में हिंसा के बहुत ऊँचे स्तर का एक कारण यह भी है कि इन सभी क्षेत्रों में विषमताओं की पैठ भी बहुत ही गहरी बनी हुई है। हमने पिछले भाग में भी इस बात की चर्चा की थी कि विशेषाधिकार-सम्पन्न वर्ग अपने निजी हितों के संरक्षण के लिए सरकार पर इस प्रकार का राजनीतिक दबाव बनाए रखता है कि वह सामाजिक सुअवसरों के फैलाव के निमित्त अपनी सकारात्मक भूमिका का सहज निर्वहन नहीं कर पाती। दूसरी ओर, यदि विषमताएँ कम हों तो लोग मिलजुलकर अपने साँझे लक्ष्यों की प्राप्ति के लिए प्रयास कर पाते हैं—इनके फलस्वरूप साँझी सुविधाओं आदि का निर्माण सम्भव हो जाता है। ग्राम स्तर पर भी आर्थिक एवं सामाजिक विभाजनों का सामुदायिक कार्यों के माध्यम से साँझी सुविधाओं की व्यवस्था कर पाने पर गहरा प्रभाव पड़ता है।

भारत में जहाँ कहीं आर्थिक विषमताओं को कम करने का प्रयास हुआ है—वहाँ उन बाजार प्रक्रियाओं पर ही प्रहार किया गया है जिन्हें इन विषमताओं के लिए उत्तरदायी मान लिया गया है। इस प्रकार की नीतियों के उदाहरणस्वरूप हम बटाईदारी व्यवस्था पर कानूनी रोक, महाजनी पर नियंत्रण, न्यूनतम मजदूरी व्यवस्था, निजी व्यवसाय के प्रसार पर रोक, भाड़ा नियंत्रण कानून और आदिवासियों की भूमि खरीदने आदि की चर्चा कर सकते हैं। यदि इनमें से कुछ नीतियों की सही रचना एवं क्रियान्वयन हो तो ये विषमता-निवारण में बहुत सहायक हो सकती हैं। रोजगार नीतियों में सकारात्मक विभेद तथा मजदूरी की न्यूनतम दर को बाजार दर में ऊपर उठाने के पक्ष में आय के पुनः वितरण के विचार पर आधारित बहुत ही सटीक तर्क दिए जा सकते हैं।

किंतु इस बात को भी नहीं भूलना चाहिए कि बाजार में विनिमय व्यवस्था के साथ छेड़खानी को आय पुनःवितरण की नीति का आधार मान बैठना भी बहुत उचित नहीं होगा—इन छेड़खानियों द्वारा पुनःवितरण की सीमाएँ बहुत ही संकुचित रहती हैं। निजी स्वामित्व पर आधारित बाजार व्यवस्था में विषमता की बुनियाद बाजार के लेन-देन में निहित नहीं होती—वस्तुतः यह बुनियाद गैर-बराबरीपूर्ण स्वामित्व

पर आधारित लेन-देन पर टिकी हुई है। इसी कारण से आर्थिक एवं विधायी नीतियों द्वारा संसाधन स्वामित्व में परिवर्तन और वैकल्पिक आबंटन व्यवस्था की रचना किए बिना विनिमय व्यवस्था से छेड़छाड़ बेकार सिद्ध होती है। कभी-कभी तो इसके परिणाम उलटे भी हो जाते हैं। एक तो इस प्रकार की नीतियों की दक्षता लागत बहुत अधिक होती है और उसका भार समाज के अभावग्रस्त वर्गों को भी उठाना पड़ता है। यह सभी जानते हैं कि किराएदारों की रक्षा के लिए बनाए गए कानूनों से अक्सर किराए योग्य सम्पत्तियों की आपूर्ति को गहरा धक्का पहुँचता रहा है। इस कारण केवल गृहस्वामी ही नहीं, किराए पर मकान चाहनेवालों को भी बहुत परेशानियाँ उठानी पड़ती हैं। दूसरे, इन नीतियों से प्रत्याशित पुनः वितरण भी अक्सर निराशाजनक ही सिद्ध होता है। एक क्रेतावादी व्यवस्था में तो न्यूनतम मजदूरी दर का निर्धारण विशेष रूप से आय के पुनःवितरण का माध्यम बन सकता है—किंतु, यदि मजदूरी दर को बहुत ज्यादा बढ़ा दिया गया तो फिर श्रम के स्थान पर मशीनों के प्रयोग को बढ़ावा मिलता है और इसके कारण व्यापक बेरोजगारी की समस्या और गंभीर स्वरूप धारण कर लेती है। केरल के ग्रामीण क्षेत्रों में श्रम-सघन बागान उद्योगों का ह्रास और उसके कारण बेरोजगारी में हुई भारी वृद्धि इसी प्रकार की सम्भावनाओं की ओर संकेत करती है। तीसरी बात यह भी है कि अनेक दशाओं में बाजार व्यवस्था में भागीदारी समाज के अभावग्रस्त वर्गों के लिए सामाजिक उत्पीड़न से मुक्ति का माध्यम बन सकती है। बाजार में अपना श्रम बेच पाने की सम्भावनाओं ने अनेक क्षेत्रों में कितने ही कृषि श्रमिकों को परम्परागत बंधनों (जैसे बँधुआ मजूरी) तथा सामन्ती दमन चक्र के पाश से मुक्ति दिलाई है। अतः पुनः वितरणकारी नीतियों को बाजार विनिमय की इन विमुक्तिकारी सम्भावनाओं पर भी उसकी शोषणात्मक विशेषताओं के साथ ही विचार करना होगा। इस सम्बन्ध में अन्तिम बात यह है कि बाजार व्यवस्था में व्यापक हस्तक्षेप अन्ततः नौकरशाही के नियंत्रण का रूप ले लेता है। यह अपने आपमें बहुत ही विषमताकारी हो सकता है। यही नहीं, ये नौकरशाही नियंत्रण विषमताओं को घटाने के स्थान पर उन्हें बढ़ावा देने का कारण भी बन सकते हैं।

बाजार व्यवस्था से छेड़छाड़ द्वारा पुनः वितरण की नीतियों की इन समस्याओं के परिप्रेक्ष्य में हमें अन्य वैकल्पिक (सहयोगी या प्रतिपूरक भी) नीतियों पर भी विचार करना चाहिए। एक स्वाभाविक विचारणीय नीति भूमि के पुनः वितरण द्वारा समाज में स्वामित्व व्यवस्था में बदलाव हो सकती है। स्वामित्व-परिवर्तन पर आश्रित पुनः वितरण नीतियों का एक लाभ यह भी होता है कि इनके क्रियान्वयन की दक्षता लागत विनिमय पर आधारित पुनः वितरण की अपेक्षा बहुत कम होती है। वस्तुतः भू-पुनः वितरण की नीतियों के दक्षता प्रभाव बहुत ही सकारात्मक भी हो सकते हैं। अपनी भूमि पर छोटा किसान अधिक मेहनत से कार्य करेगा—यह विचार

ही अक्सर दक्षता के आधार पर भू-पुनः वितरण की नीति के लिए बहुत सशक्त आधार बन जाता है।

भूमि सुधार जैसी पुनःवितरण नीतियों को लागू करने के लिए बहुत ही अधिक राजनीतिक साहस की आवश्यकता होती है। इसका कारण यही है कि वर्तमान भू-स्वामियों का विशिष्ट वर्ग पूरे दम से इन नीतियों का विरोध करता है। पर पश्चिम बंगाल और केरल का अनुभव बताता है कि भू-सुधारों को पूरे गाम्भीर्य से लागू करने में सक्षम राजनीतिक वातावरण की रचना इतनी कठिन भी नहीं होती। जहाँ तक भूमि के कुल पुनःवितरित क्षेत्रफल का प्रश्न है, इन प्रान्तों में लागू किए गए सुधार कुछ विशेष महत्त्वपूर्ण नहीं लगते, फिर भी लाखों किसानों को अब न्यूनतम भू-अधिकारिता सुलभ हो गई है। इसके कारण से उनकी आर्थिक सुरक्षा की भावना में वृद्धि, आत्मविश्वास एवं सम्मान का संवर्धन और उनकी सौदा शक्ति का प्रसार बहुत ही महत्त्वपूर्ण रहा है। इस विचार का कोई आधार नहीं है कि जिस प्रकार के राजनीतिक वातावरण से इन राज्यों में ये सुधार लागू हो पाए हैं उनकी भारत के अन्य प्रान्तों में पुनरावृत्ति सम्भव नहीं है।

भूमि तो एक ऐसी सम्पत्ति है जिसका पुनः वितरण बहुत स्वाभाविक सा लगता है। किन्तु भारत में आर्थिक अवसर और अनेक परिसम्पदाओं (के विस्तृत स्वरूप) पर भी निर्भर करते हैं। ग्रामीण क्षेत्रों में भी अब भूमि का स्वामित्व ही सबसे बड़ा विषमताकारी कारक नहीं रह गया है। संगठित क्षेत्र में रोजगार, पर्यावरण सम्बन्धी संसाधन, शिक्षा सुविधाएँ तथा कम लागत पर साख की सुविधा आदि का समुचित वितरण ऐसे ही अन्य महत्त्वपूर्ण कारकों का समूह है। भू-पुनः वितरण के साथ आप इन कारकों पर आधिकारिता की 'परिसंपत्ति' के पुनः वितरण के अवसरों पर भी विचार होना चाहिए।

इन दिशाओं में कितनी प्रगति हो पाएगी यह तो नहीं कहा जा सकता पर इस बात पर हम अवश्य जोर देना चाहेंगे कि आय के पुनः वितरण पर ही केंद्रित आर्थिक विषमता का विचार सामाजिक विषमताओं के व्यापक वितान के एक छोर को छू भर पाता है। आय और व्यय ही नहीं स्वास्थ्य उपलब्धियाँ, साक्षरता स्तर, आत्मसम्मान जैसे और अनेक कारण मिलकर हमारी कुशल क्षेम की अनुभूति की रचना करते हैं। अतः ये सभी महत्त्वपूर्ण होंगे। केवल आय के अनुसार समाज के सदस्यों के विभाजनों पर ध्यान देना भी पर्याप्त नहीं रहता। जाति, स्त्री-पुरुष, आयु, व्यवसाय, शिक्षा स्तर तथा अन्य तत्सम्बन्धी विभाजनों का महत्त्व भी कम नहीं है। इनमें से कुछ विषमताएँ भले ही उतनी साफ-साफ दिखाई न पड़ें जितनी आय की विषमताएँ दीख जाती हैं, पर उनके दुष्प्रभाव किसी भी तरह से कम या कमजोर नहीं होते।

इन्हीं व्यापक समतावादी संचेतनाओं के सन्दर्भ में भारत की उपलब्धियाँ बहुत

ही निराशाजनक रही हैं। इन्हीं को लेकर बहुत कुछ किए जाने की सम्भावना और आवश्यकता भी है। अन्य देशों की ही भाँति आय की विषमताओं को कम कर पाना भारत में भी बहुत कष्टसाध्य है। इसका मुख्य कारण उत्पादिता और प्रतिफल के बीच बहुत सक्षम नाता नहीं होने पर उचित प्रेरणाओं (उनकी व्यवाहारिक रूप से कार्य कर पाने की कुशलता) का मुद्दा और सम्पन्न वर्ग का किसी भी व्यवस्था परिवर्तन का विरोध रहता है। किन्तु स्त्री-पुरुष के बीच भेदभाव, पिछड़ी जातियों के निरन्तर शोषण एवं उत्पीड़न, साक्षर-निरक्षर के बीच अन्तर, बाल श्रमिकों के पोषण आदि एवं अन्य विध्वंसकारी सामाजिक विषमताओं को सहन करते रहने का कोई कारण नहीं है। आर्थिक विषमता से जुड़े द्वैधाभास (समता एवं दक्षता के बीच सम्भावित टकराव) का इन विषमताओं से कुछ लेना-देना नहीं होता। कई बार तो पुनः वितरण का विचार आर्थिक दक्षता सहित अनेक सामाजिक लक्ष्यों की सम्प्राप्ति के साथ सहज भाव से जुड़ जाता है। स्त्री-पुरुषों के बीच भेदभाव में कमी से स्त्री वर्ग की सामाजिक भूमिका का विस्तार होगा। यह विस्तार-प्रसार सामाजिक परिवर्तन एवं आर्थिक सफलता में बहुत ही कारगर योगदान सिद्ध होता है। (देखें अध्याय-7)

प्राथमिक शिक्षा के सन्दर्भ में भी वितरण के प्रति सजगता और अन्य सामाजिक लक्ष्यों में सहज ही सामंजस्य आ जाता है। हमने पिछले भाग में ही देखा था कि शैक्षणिक सफलताओं में व्यापक विषमता भारत में भारी सामाजिक विषमताओं की एक परिणति एवं कारण भी है। उच्च शिक्षा व्यवस्था बहुत समुन्नत है किन्तु देश की जनसंख्या का बहुत बड़ा वर्ग पढ़-लिख भी नहीं पाता। इन शिक्षा सम्बन्धी विषमताओं के कारण अन्य कई प्रकार की सामाजिक विषमताएँ और प्रबल हो जाती हैं। अनेक अध्ययनों में जाति और साक्षरता का सम्बन्ध भी बहुत ही स्पष्ट रूप से उभरकर सामने आया है। (देखें 'भारत का विकास : कुछ प्रादेशिक अध्ययन') उत्तर प्रदेश और पश्चिम बंगाल में किए गए सर्वेक्षण यह बताते हैं कि किस प्रकार एक ही गाँव में कुछ विशेषाधिकार-सम्पन्न जातियों में तो दशकों से पूर्ण साक्षरता विद्यमान रही है, वहीं पिछड़ी जातियों में साक्षरता शून्यप्राय ही पाई गई है। नारी वर्ग के बारे में तो यह बात विशेष रूप से सही सिद्ध होती है। अतः भारत में निरक्षरता निवारण से न केवल शैक्षिक सफलताओं में अधिक समता का संचार होगा, बल्कि जाति, स्त्री-पुरुष भेद एवं अन्य वैयक्तिक लक्षणों पर आधारित सामाजिक वैषम्य कम करने में भी सहायता मिलेगी। शिक्षा के बहुआयामी व्यक्तिगत एवं सामाजिक प्रभाव होते हैं। इन्हीं के कारण व्यापक साक्षरता से अनेक सामाजिक एवं आर्थिक लक्ष्यों की सिद्धि में बहुत योगदान मिलेगा। समता एवं अन्य सामाजिक लक्ष्यों के बीच सहज सामंजस्य के कारण भारत में विषमता-निवारण की दृष्टि से प्राथमिक शिक्षा का प्रयास बहुत ही महत्त्वपूर्ण सिद्ध होगा।

सामाजिक विषमता एवं आर्थिक सुधार

हमारी अभी तक की चर्चा सामाजिक विषमता एवं आर्थिक सुधारों के सम्बन्धों के विवचेन में भी उपयोगी हो सकती है। भारत में बाजार व्यवस्था पर अधिक आश्रित होने के विचार के विरोध का एक कारण यह भय भी है कि कहीं समाज में पहले से व्याप्त विषमताएँ और गहरी एवं व्यापक न हो जाएँ। इस विषय पर गम्भीरतापूर्वक विचार करना आवश्यक है। हमने पहले भी यह बात उठाई है कि बेशक इसके साथ-साथ गरीबी का स्तर कम हो रहा हो किन्तु विषमता की वृद्धि अपने आप में एक सामाजिक विफलता ही मानी जाएगी। अतः जहाँ पहले से ही आर्थिक एवं सामाजिक विषमताएँ बहुत भयावह हों वहाँ तो इनके और संवर्धन की किसी भी आशंका को लेकर चिंतित होना उचित ही होगा।

फिर भी, हमारा विचार है कि विषमता-वृद्धि की आशंकाएँ अनेक कारणों से निर्मूल ही सिद्ध होंगी। वस्तुतः वे किसी गलतफहमी पर आधारित हैं और उन्हें बहुत बढ़ा-चढ़ाकर पेश किया जा रहा है। पहली बात तो यही है कि बाजार-आश्रित सुधार किस प्रकार से आर्थिक विषमता को बढ़ावा देंगे, यही बात समझ नहीं आती। ठीक है, बाजार द्वारा साधन आबंटन में कुछ विषमताएँ हो सकती हैं, पर नौकरशाही नियंत्रण, सार्वजनिक क्षेत्र की अकुशलता और व्यापार प्रतिबन्धों का स्वरूप भी कुछ कम विषमताकारी नहीं होता। व्यापार का उदारीकरण श्रम-प्रधान तकनीकों द्वारा उत्पादित भारतीय माल के निर्यात को बढ़ावा दे सकता है। इसका प्रभाव तो विषमताओं को कम ही करेगा। उदारीकरण के विषमताकारी प्रभावों के साथ-साथ इस प्रकार की विषमता निवारक सम्भावनाओं पर भी विचार होना चाहिए।

दूसरे, बाजारोन्मुखी सुधारों और सामाजिक विषमताओं के बीच सम्बन्ध केवल आय या व्यय के वितरण पर प्रभावों तक सीमित नहीं रहते। सुधारों के अन्य प्रकार के सामाजिक विभाजनों और विषमताओं पर पड़ने वाले प्रभाव भी उतने ही महत्त्वपूर्ण होंगे। यहाँ भी हमें कुछ सकारात्मक प्रभाव मिल सकते हैं। अनेक अध्येताओं ने स्पष्ट किया है कि किस प्रकार से रोजगार के अवसरों एवं स्वरूपों के विस्तार के कारण रूढ़ व्यावसायिक ढाँचे पर आधारित परम्परागत जातीय सामाजिक वर्गीकरण शिथिल पड़ने लगते हैं। इसी प्रकार किसी उत्तराधिकार या विरासत में मिले लक्षणों के स्थान पर जब समाज में आर्थिक उपलब्धियों को व्यक्ति की प्रतिष्ठा या सम्मान-पूर्ण स्थान का आधार स्वीकार कर लिया जाता है तो फिर स्वाभाविक रूप से परम्परागत वर्गानुगत सामाजिक विभाजन भी धूमिल पड़ने लगते हैं। यदि महिलाओं के लिए घर से बाहर कार्य करने के अवसरों में वृद्धि हो और घर के भीतर दायित्वों का विभाजन अधिक समतापूर्ण हो पाए तो श्रमप्रधान आर्थिक संवृद्धि से नारी जाति की दशा में भी बहुत सुधार की अपेक्षा की जा सकती है। यद्यपि यह बात तो

स्वयंसिद्ध ही है कि सामान्यतः समाज के सम्पन्न एवं प्रभावशाली वर्ग नए आर्थिक अवसरों का लाभ उठा पाने की बेहतर स्थिति में होते हैं—फिर भी हमने जिस प्रकार के समताकारी प्रभावों की सम्भावनाओं की चर्चा की है उन्हें आर्थिक सुधारों और सामाजिक समता के बीच सकारात्मक सम्बन्धों का परिचायक मानकर स्वीकार करना उपयोगी होगा।

तीसरी मुख्य बात यह है कि बाजारोन्मुखी सुधारों के समाज में व्याप्त विषमताओं पर प्रभाव बहुत हद तक इस बात पर निर्भर होंगे कि ये सुधार वास्तव में क्या हैं (क्या-क्या कदम इन सुधारों के नाम पर उठाए जाते हैं)। सामाजिक एवं आर्थिक नीतियों के अन्य आयाम भी इन प्रभावों को निश्चित रूप से प्रभावित करते हैं। यदि सुधारों का अर्थ यही रहे कि सभी नियंत्रण समाप्त कर बाजार को खुला छोड़ दिया जाए तो फिर इसके वितरणात्मक प्रभावों की दिशा का निर्धारण-पूर्वाकलन सम्भव नहीं रहता। दूसरी ओर, यदि आर्थिक नीतियाँ श्रमसघन उत्पादक गतिविधियों के सम्पोषण पर बल दें, पिछड़े वर्गों के सदस्यों की आर्थिक संवृद्धि से जुड़े कार्यों में भागीदारी सुनिश्चित करें, अतिरिक्त अर्जित संसाधनों का प्रयोग कर सामुदायिक सुविधाओं का विस्तार करें और सामाजिक सुरक्षा व्यवस्था का विकास करें तो यह सुधारों की प्रक्रिया निश्चित रूप से समाज से विषमता और गरीबी दोनों का निवारण कर पाने का एक बहुत अच्छा साधन बन जाएगी।

संक्षेप में कहा जा सकता है कि आर्थिक सुधारों और सामाजिक विषमताओं के बीच किसी प्रकार का पूर्वनिर्धारित सम्बन्ध नहीं होता। व्यापक सामाजिक भागीदारी से ओतप्रोत संवृद्धि-प्रक्रिया और दिशाविहीन उदारीकरण के बीच बहुत सोच समझ-कर चुनाव करने की आवश्यकता है।

मौलिक समता, सामाजिक सुरक्षा तथा स्वास्थ्य सुविधाएँ

भारत में सामाजिक एंवं आर्थिक विषमताओं के निर्मूलन के कार्य में सामाजिक सुरक्षा व्यवस्था को और सुदृढ़ करने का अपना महत्त्व होगा। इस सामाजिक सुरक्षा व्यवस्था से हमारा अभिप्राय उस सामाजिक सुरक्षा व्यवस्था से है जो समाज के सभी सदस्यों को अतिवंचना और असुरक्षा की भावना से बचा सके। वास्तव में जो लोग अत्यंत असुरक्षित परिस्थितियों में निर्वाह कर रहे हों, पराश्रित हों, उनके लिए अपनी दुर्दशा के लिए उत्तरदायी विषमताओं को चुनौती दे पाना बहुत सरल नहीं होता। यदि सामाजिक सुरक्षा के अंतर्गत जीवन निर्वाह की स्वतंत्र व्यवस्था विद्यमान हो तो फिर ग्रामीण श्रमिक शोषणपूर्ण रोजगार सम्बन्धों का प्रतिरोध कर पाने की स्थिति में आ जाएँगे, फिर दलित जातियाँ अपमानजनक कार्यों से ऊपर उठ पाएँगी, और नारियाँ भी पुरुष वर्चस्ववादी व्यवस्था को चुनौती दे पाएँगी। जब सभी नागरिकों को आवश्यक अधिकारिताएँ अपने सामान्य नागरिक अधिकार के रूप में सुलभ

होंगी तभी समाज में सभी व्यक्तियों के एक समान होने के विचार को वास्तविक स्वीकार्यता प्राप्त हो पाएगी। जब गलियों में बेरोजगारों की भीड़ हो, भूखे बच्चों की कतारें हों, जीर्णशीर्ण भिखारी जहाँ-तहाँ पड़े हों, परित्यक्ता विधवाओं का क्रन्दन हो रहा हो और अनेक प्रकार की बीमारियों के शिकार लोगों को उनके अपने हाल पर (मरने के लिए) छोड़ दिया गया हो, तो फिर सभी मनुष्यों के समान होने का दावा हास्यास्पद एवं खोखला प्रतीत होता है। सामाजिक सुरक्षा व्यवस्था के बिना सामाजिक न्याय की बात करना भी निरर्थक होता है।

सामाजिक सुरक्षा व्यवस्था सुदृढ़ करने के तर्क दो प्रकार के होते हैं—एक तो मानव मात्र की मूलभूत समता का उल्लिखित विचार ही है तथा दूसरा इस व्यवस्था से लाभान्वित होने वाले लोगों के क्षेम-मंगल पर पड़ने वाले प्रत्यक्ष प्रभाव हैं। इन व्यवस्थाओं की रचना में हस्तक्षेप के समुचित माध्यमों की उपयुक्तता पर ध्यान देना बहुत जरूरी होगा। अनेक उन्नत देशों ने राजकोषीय बजट तथा प्रशासनिक व्यवस्था के सहारे कई कार्यक्रमों पर आधारित प्रभावपूर्ण सामाजिक सुरक्षा व्यवस्थाओं की रचना की है। इन कार्यक्रमों में से उल्लेखनीय इस प्रकार हैं : बेरोजगारी भत्ता, स्वास्थ्य बीमा और वृद्धावस्था पेंशन। भारत में इन्हीं नीतियों को अपनाने के सन्दर्भ में वित्तीय, प्रशासनिक और प्रेरणा सम्बन्धी समस्याएँ बहुत महत्त्वपूर्ण रूप धारण कर इन्हें सामाजिक सुरक्षा का प्रभावशाली आधार नहीं बनने देतीं।

परन्तु, अक्सर किसी भी समस्या का सामना करने के लिए कोई-न-कोई और वैकल्पिक मार्ग सूझ ही जाता है। यदि भारत में ग्रामीण बेरोजगारी का समाधान बेरोजगारी भत्ते द्वारा सम्भव नहीं हो तो फिर श्रमप्रधान तकनीकों द्वारा सार्वजनिक निर्माण कार्यों का रास्ता अपनाने से भी उस समस्या से निपटने में बहुत सहायता मिल सकती है। इन कार्यक्रमों का वित्तीय भार बेरोजगारी भत्ते की अपेक्षा कम रहता है, प्रेरणाओं पर कुप्रभाव भी कम पड़ता है और इन्हें लागू कर पाना भी प्रशासनिक दृष्टि से सुविधाजनक रहता है। जिसके पास कोई और बेहतर रोजगार नहीं होता, वही व्यक्ति इन पर काम करने के लिए आते हैं। भू-अधिकारिता, स्वास्थ्य सेवा, सार्वजनिक वितरण व्यवस्था, जल-आपूर्ति, साख सहायता तथा स्कूलों में बच्चों को भोजन देना आदि ऐसे कदम हो सकते हैं जो भारत में बहुत सार्थक और कारगर सिद्ध होंगे।

भारत में सामाजिक सुरक्षा का एक पहलू स्वतंत्रता के बाद से बहुत ही सफल रहा है। यह है अकाल से बचाव। यह सफलता सबसे पहला संकेत तो यही देती है कि लोकतांत्रिक व्यवस्था में ऐसे किसी संकट के निवारण के लिए प्रयास करना एक राजनीतिक विवशता भी होती है। जब अकाल की आशंका हो तो मतदाताओं के प्रति उत्तरदायी सरकार कुछ करने की माँग को अनसुना कर पाने का साहस नहीं जुटा पाती। यदि ऐसा दुस्साहस होता है तो फिर अगले ही

चुनाव में अकालपीड़ित मतदाता उसे सहज ही सबक सिखा देते हैं। भारत में अकालों से बचाव में सफलता में एक बहुत अच्छी तरह से बनाई गई सार्वजनिक हस्तक्षेप व्यवस्था का बहुत योगदान रहा है। दुष्प्रभावित होनेवाले वर्गों की अन्न अधिकारिता को अक्षुण्ण रख पाने वाली यह व्यवस्था मुख्यतः बड़े पैमाने पर (प्रभावित क्षेत्रों में) रोजगार कार्यक्रमों पर आधारित रही है। इन कार्यक्रमों का क्रियान्वयन कई बार बहुत ही अव्यवस्थित रहा है, किन्तु स्वतंत्रता के बाद कई बार ये कार्यक्रम अकालों को भीषण रूप धारण करने से रोक पाने में बहुत ही सफल सिद्ध हुए हैं। यह अनुभव हमें बताता है कि गरीब देशों में भी कुछ प्रकार के सामाजिक सुरक्षा प्रावधान किए जा सकते हैं—बस, सरकार को उचित कदम उठाने के लिए बाध्य करने वाले कारक विद्यमान होने चाहिए।

किन्तु समाज में चले आ रहे चिरन्तन अभावों और वंचनाओं का सामना करने के लिए उपयुक्त सामाजिक सुरक्षा व्यवस्था की रचना कोई सरल कार्य नहीं है। इसमें दो प्रकार की कठिनाइयाँ आती हैं—एक तो अकाल जैसी भयावहता का सामना करने के लिए सामाजिक चेतना को झिंझोड़ना अपेक्षाकृत बहुत सहज होता है जबकि निरन्तर कुपोषण की भयावहता को इतनी सहजता से समझा पाना सम्भव नहीं होता। दूसरे, अकाल जैसी समस्याएँ अस्थायी एवं स्पष्ट होती हैं, उनका सामना करने की नीतियों के परिणाम भी साफ-साफ और तुरन्त दिखाई देने लगते हैं। किन्तु चिरन्तन अभावों का निराकरण अपने साथ में बहुत दुरूह कार्य है—साथ ही किसी भी उपाय के तुरन्त बाद कोई विशेष प्रभाव सहज ही नहीं दिखाई पड़ते। अतः इन समस्याओं का सामना करने का कार्य अति दुःसाध्य हो जाता है। फिर भी, जैसे कि महाराष्ट्र राज्य की रोजगार गारंटी योजना की सफलता से सिद्ध हुआ है, ऐसे मामलों में भी सार्वजनिक रोजगार कार्यक्रम काफ़ी प्रभावी सिद्ध हो सकते हैं। अन्य राज्यों में भी कई प्रकार की नीतियाँ अपनाई गई हैं और उनसे अभाव निवारण में बहुत सहायता भी मिली है। जैसा हमने पहले भी कहा है, केरल एवं पश्चिम बंगाल के भूमि सुधार कार्यक्रम जहाँ मूलरूप से किन्हीं समतावादी उद्देश्यों से प्रेरित रहे हैं, वहीं उनके द्वारा सामाजिक सुरक्षा के उद्देश्य की पूर्ति भी हुई है। कुछ वर्षों से तमिलनाडु सरकार ने भी सामाजिक सुरक्षा की दिशा में बहुत दूरगामी प्रयास आरम्भ किए हैं। इनमें स्कूली बच्चों को भोजन, नए तरीके की पेंशन योजनाएँ, अच्छी स्वास्थ्य सुविधाएँ और उनसे जुड़े अनेक कार्य सम्मिलित हैं। ये तथा इसी प्रकार के अनेक प्रयास अन्य राज्यों के लिए प्रेरणा के स्रोत हो सकते हैं। बँगला देश का ग्रामीण बैंक तथा गुजरात की संस्था 'सेवा' (सेल्फ-एम्पलाएड विमेन्स एसोसिएशन) आदि भी इस बात के प्रमाण हैं कि किस प्रकार विचारपूर्ण साख व्यवस्था असुरक्षा की भावना को कम कर सकती है।

सरकारी हस्तक्षेप का एक अन्य स्वरूप, जो सामाजिक सुरक्षा की भावना को

सबल बनाने में बहुत सहायक होता है, स्वास्थ्य एवं चिकित्सा व्यवस्था है। इसके योगदान पर बहुत ज्यादा बल दिया जाना आवश्यक है। भारत जैसे देश में बीमारियाँ स्वाभाविक रूप से मानवीय अभावों और आर्थिक असुरक्षा का कारण बन जाती हैं। इनका प्रभाव केवल रोगी एवं उस पर प्रत्यक्षतः आश्रित परिजनों पर ही नहीं पड़ता, समाज के अन्य सदस्यों को भी बढ़ी हुई मृत्यु की सम्भावना की काली छाया को झेलना पड़ता है–उनके जीवन-यापन की दशाएँ भी अवश्य दुष्प्रभावित होती हैं (इसका कारण यही है कि सामान्यतः ये बीमारियाँ आसपास में फैलने का खतरा साथ लिए आती हैं–मलेरिया, मस्तिष्क ज्वर आदि)। चिकित्सा क्षेत्र में निजी सेवाओं की दशा तो सभी जानते ही हैं। सामाजिक सुरक्षा के लक्ष्यों की सम्प्राप्ति के लिए एक सुविकसित एवं सुदृढ़ सार्वजनिक चिकित्सा एवं जनस्वास्थ्य व्यवस्था का गठन बहुत आवश्यक है।

इस क्षेत्र में अभी भारत को बहुत कुछ करना बाकी है। यहाँ बहुत साहसपूर्ण एवं व्यापक सुधार होने चाहिए। अन्य विकासशील देशों की तुलना में भी भारत की स्वास्थ्य सफलताएँ आभाहीन ही प्रतीत होती हैं, जबकि यहाँ सकल राष्ट्रीय उत्पाद का एक अच्छा खासा भाग (निजी एवं सरकारी व्यय को मिलाकर) स्वास्थ्य व्यवस्था पर खर्च हो रहा है। संसाधनों के व्यय और सफलताओं के न्यून स्तर के लिए मुख्यतः ग्रामीण क्षेत्रों में सार्वजनिक स्वास्थ्य सेवाओं की दुर्गति उत्तरदायी है। कुछ राज्यों में तो इस व्यवस्था के नाम पर सूने पड़े प्राथमिक चिकित्सा केन्द्र, गन्दगी से भरे दवाखाने, पूरी तरह लगन से शून्य डॉक्टर और अराजकताग्रस्त अस्पतालों के अतिरिक्त और कुछ नहीं दिखाई पड़ता।

जन-स्वास्थ्य व्यवस्था को बेहतर बनाने के लिए हाल ही के वर्षों में कुछ महत्त्वपूर्ण कार्य आरम्भ किए गए हैं। बच्चों के टीकाकरण की दिशा में, बहुत समय से वांछित कार्यक्रम की शुरुआत एक शुभ लक्षण है। इसके कारण बालमृत्यु दर में काफी तेजी से कमी आने के प्रमाण भी मिलने लगे हैं। किन्तु दूसरी ओर जन-स्वास्थ्य व्यवस्था के मूल ढाँचे के प्रति लापरवाही के कारण उसके शिथिल पड़ने या बिखरने के चिन्ताजनक संकेत भी मिल रहे हैं। इसका एक प्रमाण तो यही है कि स्वास्थ्य की देखभाल के स्थान पर स्त्रियों के बंध्याकरण पर आधारित परिवार नियोजन कार्यक्रम लेता जा रहा है।

अनेक अध्ययनों से यही निष्कर्ष निकल रहा है कि ग्रामीण क्षेत्रों में स्वास्थ्य सेवाओं में अधिकतर राज्य परिवार नियोजन को ही प्राथमिक मान रहे हैं। इस कारण से अन्य सभी स्वास्थ्य एवं चिकित्सा सेवाएँ गौण ही नहीं होती जा रहीं, वरन् समाप्त हो रही हैं। एक अध्येता के अनुसार तो सारा ग्रामीण स्वास्थ्य सेवा तंत्र बस परिवार नियोजन में ही जुटा हुआ है। राजस्थान में तो स्वास्थ्य सेवाओं के क्षेत्र में सरकारी योगदान की एकमात्र पहचान परिवार नियोजन रह गया है।

महाराष्ट्र में इसी प्रकार सहायक नर्सों-दाइयों के एक सर्वेक्षण से ज्ञात हुआ है कि वहाँ भी सबसे अधिक प्राथमिकता का कार्य परिवार नियोजन ही है। उत्तर प्रदेश में तो स्पष्ट निर्देश हैं कि दिसम्बर से मार्च की अवधि, (जो कि परिवार नियोजन कार्यक्रम को बढ़ावा देने का प्रमुख समय होता है) में मातृ एवं शिशु स्वास्थ्य से जुड़े सारे कर्मचारियों को पूरी तरह से परिवार नियोजन के लक्ष्यों की पूर्ति में जुट जाना चाहिए। एक अन्य अध्ययन के अनुसार, "उत्तर प्रदेश में बंध्याकरण लक्ष्यों की प्राप्ति को सर्वाधिक प्राथमिकता दी जा रही है–यहाँ तक कि यह अब स्वास्थ्य विभाग की एकमात्र प्राथमिकता बनकर रह गया है। अब तो वहाँ परिवार नियोजन का जोश आक्रामक स्वरूप धारण कर चुका है। सारा विभाग इस कदर बंध्याकरण लक्ष्यों की प्राप्ति में जुटा है कि शेष सभी स्वास्थ्य सेवाएँ ध्वस्तप्राय हो रही हैं।" आन्ध्र प्रदेश में तो स्वास्थ्य संगठनों में प्रत्येक स्तर पर परिवार नियोजन बुरी तरह हावी हो रहा है–यहाँ तक कि सहायक नर्सें-दाइयाँ बच्चे जनाने का कार्य बीच में छोड़कर भी किसी अन्य क्षेत्र का बंध्याकरण करवाने के लिए दौड़ पड़ती हैं। चार राज्यों के अध्ययनों से यही पता चल रहा है कि प्रशासन के उच्चतम से निम्नतम स्तर तक प्रत्येक अधिकारी केवल बन्ध्याकरण लक्ष्यों की बात कर रहा है। स्वास्थ्यकर्मी किसी को बन्ध्याकरण के लिए प्रेरित करने में व्यस्तता का बहाना बनाकर और सभी कार्यों को अनदेखा कर रहे हैं। गुजरात में भी एक क्षेत्रीय अध्ययन का निष्कर्ष है : सारी प्राथमिक स्वास्थ्य सेवा व्यवस्था, गाँव, तालुका और जिला स्तर का प्रशासन, जिसमें सभी शिक्षक, अधिकारी और गैर अधिकारी भी शामिल हैं, बस एक कार्य में जुटे हुए हैं–परिवार नियोजन के लक्ष्यों की प्राप्ति। विश्व बैंक का भी आकलन है कि स्वास्थ्य नीति इस प्रकार बनाई गई है कि सभी स्वास्थ्यकर्मियों में से आधे तो अवश्य परिवार नियोजन सेवाओं में ही लगे रहते हैं। ये सभी तथ्य बहुत ही सनसनीखेज हैं–ये इस बात का स्पष्ट संकेत भी दे रहे हैं कि सारी स्वास्थ्य नीति को लेकर पुनः विचार एवं चिन्तन की आवश्यकता है।

भारत के सभी राज्यों में स्वास्थ्य सेवा और सार्वजनिक सुरक्षा व्यवस्था ऐसी ही दुर्दशा की शिकार नहीं हो रही। केरल का रिकार्ड बहुत ही सराहनीय है, इसी कारण उस राज्य में जीवन-आशा में निरन्तर भारी सुधार होकर अब उसका स्तर 72 वर्ष तक पहुँच चुका है। कुछ अन्य राज्यों में भी महत्त्वपूर्ण कदम उठाए जा रहे हैं। तमिलनाडु में बाल पोषण, महाराष्ट्र एवं गुजरात में रोजगार गारंटी, हिमाचल प्रदेश में प्राथमिक शिक्षा, आन्ध्र प्रदेश में सार्वजनिक वितरण व्यवस्था और पश्चिम बंगाल में भूमि सुधार इसी तथ्य के उदाहरण हैं। इसके विपरीत उत्तर भारत के विशाल प्रदेशों (उत्तर प्रदेश, बिहार, मध्य प्रदेश और राजस्थान), जहाँ अनेक दृष्टियों से सबसे अधिक काम किए जाने की आवश्यकता है, वहाँ सामाजिक सुरक्षा व्यवस्था के विकास के प्रति सबसे अधिक प्रतिरोध की भावना दृष्टिगोचर हो रही है–अर्थात्

इस दिशा में कार्य करने की कोई उत्सुकता किसी भी स्तर पर दिखाई नहीं पड़ रही।

यह भी बहुत ही महत्त्वपूर्ण बात है कि जिन प्रदेशों में इस दिशा में सबसे अधिक सरगर्मी दिखाई पड़ रही है, वहाँ ये कदम चुनावी राजनीति की मजबूरियों के कारण ही उठाए गए हैं। तमिलनाडु की स्कूली भोजन व्यवस्था, प. बंगाल के भू-सुधार और आंध्र की सार्वजनिक वितरण व्यवस्था चुनावी विवाद के सबसे अधिक चर्चित विषय रहे हैं। इसके विपरीत उत्तरी भारत के बड़े-बड़े राज्यों में चुनावी चर्चाओं एवं राजनीतिक दलों के कार्यक्रमों में सामाजिक सुरक्षा जैसे मुद्दों को कोई स्थान नहीं मिल पाता। वहाँ तो चुनावी राजनीति भी तरह-तरह की गुटबाजियों, व्यक्तियों की महत्त्वाकांक्षाओं के आधार पर राजनीतिक मोर्चों के गठन और विघटन में इस कदर व्यस्त है कि कुपोषण, निरक्षरता, बेरोजगारी या बीमारियों जैसे मुद्दों पर ध्यान देने के लिए उनके पास समय ही नहीं बचता।

उत्तरी भारत की राजनीति में सामाजिक मुद्दों के नितान्त लोप और वहाँ की व्यापक निरक्षरता के बीच भी एक बहुत गहरा सम्बन्ध नजर आता है। राजनीतिक प्रक्रिया में प्रभावी भागीदारी के लिए साक्षर होना कोई पूर्व शर्त तो है नहीं (प. बंगाल के इस विषय से जुड़े अनुभव पर हमने अध्याय-3 में चर्चा की थी), किन्तु इसमें सक्रिय रूप से भाग लेने के लिए साक्षरता अवश्य जरूरी हो जाती है। अपेक्षाकृत अधिक साक्षर प्रदेशों में समाज के पिछड़े एवं अभावग्रस्त वर्ग अपनी आवश्यकताओं को राजनीतिक कार्यक्रमों और घोषणा पत्रों में स्थान दिला पाने में बहुत सफल रहे हैं। केरल का उदाहरण तो बहुत ही सटीक है। इस प्रान्त में बहुत पहले ही साक्षरता का स्तर बहुत ऊँचा हो गया था। उसी से वहाँ की जनता को स्वास्थ्य व्यवस्था, सामाजिक सुरक्षा, सार्वजनिक वितरण और शिक्षा के व्यापक प्रसार में सरकार द्वारा बड़े पैमाने पर प्रयास की माँग करने की शक्ति मिली है। यही प्रक्रिया अब दक्षिण भारत के अन्य राज्यों में भी बलवती हो रही है।

इसके विपरीत उत्तरी भारत के पिछड़े हुए राज्यों में सारी राजनीति विशेषाधिकारों और जातिवादी मुद्दों के इर्दगिर्द ही घूम रही है। चुनाव के समय अवश्य निरक्षर मतदाताओं को भी अपनी आवाज बुलन्द करने का अवसर मिल जाता है। उन्होंने समय-समय पर बहुत ही समझदारी से अपने मताधिकार के प्रयोग द्वारा अपने विचारों की उद्घोषणा भी की है। एक उदाहरण तो 1977 का चुनाव ही था—जबकि आपात्काल की ज्यादतियों के लिए उत्तरदायी शासक दल को भारी पराजय का 'पुरस्कार' इसी अनपढ़ मतदाता ने दिया था। किंतु चुनावों के बीच के अन्तराल में केवल अधिक मुखर उच्च जातियों, बड़े किसानों और शहरी मध्यमवर्ग की माँगें ही सारी राजनीति पर हावी रहती हैं—समाज के अभावग्रस्त वर्गों की आवश्यकता की ओर ध्यान ही नहीं दिया जाता।

ये टिप्पणियाँ हमें फिर इसी तथा तीसरे अध्याय में उठाए गए सामान्य मुद्दों की ओर खींच रही हैं–वे मुद्दे हैं (1) आर्थिक प्रक्रिया में राजनीति की केन्द्रीभूत भूमिका (विकास प्रक्रिया में सामाजिक सुरक्षा की व्यवस्था का अपना ही अत्यन्त महत्त्वपूर्ण स्थान रहता है); (2) अभावग्रस्त समूहों के अधिक प्रभावपूर्ण राजनीतिक संगठन की आवश्यकता; और (3) राजनीतिक गतिविधियों में सफल भागीदारी में प्राथमिक शिक्षा का योगदान।

स्थानीय स्वशासन एवं सामाजिक सुधार

मौलिक रूप से समता एवं न्यूनतम सामाजिक सुरक्षा व्यवस्था की रचना के लिए जिन सार्वजनिक प्रावधानों की आवश्यकता होती है, वे वस्तुतः स्थानीय सेवाएँ ही हैं। प्राथमिक विद्यालय भी स्थानीय जनता को उपलब्ध सुविधा ही है। यही बात प्राथमिक चिकित्सा/स्वास्थ्य केन्द्र, उचित दर दुकान और श्रम प्रधान सार्वजनिक निर्माण कार्यों आदि अन्यान्य प्रकल्पों पर भी लागू होती है।

इन सभी का कुशल संचालन एवं प्रबन्धन स्थानीय स्वशासन स्तर पर विश्वास योग्य संस्थाओं की विद्यमानता पर ही निर्भर रहता है। उदाहरण के लिए, ग्रामीण स्कूलों से अध्यापकों के अनुपस्थित रहने की अक्सर शिकायतें आती हैं–पर क्या इस समस्या का कोई समाधान सबसे निकटस्थ संस्था–अर्थात् स्थानीय जन समुदाय के सहयोग के बिना सम्भव हो सकता है ? सम्बन्धित माता-पिताओं एवं स्थानीय लोगों के लिए अध्यापकों के व्यवहार पर नजर रखना सहज भाव से सम्भव है। किन्तु इस विशेष जानकारी का प्रयोग कर समस्या का समाधान करने के लिए उचित कदमों का निर्णय कर पाना स्थानीय स्वशासन व्यवस्था के लिए एक बहुत बड़ी चुनौती सिद्ध होती है। अभी तक की व्यवस्था में ग्रामीण शिक्षक स्थानीय स्वशासन के प्रति किसी भी प्रकार से जवाबदेह नहीं माने जाते। इसी कारण उनमें निरन्तर अपने दायित्वों से बचने की प्रवृत्ति बनी हुई है।

भारत में अभी भी राजनीतिक भागीदारी के आधार के रूप में स्थानीय लोकतांत्रिक व्यवस्था अपना गौरवमय स्थान नहीं पा सकी है। उत्तर प्रदेश के कितने ही गाँवों में अभी भी व्यवस्था उसी तरह कार्य कर रही है जैसे कभी सामन्ती युग में होता था–एक अकेला मुखिया अभी भी स्थानीय जनता और सरकार के बीच की एकमात्र कड़ी है। बस, इतना अन्तर अवश्य आया है कि अब उस मुखिया को सरकार नहीं बल्कि ग्रामवासी ही चुनते हैं। किन्तु अभावग्रस्त समुदायों के प्रभावी राजनीतिक संगठनों के अभाव में सामान्यतः गाँव का ही कोई सशक्त अभिजात्य-वर्गीय व्यक्ति मुखिया के पद पर चुने जाने में सफल रहता है। उसके बाद वह इस पद का प्रयोग कर किसी सामाजिक लक्ष्य के लिए प्रयास करने के स्थान पर अपने ही व्यक्तिगत हितों के पालन-संवर्धन में जुट जाता है। स्थानीय लोकतंत्र

की कमजोरी, जिसका मूल वस्तुतः केन्द्रीकृत राजनीतिक संस्थाओं और गहन सामाजिक विषमताओं में ही है, का भी उत्तर प्रदेश राज्य में स्थानीय सेवाओं के पूर्ण विध्वंस में बहुत योगदान रहा है। यही विफलता राज्य के आर्थिक और सामाजिक पिछड़ेपन का मुख्य कारण बन जाती है।

स्थानीय लोकतन्त्र का महत्त्व सार्वजनिक सेवाओं के मुद्दे या राजनीतिक भागीदारी में सहायक स्वरूप तक ही सीमित नहीं रह जाता। इस भागीदारी का जीवन की गुणवत्ता पर भी बहुत गहरा प्रभाव पड़ता है। वस्तुतः अपने लिए ही नहीं वरन् शेष समाज के लिए कुछ कर पाने के स्वातंत्र्य को लोग अनेक दृष्टियों से मूल्यवान मानते हैं। भारत में अनेक सामाजिक आन्दोलनों की लोकप्रियता यह सिद्ध करती रही है कि जिन लोगों का जीवन भौतिक अभावों से भरा रहता है, वे सभी समाज के लिए कुछ कर सकने के योग्य बनने को लालायित रहते हैं।

भारत में ग्राम्य स्वशासन की अयोग्यता के कई कारण हैं और प्रत्येक के निवारण के लिए अलग प्रकार की प्रतिचेष्टा आवश्यक होगी। ग्राम्य स्तर पर लोकतांत्रिक संस्थाओं की अक्षमता का एक कारण तो यही है कि बहुत दीर्घकाल से सारे प्रशासनिक अधिकार कहीं दूरस्थ केन्द्र के पास सिमटे रहे हैं। इसके मूल को हम औपनिवेशिक व्यवस्था के साथ स्पष्टतः जुड़ा पाते हैं। एक स्तरानुसार केन्द्रीकृत व्यवस्था के सहारे ही मुट्ठी भर विदेशी एक विशाल एवं विद्रोही प्रकृति के जन समुदाय को दबाए रखने में सफल रह पाए थे। दुर्भाग्यवश स्वतंत्र भारत की सरकारें भी निरन्तर इसी दुरवस्था का ही पृष्ठपोषण करती रही हैं।

साक्षरता एवं प्राथमिक शिक्षा के न्यून स्तरों ने भी भागीदारीपूर्ण स्थानीय लोकतांत्रिक राजनीति के फलने-फूलने में बहुत बाधा डाली है। साक्षरता सहज ही लोगों को व्यवस्था को समझने, सरकारी नौकरशाही से काम लेने, अपने अधिकारों के प्रति सचेत होने, नई समस्याओं को समझने एवं उनका समाधान खोजने और उन अन्य सभी योग्यताओं की प्राप्ति में सहायक रहती है जिनका कि स्थानीय राजनीति में प्रभावी भूमिका के निर्वहण में बहुत महत्त्व रहता है। सरकार के अनेक कार्यों के विकेन्द्रीकरण की सम्भावना भी किसी सीमा तक स्थानीय स्तर पर उपयुक्त योग्यताओं/क्षमताओं की विद्यमानता पर ही निर्भर रहती है–(जैसे स्थानीय स्कूलों के प्रबन्धन आदि से जुड़ी बातें)। केरल जैसे अधिक साक्षर प्रान्तों में न केवल राज्य- स्तरीय राजनीति के स्वरूप में सुधार हुआ है, वहाँ स्थानीय स्तर पर भी लोकतांत्रिक प्रक्रिया अधिक सशक्त बन पाई है।

और अन्त में, जहाँ कहीं भी भारी विषमताएँ देखने में आई हैं वहीं स्थानीय लोकतंत्र भी पंगु होकर रह गया है। इसके विपरीत भारत की जनजातियों में प्रायः समतावादी चरित्र ही पाया जाता है। इसी के आधार पर नागालैंड जैसे प्रान्तों में आर्थिक विकास एवं सामाजिक परिवर्तन की एक लोकतांत्रिक भागीदारीपूर्ण व्यवस्था

का सहज आधार तैयार हो रहा है। इन जनजातियों की आन्तरिक रचना में बहुत ही सामंजस्य पाया जाता है। इसी कारण ये सहज ही पर्यावरण संरक्षण के लिए एवं जबर्दस्ती विस्थापन आदि के विरोध में शीघ्र संगठित हो जाती है। पंचायत आदि स्थानीय प्रतिनिधि संस्थाओं में महिलाओं की कम हिस्सेदारी भी इसी समस्या का प्रमाण है। देश के अधिकांश भागों में स्थानीय स्वशासन भी उच्चवर्गीय सम्पन्न परिवारों के हाथों में सिमट गया है। वे अपने-आपको समाज के प्रति उत्तरदायी नहीं मानते—वस्तुतः वे इन संस्थाओं तथा स्थानीय सेवाओं को अपना 'कृपा प्रसाद' बाँटने का माध्यम ही मानते हैं। कई स्थानों पर तो स्थानीय सम्भ्रान्त वर्ग (अभावग्रस्तों के शक्ति धारण से बचने के लिए) सामान्य सेवाओं के विस्तार के मार्ग में बाधक भी बन जाते हैं। उत्तर प्रदेश में तो कई गाँवों के शक्तिशाली भू-स्वामियों ने गाँव में पाठशाला खोलने का जमकर विरोध किया है। यह प्रवृत्ति उत्तर भारत के अन्य कई राज्यों में भी देखी गई है।

तीन कारणों में से प्रथम के निवारण की दिशा में संविधान के 73वें एवं 74वें संशोधनों के माध्यम से पहल की गई है। इन पंचायती राज संशोधनों द्वारा सभी राज्य सरकारों को स्थानीय प्रतिनिधि संस्थाओं को पुनर्जीवित करने के लिए उचित कदम उठाने के निर्देश दिए गए हैं। इन कदमों में शामिल हैं : निश्चित अन्तराल पर नियमित चुनाव, ग्राम पंचायतों में महिलाओं एवं अनुसूचित जातियों-जनजातियों के लिए आरक्षण और राज्य की कुछ जिम्मेदारियों का इन्हें हस्तान्तरण। ग्रामीण भारत में स्थानीय लोकतंत्र की त्रुटियों के सुधार और परिमार्जन का एक अच्छा अवसर इन वैधानिक सुधारों के माध्यम से हाथ आया है। किन्तु जब तक समस्या के अन्य पहलुओं को लेकर भी उपयुक्त कदम नहीं उठाए जाते, केवल इन्हीं सुधारों से बहुत कुछ हो पाने की आशा लगाना उचित नहीं होगा।

भारत के अनेक राज्यों के ताजा अनुभव वैधानिक सुधारों से सृजित अवसरों एवं उनकी परिसीमाओं के विषय में बहुत कुछ बता रहे हैं। सकारात्मक पक्ष का उदाहरण तो प. बंगाल का अनुभव है जहाँ स्थानीय लोकतंत्र में क्रान्तिकारी सुधार लाने में सफलता इस प्रयास की सम्भावनाओं (अर्थात् क्या कुछ किया जा सकता है) को उजागर कर रहा है। विधायी सुधारों और राजनीतिक संगठन के संयोग से महाराष्ट्र के कुछ गाँवों में केवल महिलाएँ ही ग्राम पंचायत में चुन कर आई हैं। यह अपने आपमें स्थानीय राजनीति के स्वरूप में बहुत बड़े परिवर्तन का संकेत है। दूसरी ओर, अनेक अध्ययनों ने राजनीतिक शक्ति की विषमताओं के सन्दर्भ में विकेन्द्रीकरण की सीमाओं को साफ-साफ समझने पर भी बल दिया है।

हाल ही में हुए विधायी सुधारों से बहुत कुछ अपेक्षाएँ हैं—पर उनकी वास्तविक सफलता तो अन्य क्षेत्रों में जनसामान्य की सक्रियता पर ही निर्भर करेगी। यदि इन सुधारों के साथ-साथ सामाजिक परिवर्तन के और सक्रिय एवं व्यापक कार्यक्रम

नहीं चलाए गए तो फिर स्थानीय लोकतंत्र में वास्तविक सुधार आने के स्थान पर केवल सरकारी अफसरशाही की जड़ें ही और अधिक मजबूत होने का खतरा बढ़ जाएगा। दूसरी ओर, इन सुधार कार्यों के साथ-साथ अधिक व्यापक साक्षरता, अभावग्रस्तों के सशक्त राजनीतिक संगठन और सामाजिक विषमताओं को और गर्मजोशी भरी चुनौती देने के लिए जनता के प्रयास और सामाजिक आन्दोलन भी यदि चलाए जाएँ तो फिर ये (सुधार) सही अर्थों में ग्रामीण भारत में गाँवों की राजनीतिक व्यवस्था का कायाकल्प करने में सफल हो पाएँगे।

6.

प्राथमिक शिक्षा : एक राजनैतिक मुद्दा

शिक्षा एवं सामाजिक परिवर्तन

इस पुस्तक के अध्याय-2 में हमने शिक्षा की विविध वैयक्तिक एवं सामाजिक भूमिकाओं के विषय में सामान्य चर्चा की थी। पिछले अध्याय में चर्चित सामाजिक विषमताओं के सन्दर्भ में शिक्षा की सामर्थ्यवर्द्धक एवं पुनःवितरणकारी भूमिकाओं की कुछ और व्याख्या करना ज्ञानवर्धक सिद्ध होगा। जिस समाज में सामाजिक संवाद बहुधा लिखित रूप में ही होता है वहाँ तो साक्षरता आत्मरक्षा का सबसे प्रथम शस्त्र बन जाती है। एक निरक्षर व्यक्ति अदालत में अपना बचाव कर पाने, बैंक से ऋण पाने, सुनिश्चित रोजगार के लिए स्पर्धा कर पाने, अपने विरासत के अधिकारों को लागू कराने, यहाँ तक कि सही बस में चढ़ पाने, राजनीतिक गतिविधियों में भाग ले पाने...कुल मिला कर आधुनिक समाज के क्रिया-कलापों में सफलतापूर्वक भागीदारी में प्रायः कुछ न कुछ असमर्थता का अनुभव करता है। यही बात प्राथमिक शिक्षा के क्रम में अर्जित अंक ज्ञान और अन्य प्रकार की कुशलताओं पर भी इसी रूप में लागू होती है।

प्राथमिक शिक्षा सामाजिक परिवर्तन के उत्प्रेरक का कार्य करती है। भारत के विभिन्न राज्यों में इस मामले में जो अन्तर हैं, जैसे कि अध्याय 3 में दर्शाया गया है, इसी तथ्य को उजागर करते हैं। केरल के अनुभवों का ऐतिहासिक विश्लेषण शैक्षिक प्रगति एवं सामाजिक परिवर्तन के बीच द्वंद्वात्मक सम्बन्ध का निरूपण करता है : शिक्षा के प्रसार के फलस्वरूप जाति, वर्ग, नर-नारी भेद आदि की परम्परागत रूढ़ विषमताएँ धूमिल हो जाती हैं—इसी प्रकार इन विषमताओं के निर्मूलन के कारण शिक्षा का प्रसार और फैल जाता है। केरल ने तो इस मार्ग पर बहुत पहले (19वीं शताब्दी में ही) चलना आरम्भ कर दिया था। इसी कारण बाद में चहुँमुखी सफलताएँ सम्भव हो पाईं। इसके एकदम विपरीत उत्तरी भारत के राज्यों के अनुभव रहे हैं—वहाँ

परम्परागत विषमताओं के, विशेषकर जाति एवं स्त्री-पुरुष भेदभाव पर आधारित विषमताओं के निर्मूलन में बहुत ही कम सफलता मिल पाई है।

भारतीय जन मानस को यह समझ आ चुका है कि प्राथमिक शिक्षा सामाजिक स्वीकार्यता का एक सशक्त माध्यम है। ग्रामीण क्षेत्रों में परिवारों से हुई बातचीत से यह स्पष्ट पता चल जाता है कि आर्थिक दृष्टि से पिछड़े रह गए लोग शिक्षा को अपने बच्चों के लिए सामाजिक व्यवस्था में ऊपर उठने की सीढ़ी मानते हैं। हमारे स्वतंत्रता आंदोलन के अनेक सामाजिक नेताओं ने शिक्षा और सामाजिक प्रगति एवं परिवर्तन के बीच सम्बन्धों को बहुत अच्छी तरह समझ लिया था। गोपाल कृष्ण गोखले तो प्राथमिक शिक्षा संवर्धन के बहुत ही सशक्त समर्थक थे। जैसे ही 1909 के इंडियन कौंसिल एक्ट ने भारतीयों को भी विधायी सुधारों के प्रस्ताव रखने का अधिकार दिया, उन्होंने अपना अभूतपूर्व प्राथमिक शिक्षा विधेयक प्रस्तुत कर दिया—इस विधेयक में स्थानीय प्रशासन को अनिवार्य प्राथमिक शिक्षा प्रारम्भ करने का अधिकार देने की व्यवस्था थी। किन्तु ब्रिटिश प्रशासन ने इस प्रस्ताव को स्वीकार नहीं किया। डॉ. अंबेडकर केवल अपनी विद्वता के सहारे ही निम्न जातीय अस्पृश्यता के ठप्पे से मुक्ति पा सके थे। उनका निश्चित मत था कि समाज के दलित वर्गों के उत्थान का एकमात्र मार्ग शिक्षा का प्रसार ही है। इसी नीति का अनुसरण कर भारत के कई भागों में दलितों को सदियों से चली आ रही शोषणपूर्ण व्यवस्था से मुक्त कराना सम्भव हो सका है। स्वतंत्रता पूर्व भारत के अनेक नेताओं और समाज सुधारकों ने शिक्षा पर ही सर्वाधिक ध्यान देने की आवश्यकता पर बल दिया था। इनमें से कुछ प्रमुख इस प्रकार हैं : राजा राममोहन राय, महर्षि कर्वे, पंडिता रमाबाई, स्वामी विवेकानंद, ज्योतिराव फुले, रवीन्द्रनाथ टैगोर, महात्मा गाँधी, अब्दुल गफ़्फार खाँ, जयप्रकाश नारायण आदि।

शिक्षा की सम्बलदायिनी शक्तियों के विषय में तो किसी प्रकार का सन्देह ही नहीं है, फिर भी समझ नहीं आता कि स्वतंत्र भारत के सामाजिक एवं राजनैतिक नेता इस पर ध्यान देने से कतराते क्यों रहे हैं। इसी कतराने का एक आयाम वहाँ प्राथमिक शिक्षा के क्षेत्र में अपनाई गई सरकारी नीतियों की नितान्त अक्षमता है। इस बारे में हम आगे खुलकर चर्चा करें किन्तु शिक्षा पर ध्यान नहीं देने की मनःस्थिति केवल सरकारी हलकों तक सीमित नहीं रहीं। हमारे राजनैतिक दलों, श्रमिक संगठनों, क्रान्तिकारी संगठनों एवं अन्य सामाजिक आन्दोलनों, सभी को इस ओर ध्यान नहीं देने का दोषी माना जा सकता है।

कई प्रकार की वैचारिक धारणाएँ भी इस उपेक्षा की कारण बनी हैं : (1) रूढ़िवादी उच्चवर्णों का विश्वास है कि निम्न जातियों के जन समुदाय को शिक्षा की कोई आवश्यकता ही नहीं है, (2) गांधीजी के इस विचार की भ्रामक व्याख्या कि "साक्षरता मात्र को शिक्षा नहीं माना जा सकता", (3) कुछ क्रान्तिकारी

विचारकों का मत कि वर्तमान शिक्षा व्यवस्था तो निम्न वर्गों को गुलाम बनाए रखने का ज़रिया मात्र है अथवा सड़ी-गली "औपनिवेशिक व्यवस्था का भग्नावशेष ही है"। शिक्षा के महत्त्व के विषय में इस प्रकार के विकृत विचारों को तुरन्त ही दरकिनार कर देने की अत्यन्त आवश्यकता है। भारत से शैक्षिक अभावों को दूर करने की दिशा में तेज़ी से सभी के लिए, समतामय प्रगति करने के लिए पहला सशक्त कदम होगा प्राथमिक शिक्षा की व्यवस्था करने के प्रति प्रतिबद्ध प्रयास।

स्कूली शिक्षा की दशा

इस पुस्तक में हमने बार-बार भारत में प्राथमिक शिक्षा की सुविधाओं की सीमित पहुँच या प्रसार की बात उठाई है। शिक्षा उपलब्धियों के न्यून स्तर के कारणों की व्याख्या से पूर्व एक बार फिर भारत की शिक्षा व्यवस्था की प्रमुख विशेषताओं को दोहरा लेना उपयोगी रहेगा।

तालिका 6.1 में इससे जुड़े सूचक प्रस्तुत किए गए हैं। सारे भारत के आंकड़ों के बराबर में हमने केरल और उत्तर प्रदेश प्रान्तों के आंकड़े अलग से भी दिए हैं। इसके दो कारण हैं, एक तो भारत में क्षेत्रीय विषमताओं की एक झलक इन्हीं आंकड़ों से मिल जाती है, दूसरे, हमने इस पुस्तक तथा सहयोगी पुस्तक, 'भारत में विकास : कुछ प्रादेशिक अध्ययन' में बार-बार उत्तर प्रदेश और केरल की स्थितियों की तुलना की है। ये आंकड़े तो स्वतंत्र एवं पर्याप्त रूप से विश्वस्त स्रोतों से लिए गए हैं, ये स्रोत हैं : भारत की जनगणना तथा राष्ट्रीय संदर्श सर्वेक्षण।

हम यह स्पष्ट कर दें कि तालिका 6.1 में सरकार द्वारा तैयार 'बच्चों की स्कूलों में भर्ती' के आंकड़े नहीं लिए गए हैं।

इस विषय में सरकार का शिक्षा विभाग समय-समय पर आंकड़े जारी करता है। ये सरकारी आंकड़े वास्तविकता को बहुत ही बढ़ा-चढ़ाकर पेश करते हैं--इसका एक कारण यह भी है कि प्रत्येक स्तर के सरकारी कर्मचारियों के अपने हित इस प्रकार की जालसाज़ी के साथ जुड़े रहते हैं। सरकारी आंकड़ों के आधार पर तो केरल और हरियाणा को छोड़ सभी प्रान्तों में उपयुक्त आयुवर्ग के अनुसार 100 प्रतिशत से भी अधिक लड़के प्राथमिक स्कूलों में प्रवेश पाए हुए हैं। लड़कियों की भी 97 प्रतिशत संख्या सरकारी आंकड़ों के अनुसार स्कूल जा रही है। किन्तु वास्तविक सर्वेक्षणों द्वारा इन बहुत ही शानदार तसवीर पेश करने वाले सरकारी आंकड़ों की पुष्टि नहीं हो पाती (देखें ता. 6.1) दूसरे, राष्ट्रीय सन्दर्श सर्वेक्षण और जनगणना की जानकारियों में पर्याप्त साम्य दिखाई पड़ता है। इसी आधार पर हम इन आंकड़ों को अधिक विश्वसनीय मान रहे हैं तथा सरकार के शिक्षा विभाग के आंकड़ों को विश्लेषण की दृष्टि से अस्वीकार्य पाते हैं।

तालिका 6.1
भारत में प्राथमिक शिक्षा
उपलब्धियाँ एवं विषमताएँ

	भारत	उ. प्रदेश	केरल
चुने हुए (7+ वर्ष) समूहों की साक्षरता दर (1991)			
कुल जनसंख्या में			
लड़कियाँ	39	25	86
लड़के	64	56	94
ग्रामीण अनुसूचित जातियां			
लड़कियां	19	8	73
लड़के	46	39	85
10-14 वर्ष के बच्चों की साक्षरता दर (1987-88)			
ग्राम : लड़कियाँ	52	39	98
लड़के	73	68	98
शहर : लड़कियां	82	69	98
लड़के	88	76	97
स्कूल जा रहे ग्रामीण बच्चों का अनुपात (1987-88) (%)			
आयु 5-9 : लड़कियाँ	40	28	83
लड़के	52	45	87
आयु 10-14 : लड़कियाँ	42	31	91
लड़के	66	64	93
12-14 वर्ष के उन बच्चों का अनुपात जो कभी स्कूल नहीं गए (1986-87)			
ग्राम : लड़कियां	51	68	1.8
लड़के	26	27	0.4
शहर : लड़कियां	19	39	0.6
लड़के	11	19	0.0

प्राथमिक शिक्षा प्राप्त व्यक्तियों का अनुपात (15 वर्ष वर्ग में) (1981)			
स्त्रियां	21	11	56
पुरुष	44	37	68

नोट : पुस्तक लिखते समय तक इस बारे में 1991 के आंकड़े उपलब्ध नहीं हो पाए थे।

स्रोत : जनगणना एवं राष्ट्रीय संदर्श सर्वेक्षणों पर आधारित। व्याख्या के लिए सांख्यिकीय परिशिष्ट देखें।

सरकारी जानकारी पर निर्भर रहने वाले अनेक अन्तर्राष्ट्रीय प्रकाशन, जैसे, 'ह्यूमन डेवलपमेंट रिपोर्ट' और 'वर्ल्ड डेवलपमेंट रिपोर्ट' आदि इन्हीं अति भ्रामक 'अधिकारिक' आंकड़ों को प्रकाशित करते रहते हैं। 19943 की 'ह्यूमन डेवलपमेंट रिपोर्ट' के अनुसार भारत में वर्ष 1990 में ही 99 प्रतिशत बच्चे (उपयुक्त आय वर्ग के) स्कूलों में भर्ती थे। इस प्रकार के आंकड़े तो भारत की प्राथमिक शिक्षा के क्षेत्र में सफलताओं की बहुत ही स्वर्णिम झाँकी का सृजन कर सकते हैं। यही नहीं, ऐसी ही जानकारी के आधार पर भारत की अर्थव्यवस्था के कई सतर्क अध्येता भी इन शानदार उपलब्धियों की प्रशंसा कर चुके हैं। किन्तु दुर्भाग्यवश यह प्रशंसा 'अधिकारिक' आंकड़ों के हिस्से ही आती है और जनगणना तथा राष्ट्रीय सन्दर्श सर्वेक्षण इन आंकड़ों की पुष्टि नहीं कर पाते।

आइए, अब तालिका 6.1 के आंकड़ों से भारत की शिक्षा की उपलब्धियों का विश्लेषण करें। सबसे पहला निष्कर्ष तो यही है कि सारे देश की औसत साक्षरता दर कम ही है—पुरुषों में से 64 प्रतिशत और महिलाओं में से केवल 39 प्रतिशत ही साक्षर हैं। इस विषय में हमने पहले भी कई बार बात की है। आपको याद होगा कि अध्याय-4 में हमने देखा था कि भारत की साक्षरता दरें चीन से बहुत कम हैं, ये पूर्वी एवं दक्षिण पूर्वी देशों के 30 वर्ष पूर्व के स्तर से भी कम हैं, भारत एवं चीन को छोड़ शेष विकासशील देशों की औसत से भी कम हैं। और तो और, अफ्रीका के सहारातर देशों की साक्षरता दरों से ये कुछ विशेष अधिक नहीं हैं।

दूसरा निष्कर्ष यह है कि शैक्षिक उपलब्धियों में बहुत ही भीषण विषमताएँ औसत साक्षरता दरों की समस्याओं को और भी उलझा देती हैं। तीसरे अध्याय में हमने इन विषमताओं के एक आयाम पर विचार किया था और पाया था कि विभिन्न राज्यों की शैक्षिक सफलताओं के बीच भारी अन्तर पाए जाते हैं। स्त्री साक्षरता दर जहाँ राजस्थान में मात्र 20 प्रतिशत और उत्तर प्रदेश में 25 प्रतिशत हैं तो वही दर केरल में 86 प्रतिशत आंकी गई है। इससे स्पष्ट होता है कि प्राथमिक शिक्षा के प्रसार के लिए विभिन्न राज्यों में किए जा रहे प्रयासों की गम्भीरता और

प्रभावोत्पादकता में भी बहुत भारी अन्तर हैं। प्राथमिक शिक्षा के प्रसार में सफलताओं और विफलताओं के उद्धरणों, क्षेत्रीय तुलनाओं से बहुत कुछ सीख पाने की सम्भावनाओं की चर्चा हमनें अध्याय-3 में भी की है।

तीसरी मुख्य बात यह है कि स्त्रियों और पुरुषों की शैक्षिक सफलताओं में भी बहुत अन्तर हैं। ये अन्तर गग्रमीण क्षेत्रों में ही नहीं, शहरी क्षेत्रों में भी हैं। विभिन्न सामाजिक वर्गों के बीच तो ये अन्तर और भी अधिक दिखाई पड़ते हैं। निम्न औसत साक्षरता और उसमें भी व्यापक विशाल विषमताएँ सहज ही ऐसे परिदृश्य की रचना कर देती हैं जिसमें समाज के अभावग्रस्त सदस्यों की शिचा तो बहुत ही नाममात्र की रह जाती है। उदाहरण के लिए, ग्रामीण क्षेत्रों में रह रही अनुसूचित-जातीय महिलाओं में तो साक्षरता दर मात्र 19 प्रतिशत ही है। ये जातियां भारत की जनसंख्या का 16 प्रतिशत हैं। इसी तरह कुल जनसंख्या में आठ प्रतिशत के समान जनजातीय महिलाओं में से केवल 16 प्रतिशत ही साक्षर हैं। यही नहीं, बिहार, मध्य प्रदेश, उड़ीसा, राजस्थान और उत्तर प्रदेश के शैक्षिक दृष्टि से पिछड़े हुए कई जिलों में तो 7 वर्ष से अधिक आयु की समस्त महिलाओं में से 10 प्रतिशत भी साक्षर नहीं हो पाई हैं। जब अभावग्रस्तता के सभी कारण एक साथ मिल जाते हैं–अर्थात नारी होने की विवशता का किसी पिछड़े क्षेत्र में बसी अनुसूचित जाति से संयोग होता है तो फिर इन अतिवंचित समूहों में साक्षरता नाममात्र ही रह जाती है।

चौथी प्रमुख बात यह है कि भारत में निरक्षरता केवल बुजुर्गों तक सीमित नहीं है (यह बात चीन पर भी लागू हो जाती हैं) बल्कि ग्रामीण क्षेत्रों के युवा बच्चे भी इससे मुक्त नहीं हो पाए हैं। पूरे भारत में 10-14 वर्ष की ग्रामीण लड़कियों में से आधी निरक्षर हैं। उत्तर प्रदेश में तो यह निरक्षरता अनुपात दो तिहाई बनता है। आधुनिक भारत की शिक्षा व्यवस्था का सबसे अधिक दुखद पक्ष युवापीढ़ी की यह चिरंतन निरक्षरता ही है।

पांचवीं मुख्य बात है कि शिक्षा व्यवस्था की विफलता की एक झाँकी स्कूलों में प्रवेश और स्कूलों में उपस्थिति के सर्वेक्षणों के आंकड़ों से स्पष्ट होती है। देश भर में 12-14 वर्ष की ग्रामीण लड़कियों में से आधी तो ऐसी ही हैं जिनका नाम कभी किसी स्कूल में लिखा ही नहीं गया। यह अनुपात उत्तर प्रदेश, मध्य प्रदेश और बिहार में दो तिहाई हो जाता है–किंतु राजस्थान में तो 87 प्रतिशत इसी वर्ग में आती हैं। इसी प्रकार 10-14 वर्ष आयु की मात्र 42 प्रतिशत ग्रामीण लड़कियाँ स्कूल जा पा रही हैं। 5 से 9 वर्ष की तो केवल 40 प्रतिशत लड़कियाँ ही स्कूल जा पाती हैं। ये आंकड़े सर्वेक्षण के समय की 'सामान्य' स्थिति बता रहे हैं। किन्तु यदि "ग्रामीण बच्चे कितने समय तक रोज स्कूल जा पाते हैं" यह जानकारी संग्रहीत की जाती है तो ये आंकड़े और भी कम हो जाते हैं। इसका कारण यही है कि जिन बच्चों के नाम स्कूल में दर्ज हैं और जिन्हें सामान्यतः स्कूल जाने वाला माना

जाता है, उनका भी अधिकांश समय स्कूल से बाहर व्यतीत होता है।

हमारा छठा निष्कर्ष यही है कि स्कूलों में उपस्थिति के कम आंकड़ों का मुख्य कारण है प्रवेश के बाद बहुत से बच्चों की अपनी शिक्षा जारी नहीं रख पाने की विवशता। उपलब्ध जानकारी से पता चलता है कि पहली कक्षा में प्रविष्ठ बच्चों में से केवल आधे ही चार वर्ष बाद भी स्कूल में दिखायी पड़ते हैं। अतः भारत में प्राथमिक शिक्षा का न्यून स्तर दोनों ही बातों की झलक दे रहा है : (1) बच्चे बहुत कम समय तक स्कूली शिक्षा जारी रख पाते हैं तथा (2) बच्चों का एक बहुत बड़ा अनुपात कभी स्कूल में प्रवेश नहीं ले पाता।

सातवें, स्कूल में कम प्रवेश और कम समय तक टिक पाने के कारण ही प्राथमिक शिक्षा के पंचवर्षीय पाठ्यक्रम को बहुत कम बच्चे पूरा कर पाते हैं। 1981 में भारत में प्राथमिक शिक्षा पूर्ण किए हुए वयस्कों का अनुपात एक तिहाई से भी कम आंका गया था। अभी भी 1991 की जनगणना के आंकड़े उपलब्ध नहीं हो पाए हैं। उसी वर्ष में उत्तर प्रदेश में प्राथमिक स्कूल पास महिलाओं का अनुपात तो 1/9 ही था।

अन्तर्राष्ट्रीय तुलनाएँ भी भारत में स्कूली शिक्षा के निम्न स्तरों की पुष्टि करती हैं। इस विषय में हम पहले भी बात कर चुके हैं। इसी सम्बन्ध में हमें और जानकारी शिक्षा स्तर के अतिरिक्त सूचकों से जुड़े अन्तर्राष्ट्रीय आंकड़ों से प्राप्त होती है। एक ऐसी कसौटी है स्कूली शिक्षा में व्यतीत वर्षों की औसत। भारत में 25 वर्ष से अधिक आयु के लोगों ने औसतन 2.4 वर्ष ही स्कूल में बिताए हैं (स्त्रियों ने केवल 1.2 तथा पुरुषों ने 3.5 वर्ष स्कूल में खर्च किए हैं)। इसकी तुलना में चीन में 5 वर्ष, श्रीलंका में 7.2 वर्ष और दक्षिण कोरिया में 9.3 वर्ष की औसत आंकी गई है। अतः हम कह सकते हैं कि भारत में स्कूली शिक्षा की दशा बहुत ही दयनीय है।

पूर्वाग्रह एवं भ्रामक नीतियाँ

स्वतंत्रता के बाद से भारत की शिक्षा नीति में विसंगतियाँ और विभ्रम भरे रहे हैं। संविधान के निदेशक सिद्धांत (अनुच्छेद 45) में सरकार से 1960 तक 14 वर्ष के सभी बच्चों के लिए निःशुल्क एवं अनिवार्य प्राथमिक शिक्षा की व्यवस्था करने का आग्रह किया गया है। यह निश्चित रूप से एक महत्त्वाकांक्षी आशा थी किन्तु इसे व्यावहारिक रूप प्रदान करने के लिए किए गए प्रयास तो बहुत ही क्षीण एवं अपर्याप्त रहे हैं। यद्यपि सभी राज्य सरकारें, यहाँ तक कि स्थानीय निकाय भी प्राथमिक शिक्षा को अनिवार्य बनाने में वैधानिक दृष्टि से सक्षम हैं किन्तु आज तक भारत के किसी भी हिस्से में यह कार्य नहीं किया गया है। जहाँ तक शिक्षा सुविधाओं का प्रश्न है, तो वे 14 वर्ष की आयु तक सभी के लिए अनिवार्य घोषित

लक्ष्य के लिए आवश्यक स्तर के आसपास भी नहीं पहुँचतीं। हमारी तालिका 6.2 बताती है कि 6-10 वर्ष वर्ग के बच्चों की कक्षाओं में 58 विद्यार्थियों के लिए केवल एक अध्यापक का प्रावधान किया गया है। यदि हम यह भी मान लें कि सारे देश में इसी अनुपात में समान रूप से शिक्षक उपलब्ध हैं, तो भी इस बात में संदेह की कोई गुंजाइश नहीं रह जाती कि यह छात्र-शिक्षक अनुपात तो 10 वर्ष तक के सभी बच्चों को शिक्षित कर पाने के लिए भी पर्याप्त नहीं होगा–14 वर्ष तक की आयु की तो बात ही व्यर्थ है।

1947 से अब तक जितने भी शिक्षा आयोगों की रिपोर्टें आई हैं और जितने भी शिक्षा सम्बन्धी नीति दस्तावेज़ जारी हुए हैं, उन सभी में लक्ष्यों और संसाधनों के बीच इसी प्रकार की विसंगतियाँ पाई गई हैं। कुछ ही वर्षों में 14 वर्ष तक के बच्चों को निःशुल्क अनिवार्य शिक्षा प्रदान करने के मृगतृष्णा जैसे लक्ष्य की निरन्तर दुहाई दी गई है। किन्तु वास्तव में 1986-87 में भी स्कूलों में दाखिल बच्चों में से आधे से भी कम पाँच वर्षों की प्राथमिक शिक्षा का चक्र पूरा कर पाए थे। सरकार के घोषित लक्ष्य के अनुसार तो 8वीं तक शिक्षा सभी को पूरी कर लेनी चाहिए थी, किन्तु स्कूलों में दाखिल बच्चों में से केवल एक तिहाई ही आठवीं कक्षा तक जा पाए। यह हालत तो तब है जब ग्रामीण क्षेत्रों में 6-11 वर्ष आयु वर्ग के बच्चों को स्कूलों में प्रवेश ही नहीं मिल पाया। फिर भी 1986 की राष्ट्रीय शिक्षा नीति ने सभी वास्तविकताओं की ओर से आँखें मूंद फिर से उसी अंध सदाशा को दोहरा मात्र दिया कि "1995 तक 14 वर्ष तक की आयु के सभी बच्चों के लिए निःशुल्क एवं अनिवार्य शिक्षा की व्यवस्था हो जाएगी।" इस लक्ष्य की प्राप्ति के लिए नीतियों में किसी प्रकार के क्रांतिकारी परिवर्तन की कोई झलक इस दस्तावेज़ में नहीं मिलती। स्वभाविक है कि इस प्रकार की हर्षवर्द्धक सदाशा पूरी नहीं हो पाई। 1986 के बाद से बच्चे स्कूल में कुछ ज्यादा रुकने लगे हों ऐसी कोई झलक 'अधिकारिक' आंकड़ों से नहीं मिल पाती।

तालिका 6.2

भारत में बच्चों और शिक्षकों का अनुपात : 1991

बच्चों की संख्या		
कुल जनसंख्या 1991 (हजारों में)	846,303	(A)
6-10 वर्ष वर्ग में जनसंख्या अनुपात 1981 (%)	14.6	
1991 में 6-10 वर्ष वर्ग की जनसंख्या का अनुमान (%)	13.3	(B)
1991 में 6-10 वर्ष की आयु के बच्चों का अनुमान (हजारों में)	112,558	(C)

शिक्षकों की संख्या		
1991 में प्राथमिक शिक्षक (हजारों में)	1,637	(D)
उच्च प्राथमिक/माध्यमिक शिक्षकों की अनुमानित संख्या जो प्राथमिक कक्षाएँ पढ़ाते हैं, 1991 (हजारों में)	312	(E)
प्राथमिक वर्गों को पढ़ाने वाले कुल शिक्षक, 1991 (D+E)	1,949	(F)
6-10 वर्ष वय के बच्चों की प्रतिशिक्षक संख्या	58	

स्रोत : देखें सांख्यिकीय परिशिष्ट

वर्ष 1992 की संशोधित शिक्षा नीति भी पुरानी परम्परा का ही निर्वाह कर रही है। यद्यपि कहने को तो नीति के अनुसार सरकार को देश के लिए एक नई शिक्षा नीति की रचना कर उसे लागू करना अनिवार्य हो गया है किन्तु उन्हीं पुराने घिसे-पिटे वायदों को एक नए समय सोपान में ढाल कर प्रस्तुत किया गया है। अब वायदा है कि 21वीं शताब्दी में प्रवेश से पूर्व देश में 14 वर्ष तक की आयु के सभी बच्चों की निःशुल्क एवं अनिवार्य शिक्षा की व्यवस्था कर दी जाएगी।' किन्तु इस दस्तावेज़ में कही भी ऐसा कोई संकेत नहीं मिलता कि यह वचन पूरा करने के लिए किया क्या जाएगा—बस, कुछ इस प्रकार की हाँक लगा दी गई है "सभी शिक्षकों को पढ़ाना एवं शिक्षार्थियों को पढ़ना चाहिए"। नई शिक्षा नीति सूक्ष्मतर स्तर पर इस प्रकार की आयोजना करेगी, ऐसे-ऐसे नए उपाय करेगी कि जो बच्चे स्कूलों में प्रविष्ट हों, वे बीच में ही पढ़ाई बन्द करने को विवश न हों। या फिर "एक ऐसा स्नेहभरा वातावरण बनाना है, जिसमें सभी को बच्चों की वास्तविक आवश्यकताओं का पूरा आभास हो, ऐसे ही परिवेश से बच्चों को स्कूल में आने और कुछ सीखने की प्रेरणा मिलती है।"

इस नीति के रचनाकारों ने बहुत ही उत्साह-भरे स्वर में कुछ इस प्रकार के निष्कर्षों के साथ अपना कथ्य समापन किया है :

"भारत में शिक्षा का भावी स्वरूप बहुत ही जटिलता-भरा है, उसका बहुत सटीक निरूपण सहज नहीं है। किन्तु हमें विश्वास है कि बौद्धिक एवं आध्यात्मिक अध्यवसायों को सदैव ही श्रेष्ठतर मानने की सनातन परम्परा को आधार बना हम अपने लक्ष्यों की प्राप्ति में सफल ही पाएँगे।"

मुख्य कार्य तो यही है कि वर्तमान 20वीं शताब्दी के समापन पर 100 करोड़ तक विस्तृत हो जाने वाले समाज रूपी पिरामिड के आधार को मजबूत बनाना है। साथ ही इस बात पर भी उतना ही ध्यान देना है कि इस पिरामिड के शिखर पर पहुँचने वालों की गणना विश्व के श्रेष्ठतम व्यक्तियों में हो। हमारे सांस्कृतिक स्रोतों ने बीते समय में इस दोनों ही लक्ष्यों की पूर्ति की है, इसमें विकृतिभाव तो विदेशी

आधिपत्य एवं प्रभाव का परिणाम है। अब शिक्षा की बहुमुखी भूमिकाओं के माध्यम से राष्ट्रव्यापी मानव संसाधन विकास प्रयासों को और गहन करना संभव होना चाहिए।

वैसे इस शिक्षा नीति पत्र के साथ जुड़े एक अन्य सहयोगी दस्तावेज़ में विख्यात शिक्षाविदों एवं अन्य विशेषज्ञों के एक समूह ने इस नीति के लक्ष्यों आदि को व्यावहारिक स्वरूप देने के लिए कुछ स्थूल नीतिगत सिफारिशों की रचना का बहुमूल्य प्रयास भी किया है किन्तु इस दूसरे दस्तावेज़ को विशेषज्ञ समिति की सिफारिश मात्र माना गया है। अभी तक तो शैक्षिक दृष्टि से बहुत पिछड़े राज्यों में इन सिफारिशों का सरकारों की वास्तविक नीतियों पर कोई प्रभाव दिखाई नहीं पड़ रहा। केवल केरल, महाराष्ट्र और तमिलनाडु ही ऐसे तीन राज्य हैं जिन्होंने अपना प्रदेश स्तरीय कार्यक्रम बनाने की सिफारिश को लागू किया है, किन्तु ये तीनों राज्य तो शिक्षा के प्रसार की दृष्टि से भारत के सर्वोन्नत राज्य ही हैं।

इस नीतिपत्र की अस्पष्ट धाराओं का एक नकारात्मक योगदान तो यही रहा है कि इन्होंने घोषित लक्ष्यों एवं वास्तविक नीतियों के बीच की विसंगतियों को और बढ़ाने का मार्ग प्रशस्त कर दिया है।

सभी जानते हैं कि 21वीं शताब्दी में प्रवेश से पूर्व 14 वर्ष तक के सभी बच्चों की निःशुल्क एवं अनिवार्य शिक्षा की व्यवस्था नहीं हो पाएगी—संभवतः बहुत बाद तक यही स्थिति चलने वाली है। अतः इस घोषित लक्ष्य से किसी प्रकार का मार्गदर्शन नहीं मिल पाता। इसी से निःशुल्क एवं अनिवार्य शिक्षा के अत्यन्त ही समतावादी नारे लगाते हुए वास्तविक जीवन में बहुत विषमताकारी व्यवहार करने में अब किसी को झिझक नहीं होती। इसी विशिष्टतावादी चिन्तन की एक झलक हमारी सारी शिक्षा व्यवस्था में स्कूली शिक्षा के विरुद्ध भेदभाव में मिलता है (इस बारे में हमने अध्याय-5 में कुछ चर्चा की थी)। सम्पन्न परिवारों के बच्चों के लिए तो लागत से बहुत ही कम कीमत पर उच्च शिक्षा की व्यवस्था की जाती है जबकि गरीब परिवारों के बच्चों का बाल श्रमिकता की चक्की में पिसते रहना ही पूरी तरह उचित माना जा रहा है।

संक्षेप में हम कह सकते हैं कि स्वतंत्रता के बाद से भारत की शिक्षा नीति अनेक प्रकार की त्रुटियों एवं विसंगतियों से ग्रस्त रही है। ये हैं : (1) उद्देश्यों में सम्भ्रम; (2) घोषित लक्ष्यों एवं व्यावहारिक नीतियों में विसंगति; तथा (3) घोषित लक्ष्यों एवं साधनों के आबंटन में विशेष रूप से तालमेल का अभाव। एक अधिक प्रभावी नीति का निर्धारण उन स्पष्ट लक्ष्यों के निर्धारण के प्राथमिक कार्य से प्रारम्भ होगा जो महत्वाकांक्षापूर्ण होते हुए भी व्यावहारिक हों। फिर, उन लक्ष्यों की सिद्धि के लिए उपयुक्त कार्यक्रमों की रचना और अन्ततः उन्हें लागू करने के लिए आवश्यक संसाधनों का आबंटन करना होगा। तभी सफलता की कुछ सम्भावना बन सकती है—यद्यपि पिछले सभी कार्यक्रमों एवं नीतियों की विफलता को देखते हुए कुछ

न कुछ संदेह की गुंजाइश अवश्य बनी रहेगी !

राजकीय व्यय का महत्व

पिछले दस वर्षों से भारत की प्राथमिक शिक्षा व्यवस्था की निष्फलता को लेकर बहुत चिन्ता व्यक्त हुई है। इसी सन्दर्भ में इस कार्य के लिए किए गए वित्तीय प्रावधानों पर भी ध्यान दिया गया है। भारत सरकार की प्रतिक्रिया तो केवल शिक्षा पर व्यय बढ़ाने तक ही सीमित रही है, शिक्षा नीति में किसी प्रकार का बड़ा परिवर्तन लागू नहीं किया गया।

शिक्षा पर राजकीय व्यय की वृद्धि निःसंदेह स्वागतयोग्य है। वस्तुतः राजकीय व्यय का अभाव ही शिक्षाव्यवस्था की दुर्दशा का एक महत्वपूर्ण कारण रहा है। यदि हम शिक्षा पर खर्च का सकल राष्ट्रीय उत्पाद के अनुसार क्रम निर्धारण करें तो विश्व के 116 देशों में भारत 82वें स्थान पर आता है। 1968 के बाद से राष्ट्रीय शिक्षा नीति के प्रत्येक प्रारूप ने इस व्यय-अनुपात को बढ़ाकर 6 प्रतिशत तक ले जाने का संकल्प व्यक्त किया है, किंतु अभी तक इस संकल्प की पूर्ति सम्भव नहीं हो पाई है।

संसाधनों के पर्याप्त नहीं होने की समस्या उस समय और भी गहरा जाती है जबकि उन संसाधनों के प्रयोग में बहुत ही व्यापक असंतुलन और विषमताएँ भी घर कर जाएँ। शिक्षा पर व्यय मुख्यतः राज्य सरकारें करती हैं—केन्द्र सरकार नहीं। इसी कारण राज्यों के प्रति व्यक्ति शिक्षा व्यय में बहुत अधिक अन्तर पाए जाते हैं। दुर्भाग्यवश, जिन राज्यों में वर्तमान शिक्षा स्तर बहुत ही शोचनीय है उन्हीं की वित्तीय स्थिति भी सबसे अधिक ख़स्ता है। विषमता का एक दूसरा स्वरूप यह है कि न्यून शिक्षा व्यय का अति न्यून अंश ही प्राथमिक शिक्षा पर व्यय होता है। यद्यपि दावा तो सभी की निःशुल्क एवं अनिवार्य प्राथमिक शिक्षा की व्यवस्था करने का किया जा रहा है किन्तु इस निमित्त होनेवाला व्यय कुल शिक्षा व्यय का आधा भी नहीं हैं। यही नहीं, पहली पंचवर्षीय योजना से लेकर 80 के दशक मध्य तक इसके अनुपात में लगातार गिरावट ही आई है। पिछले दस वर्षों में कुछ सुधार हुआ है, फिर भी यह अनुपात 50 के दशक से कम ही आंका जा रहा है।

यह सत्य है कि भारत में शिक्षा व्यय अन्य देशों की तुलना में काफ़ी कम है—फिर भी पिछले कुछ वर्षों में सही दिशा में बढ़ने के प्रयास हुए हैं। 25 वर्षों तक दुर्गतिग्रस्त रहने के बाद 80 के दशक के मध्य से शिक्षा पर खर्च में सकल राष्ट्रीय उत्पाद अनुपात में अच्छा-ख़ासा सुधार हुआ है। इस सुधार के साथ-साथ प्राथमिक शिक्षा के अंश में भी वृद्धि हुई है। यही नहीं, इस अवधि में अन्तर्राज्यीय विषमता (शिक्षा-व्यय अनुपात की विषमता) में भी कमी दिखाई पड़ने लगी है।

तालिका 6.3
प्राथमिक शिक्षा पर राजकीय व्यय का स्वरूप

अवधि	प्राथमिक स्कूलों से सम्बद्ध समंको की संवृद्धि दर (% प्रतिवर्ष)			
	आवर्ती व्यय 1970-71 कीमतों पर	शिक्षकों की की संख्या	प्रति शिक्षक आवर्ती व्यय	शिक्षक/जनसंख्या अनुपात
1950-1 से 1960-1	8.5	5.6	3.0	3.6
1960-1 से 1970-1	5.8	4.5	1.3	2.3
1970-1 से 1980-1	2.8	2.7	0.2	0.5
1980-1 से 1984-5	11.1	2.1	9.0	0.0
1984-5 से 1989-90	10.8	1.6	9.2	-0.5

नोट : यह कुल सरकारी व्यय का 98% आवर्ती व्यय ही है और इसमें से भी 96% केवल शिक्षकों के वेतन पर खर्च हो जाता है।

स्रोत : देखें सांख्यिकीय परिशिष्ट।

अब प्रश्न उठता है कि यह अतिरिक्त राशि कहाँ या किस प्रकार खर्च हो रही है। हमारी तालिका 6.3 प्राथमिक शिक्षा व्यय के संदर्भ में इसी पर प्रकाश डाल रही है। इस तालिका में वर्ष 1970-71 की कीमतों के आधार पर सरकारी शिक्षा व्यय की वृद्धि दरें अंकित की गई हैं। शिक्षकों की संख्या एवं प्रति शिक्षक सरकारी खर्च के आंकड़े भी दिए गए हैं। यह प्रति शिक्षक खर्च शिक्षकों के वास्तविक वेतन का परिचायक माना जा सकता है। वैसे भी शिक्षा पर खर्च होने वाला 90 प्रतिशत इसी मद में खर्च होता है। यद्यपि 80 के दशक की व्यय वृद्धि स्वतंत्रता प्राप्ति के बाद अपने उच्चतम औसत स्तर पर रही है, यह दर 10 प्रतिशत प्रति वर्ष से अधिक ही है। किन्तु यह सारी वृद्धि केवल शिक्षकों की वेतन वृद्धि के काम ही आई है। इनके वेतनमानों में प्रतिवर्ष 9 प्रतिशत की वास्तविक वृद्धि होने का अनुमान है। शिक्षकों की संख्या वृद्धि की दर इसी अवधि में सबसे कम रही

है। यह शिक्षक संख्या वृद्धि दर स्वतंत्रता प्राप्ति के बाद से पहली बार जनसंख्यावृद्धि दर से कम रह गई है। यही नहीं, यह प्राथमिक एवं उच्च प्राथमिक विद्यालयों में छात्रों की संख्या वृद्धि की दरों से भी पिछड़ गई है। इसी कारण 80 के दशक में छात्र-शिक्षक अनुपात बहुत तेज़ी से बढ़ा है।

90 के दशक में भी शिक्षा व्यय के इस स्वरूप में किसी महत्वपूर्ण सुधार या परिमार्जन के संकेत नहीं मिल पा रहे। 1991 में देश की अर्थव्यवस्था में लागू किए गए संरचनात्मक सुधारों के बाद से तो कई राज्यों में वास्तविक शिक्षा व्यय में कमी भी आने लगी है (देखें ता. क-4, सांख्यिकीय परिशिष्ट) इन्हीं नकारात्मक प्रवृत्तियों का प्रमाण 1991-92 से 1992-93 में प्राथमिक एवं उच्च प्राथमिक विद्यालयों में कार्यरत् अध्यापकों की संख्या में गिरावट में मिलता है। पहले से ही चली आ रही शैक्षिक विफलताओं को समाप्त करने की दिशा में इस प्रकार के प्रयास नितांत नकारात्मक ही कहे जाएँगे। इनके माध्यम से किसी प्रकार की शिक्षा के प्रसार की अपेक्षा करना व्यर्थ होगा।

शैक्षिक दृष्टि से पिछड़े राज्यों में विशेष रूप से और वैसे भी सारे ही देश में प्राथमिक शिक्षा पर होने वाले व्यय को बढ़ाये जाने की बहुत आवश्यकता है। किन्तु केवल अधिक व्यय द्वारा शिक्षा व्यवस्था में बहुत सुधार होने की आशा लगाना भी उचित नहीं होगा। यदि यह अधिक व्यय शिक्षकों की न्यूनतर संख्या पर ही होने लगा तो फिर 'करेला और नीम चढ़ा' वाली कहावत ही चरितार्थ होगी। भारत में प्राथमिक शिक्षा की दशा में सुधार लाने का कार्य इतना सरल नहीं है; यह वास्तव में बहुत ही सूझबूझ एवं सतत परिश्रम से ही सिद्ध हो पाएगा।

प्राथमिकताएँ एवं चुनौतियाँ

शिक्षा के क्षेत्र में केंद्रीय सरकार के नवीनतम अभिनव प्रयोग भी विचित्र सी गाथा कह रहे हैं। ये सभी नीति निर्धारकों के समक्ष आई विशेष समस्याओं के निदान स्वरूप गढ़ी गई तदर्थ नीतियाँ ही हैं। भारत सरकार के शिक्षा विभाग की 350-पृष्ठीय वार्षिक रिपोर्ट 1994 में ऐसी दर्जनों योजनाओं का विवरण दिया गया है। इनमें डूब रहे 'श्यामपट्ट कार्यक्रम' (Blackboard Project) से लेकर 'जनपद प्राथमिक शिक्षा कार्यक्रम' तक सभी योजनाएँ भरी पड़ी हैं। किन्तु इसी दस्तावेज़ में 'प्राथमिक शिक्षा को सर्वव्यापी बनाने', 'अनुसूचित जातियों एवं जनजातियों की शिक्षा' और 'नारी शिक्षा' कार्यक्रमों के लिए मात्र दो पृष्ठ बच पाए हैं।

ये सभी योजनाएँ शिक्षा का एक 'दूसरा मार्ग' खोलने से जुड़ी हैं। ये चाहे श्रमिक विद्यापीठें स्थापित करें, महिला शिक्षा केन्द्र बनायें, जन शिक्षा केन्द्र गठित करें या फिर 'महिला समाख्या' अथवा शिक्षाकर्मियों की नियुक्ति करें—कुल मिला कर ये सभी 'अनौपचारिक शिक्षा' की दिशा में हुए अनेक प्रयासों की शृंखला को

ही कड़िया हैं। इनमें से कुछ प्रयास निश्चित रूप से उपयोगी भी हैं। पिछले कुछ समय से देश के कई जनपदों में 'सम्पूर्ण साक्षरता' आंदोलनों ने उल्लेखनीय सफलता पाई है किन्तु यह वहीं सम्भव हो पाया है जहाँ स्थानीय शासन एवं अनेक जन संस्थाओं ने पूरे मनोयोग से साक्षरता के मुद्दे पर जनजागरण एवं संगठन का कार्य किया है। फिर भी हम यह अवश्य कहेंगे कि इन कार्यक्रमों का योगदान चाहे कितना ही शानदार क्यों न हो, इनसे युवावर्गों में निरन्तर निरक्षरता की समस्या का स्थायी एवं प्रभावी समाधान नहीं हो सकता। वस्तुतः इन योजनाओं से शैक्षिक पिछड़ेपन की समस्या के अति संकीर्ण पक्ष के प्रति बहुत बचकाने-से दृष्टिकोण की गन्ध आती है। वस्तुतः प्रत्येक गाँव में निःशुल्क शिक्षा सुव्यवस्थित ढंग से देने वाले, पूरे शिक्षक मंडल द्वारा संचालित पूर्णकालिक विद्यालयों की व्यवस्था करने की आवश्यकता है। उन्हीं में ढंग से पढ़ाई हो पाएगी और छात्र-छात्राएँ भी टिक पाएँगे।

इस मूलभूत लक्ष्य की सिद्धि के लिए सबसे अधिक आवश्यक कदम होगा ग्रामीण स्कूलों के परिवेश में ही पर्याप्त शैक्षणिक सुविधाओं की व्यवस्था करना। (बच्चों के स्कूल में टिक पाने की समस्या भी महत्वपूर्ण है—पर उस बारे में हम इसी अध्याय में आगे विचार करेंगे)। किन्तु इस निमित्त किसी महती प्रयास या तीव्र दर से सुधार के कोई संकेत नहीं मिल पा रहे हैं। जैसा हमने पहले बताया है, वास्तव में शिक्षकों की संख्या की वृद्धि दर जनसंख्या वृद्धि दर से कम रही है। स्कूल में जाने योग्य बच्चों की संख्या की वृद्धि दर की तुलना में तो यह दर और भी कम रह जाती है। यही नहीं, स्कूली शिक्षकों की दक्षता या कार्य-निष्पादन दरों में निरन्तर सुधार के भी कोई लक्षण नहीं दिखाई पड़ रहे। वस्तुतः कुछ राज्यों में तो शिक्षकों की गैर हाज़िरी और काम से बचने की प्रवृत्तियों में गिरावट आने के स्थान पर वृद्धि के ही संकेत मिल रहे हैं। (यद्यपि उनके वेतनमानों में बहुत सुधार हुआ है, फिर भी काम से जी चुराने की प्रवृत्ति किन्हीं अन्य सामाजिक समस्याओं की ओर संकेत कर सकती है।)

उत्तर प्रदेश के चार जनपदों के 15 ग्रामीण स्कूलों के एक सर्वेक्षण से इस विषय में मिली जानकारी बहुत ही सटीक लगती है। उन स्कूलों में किसी प्रकार की पढ़ाई चलती नहीं नज़र आई। बिना पूर्व सूचना के वहाँ पहुँचे सर्वेक्षणकर्त्ताओं ने पाया कि दो तिहाई अध्यापक स्कूल में आते ही नहीं थे। उनके स्थानापन्नस्वरूप कार्य कर रहे शिक्षक बस किसी प्रकार बच्चों को बिठाए रख भर रहे थे, यहाँ तक कि जिन स्कूलों की जाँच की गई, यदि वे खुले मिले तो बस केवल बच्चों को कुछ समय तक रोके रखने के केन्द्रों की भाँति ही कार्य होता दिखाई दिया, अध्यापन या पठन-पाठन नहीं। साथ ही उन स्कूलों के आसपास रहने वाले स्थानीय नागरिकों का मत था कि शिक्षकों की कामचोरी और अनुपस्थिति की प्रवृत्ति में निरन्तर वृद्धि

हो रही है।

सर्वेक्षण के ये निष्कर्ष कोई अनूठी बात नहीं हैं। आन्ध्र प्रदेश के पिछड़े क्षेत्रों के ग्रामीण स्कूल के सर्वेक्षण में भी बिल्कुल इसी प्रकार का परिदृश्य सामने आया है। और भी अनेक अध्ययनों एवं प्रत्यक्षदर्शी साक्ष्यों से यही प्रमाण मिले हैं कि ग्रामीण स्कूल या तो बन्द ही रहते हैं या फिर नाममात्र को ही खुले होते हैं। उनमें पढ़ाई-लिखाई नहीं होना तो बहुत ही सामान्य बात है। यह समस्या छिटपुट स्थानों तक सीमित नहीं है—वस्तुतः देश के अधिकांश भागों में प्रायः इसी प्रकार की स्थिति दिखाई पड़ रही है। हम सारे देश की स्कूली व्यवस्था पर यह दोष आरोपित नहीं करेंगे—कुछ क्षेत्रों में तो अन्यों की अपेक्षा बहुत अच्छा कार्य भी हुआ है। फिर भी देश के अधिकांश ग्रामीण भागों में शिक्षा व्यवस्था की दुर्दशा निश्चित रूप से अत्यन्त विचारणीय विषय है।

सार्वजनिक क्षेत्र की स्कूली व्यवस्था की त्रुटियों के आधार पर निजी स्कूलों के माध्यम से इस दुर्दशा से बाहर निकलने का प्रयास बहुत आकर्षक प्रतीत होता है। यदि निजी स्कूलों का प्रसार होता है तो उसे बुरा ठहराने की कोई आवश्यकता नहीं है। ये स्कूल भारत में शिक्षा सुविधाएँ उपलब्ध कराने में बहुत योगदान दे रहे हैं। किंतु जहाँ तक ग्रामीण अंचलों में प्राथमिक शिक्षा का प्रश्न है, निजी क्षेत्र पहले ही अपनी अक्षमता स्वीकार कर चुका है। इसके कारण भी सहज ही समझ आ जाते हैं : ग्रामीण क्षेत्रों के सम्भावित छात्रों के पास ज्यादा फीस चुकाने को पैसा ही नहीं होता। वास्तव में निजी स्कूलों में माध्यमिक एवं उच्चतर माध्यमिक शिक्षा के प्रति विशेष लगाव दिखाई देता है[1]। यह लगाव भी शहरी क्षेत्रों में केवल लड़कों की शिक्षा के प्रति ही अधिक प्रबल है।

अतः भारत में सार्वजनिक स्कूलों में शिक्षा सुविधाओं में ही व्यापक सुधारों की अति गम्भीर आवश्यकता से मुँह मोड़ पाना सम्भव नहीं होगा। इसके लिए दो कदम उठाने अनिवार्य होंगे : एक तो शिक्षकों की संख्या बढ़ाई जाए, दूसरे, यह सुनिश्चित किया जाए कि वे वास्तव में पढ़ाई कराएँ। कई माध्यमों से यह जानकारी भी मिली है कि उन्हीं स्कूलों में शिक्षा स्तर अच्छा पाया गया है जहाँ शिक्षकों की संख्या अधिक रही है। केवल एक-अध्यापकीय स्कूलों में शिक्षा स्तर बहुत ही निम्न पाया गया है और दुर्भाग्यवश 1986 में भी देश के एक तिहाई प्राथमिक स्कूलों में एक से अधिक अध्यापकों की व्यवस्था नहीं हो पाई थी। अतः उस शिक्षक की, जो अपना अधिकारी भी स्वयं ही हो और काम करे न करे, फिर

1 वर्ष 1986 के पाँचवे अखिल भारतीय शिक्षा सर्वेक्षण से ज्ञात हुआ है कि सरकारी सहायता प्राप्त एवं अन्य निजी स्कूल देश के सभी माध्यमिक स्कूलों में से 54 प्रतिशत बनते हैं पर प्राथमिक स्कूलों की संख्या में उनका अंश केवल 75 प्रतिशत है। ग्रामीण स्कूलों में अनुपात तो 3 प्रतिशत भी नहीं है।

भी नौकरी पक्की हो, कार्य करने की प्रेरणा के स्तर के बहुत ऊँचा होने की अपेक्षा व्यर्थ ही होती है। वैसे भी पाँच अलग-अलग कक्षाओं (पहली से पाँचवी तक) को एक साथ पढ़ा पाने के लिए अत्यन्त असाधारण प्रतिभा-सम्पन्न व्यक्तियों की आवश्यकता होगी। जहाँ दो शिक्षक नियुक्त भी हो गए हैं, वहाँ भी गैरहाजिरी की समस्या के कारण सामान्यतः एक ही शिक्षक को सारा स्कूल चलाना पड़ता है। वर्ष भर न्यूनाधिक यही स्थिति बनी रहती है। वर्ष 1986 में देश के प्राथमिक स्कूलों में से 60 प्रतिशत में केवल एक या दो अध्यापक ही नियुक्त थे। स्कूलों में शिक्षकों की पर्याप्त व्यवस्था शिक्षण स्तर को सुधारने की दिशा में बहुत महत्वपूर्ण योगदान कर सकती है।

शिक्षकों की कुशलता एवं कार्य करने की प्रेरणाओं में सुधार के माध्यमों का चुनाव करने के लिए भली प्रकार आकलन करना आवश्यक है। यहाँ अभिभावकों की सतर्कता ही सबसे उज्ज्वल आशाकिरण प्रतीत होती है। सरकारी निरीक्षक तो कामचोरों से रिश्वत खाने में माहिर होते हैं, जबकि स्कूल की दशा-सुधार के साथ अभिभावकों के अपने हित भी जुड़े रहते हैं। पर समस्या यही है कि वर्तमान व्यवस्था में अभिभावकों की सतर्कता के लिएं किसी प्रकार का स्थान नहीं है। शिक्षक स्थानीय जन समुदाय के प्रति उत्तरदायी नहीं होते—उनकी जवाबदेही सरकार के शिक्षा विभाग के प्रति ही रहती है। उनके विरुद्ध शिकायतों के लिए अतिजटिल नौकरशाही तंत्र को पार करना आवश्यक है, किन्तु स्वयं भी अशिक्षित अभिभावक सहज ही इस तंत्र को पार कर अपनी शिकायत सम्बद्ध अधिकारियों तक पहुँचा पाने में असमर्थ रहते हैं। इन हालात को सुधारने के लिए उत्तरदायित्व-शृंखला की पुनः रचना कर नियंत्रण-कलों को स्थानीय ग्राम्य समुदाय के सुपुर्द करना होगा। तभी शिक्षा के स्तर में सुधार आ पाएगा। वस्तुतः देश के कुछ हिस्सों में इस प्रकार का मार्ग अपनाया भी गया है और उससे काफी लाभ भी हुआ दिखाई पड़ता है। कर्नाटक राज्य में तो पंचायतीराज व्यवस्था के पुनर्गठन के बाद से प्राथमिक शिक्षकों एवं स्वास्थ्य कर्मचारियों की उपस्थिति 91 प्रतिशत तक आ पहुँची है। तमिलनाडु में राजनीतिक रूप से जागरूक अभिभावक समुदाय की सतर्कता ने 'स्कूल-पूर्व शिक्षण' एवं 'स्कूलों में भोजन कार्यक्रमों' की सफलता में बहुत योगदान किया है। इसी प्रकार केरल की शिक्षा व्यवस्था के प्रसार में सामुदायिक संस्थाओं के निर्माण एवं 'जनता के प्रति उत्तरदायित्व' का बहुत ही निर्णायक योगदान रहा है।

नये पंचायती राज विधेयक पूरे देश में इन्हीं अनुभवों एवं प्रयोगों की पुनरावृत्ति का मार्ग प्रशस्त कर रहे हैं। ग्रामीण समाज की विषमताएँ बहुत गहरी हैं, सरकारी शिक्षकों एवं स्थानीय नेताओं की सांठगांठ भी कुछ कम नहीं है। अतः यह मान लेना पर्याप्त नहीं होगा कि नये विधेयकों द्वारा विकेन्द्रीकरण से अपने आप स्कूली शिक्षा की कायापलट हो जाएगी। फिर भी, इन विधेयकों के अन्तर्गत प्रान्तीय सरकारों

द्वारा इस दिशा में उठाये गए कदमों का ठीक से मूल्यांकन-आकलन अवश्य उपयोगी होगा। वे सरकारें ग्रामीण शिक्षकों के कार्य निष्पादन में सुधार में सफल रहे राज्यों के अनुभवों से बहुत कुछ सीख सकती है। सबसे पहली आवश्यकता तो इस बात को स्वीकार करने की है कि ग्रामीण भारत में शिक्षा व्यवस्था का बहुत ही खस्ताहाल होना एक महत्वपूर्ण सामाजिक मुद्दा है और इसकी जाँच कर सुधार के लिए तत्काल कदम उठाये जाने की जरूरत है।

प्रावधान, उपयोग एवं अनिवार्यता

भारत में शिक्षा व्यवस्था के स्तर एवं परिमाण में प्रसार अपने आप में बच्चों की उपस्थित दर में सुधार लाकर शैक्षणिक उपलब्धियों के स्तर को ऊँचा उठाने का माध्यम बन सकता है। अनेक अध्ययनों से यह ज्ञात हुआ है कि भारत के सामान्य नागरिक अपने बच्चों को शिक्षित बनाने को अत्यन्त लालायित हैं। इसी लालसा के कारण जहाँ भी निशुल्क शिक्षा की अच्छी व्यवस्था घर के आसपास मिल पाती है, अभिभावक अपने बच्चों को तुरन्त भेजने को तैयार हो जाते हैं। प्राथमिक शिक्षा की इस माँग की तीव्रता का एक अनुमान तो इसी से लग सकता है कि अपने गाँव में ठीक व्यवस्था नहीं होने पर लोग दूसरे गाँवों के अच्छे स्कूलों में भी अक्सर अपने बेटों को तो भेज ही देते हैं। यही नहीं, वे निजी स्कूलों की अधिक फीस चुकाकर भी पढ़ाई जारी रखने को तैयार हो जाते हैं। अक्सर 'विशेषज्ञ' माँ-बाप की अनिच्छा को बच्चों की स्कूल से अनुपस्थिति के लिए उत्तरदायी ठहरा देते हैं पर वास्तव में स्कूल व्यवस्था की अपर्याप्तता इसका कहीं अधिक बड़ा कारण है।

स्कूल व्यवस्था के स्तर एवं प्रसार में निरन्तर वृद्धि से क्या कुछ सफलताएँ प्राप्त हो सकती हैं ? इस प्रश्न के उत्तर में हम हिमाचल प्रदेश के अनुभवों की चर्चा को बहुत प्रासंगिक मानते हैं। वर्ष 1961 में हिमाचल की साक्षरता दरें (पुरुष 21 प्रतिशत, महिलाएँ 9 प्रतिशत) अखिल भारतीय औसत से कम थीं। वर्ष 1987-88 आते-आते हिमाचल के गाँवों में 10-14 वर्ष के 95 प्रतिशत लड़के एवं 81 प्रतिशत लड़कियाँ साक्षर हो चुके थे। शहरी क्षेत्रों में तो ये अनुपात क्रमशः 96 से 97 प्रतिशत हो गए थे। इस हिसाब से हिमाचल केरल के बाद दूसरा सबसे उत्कृष्ट शैक्षणिक सफलता का प्रान्त बन गया। उसी वर्ष, केरल की भाँति हिमाचल में 10-14 वर्ष के 93 प्रतिशत लड़के स्कूलों में जा रहे थे। स्कूल जा रही शहरी लड़कियों के अनुपात को लेकर तो हिमाचल केरल से भी आगे निकल गया—यहाँ 10-14 वर्ष की 95 प्रतिशत लड़कियाँ स्कूल जा रही थीं जबकि केरल में यह अनुपात 94 प्रतिशत ही था। किन्तु ग्रामीण हिमाचल का कन्या शिक्षण अनुपात 73 प्रतिशत ही रहा जबकि केरल में ग्रामीण क्षेत्रों में भी 91 प्रतिशत लड़कियाँ स्कूल जा रही थीं। ग्रामीण क्षेत्रों में लड़कियों की उपस्थिति की दृष्टि से भी हिमाचल प्रदेश, एक केरल को

छोड़ देश के अन्य सभी प्रान्तों से बहुत आगे निकल गया था। इस व्यापक सफलता में स्कूली सुविधाओं के प्रसार एवं सुधार के प्रति राज्य सरकार एवं सामुदायिक संस्थाओं की कड़ी प्रतिबद्धता को बहुत बड़ा योगदान रहा है।

शिक्षा सुविधाओं के इस प्रकार स्तर एवं प्रसार के संवर्धन के साथ-साथ नीति निर्धारकों को वर्तमान सुविधाओं के बेहतर उपयोग पर भी ध्यान देना होगा। परिवारों के सर्वेक्षणों से ज्ञात हुआ है कि बच्चों के नाम स्कूल में नहीं लिखवाने या फिर उन्हें स्कूल नहीं भेजने के प्रमुख कारण (महत्व के ह्रासमान क्रम में) इस प्रकार हैं : (1) बच्चों के समय की ऊँची कीमत (यदि वे स्कूल नहीं जाते तो परिवार की आमदनी बढ़ाने में सहायक होते, घर के कामों में हाथ बँटाते, या कम से कम अपने छोटे भाई-बहनों का ध्यान तो अवश्य रखते) तथा दूसरे (2) शिक्षा में 'दिलचस्पी' का अभाव। इन उत्तरों की व्याख्या देश के विभिन्न भागों में शिक्षा व्यवस्था की वर्तमान कार्य पद्धति के सन्दर्भ में ही होनी चाहिए। 'शिक्षा में दिलचस्पी' का गहरा सम्बन्ध शिक्षण के स्तर से हो सकता है। देश के अधिकांश भागों में शिक्षण स्तर इतना गया-गुज़रा है कि शीघ्र ही बच्चों को स्कूल जाना एक बोझा लगने लगता है। पर इस जानकारी से यह भी पता चलता है कि बच्चे और उनके माँ-बाप अक्सर बाल श्रम आदि का (शिक्षा की अपेक्षा) अधिक मूल्यांकन करते हैं।

जिन सामाजिक वर्गों के लिए शिक्षा को कमी को 'अनावश्यक' माना गया है, उनके विषय में तो यह बात और भी अधिक महत्वपूर्ण हो जाती है। जैसे पहले भी बात उठी है कि निम्न जातियों के लिए शिक्षा बहुत 'महत्वपूर्ण' नहीं मानी गई—यद्यपि अब इस मान्यता में विशेष दम नहीं रहा फिर भी इस विचार का तीन प्रकार से प्रभाव कहीं न कहीं दीख ही जाता है : (1) इन जातियों में जन्मे लोगों की शिक्षा सम्बन्धी अपेक्षाएँ न्यून रह जाती हैं, (2) इन न्यून अपेक्षाओं की सिद्धि के लिए भी उन्हें परिवार एवं समाज का पूरा सहयोग नहीं मिल पाता, और (3) इन वर्गों में शिक्षा के समुचित प्रसार के प्रति सामाजिक प्रतिबद्धता भी प्रायः ढुलमुल सी ही रहती है। वस्तुतः पारिवारिक आय एवं शिक्षा सुविधाओं का स्तर समान होने पर भी इन हीनग्रस्त वर्गों के बच्चों की स्कूल उपस्थिति प्रायः कम रहने के भी साक्ष्य मिल रहे हैं।

अभिभावकों की 'अनिच्छा' एवं स्कूली शिक्षा की उच्च लागतों की संभावित समस्याओं का सार्वजनिक नीतियों द्वारा कई प्रकार से समाधान सम्भव हो सकता है। तमिलनाडु एवं केरल की तरह ही देश के कई और भागों में भी 'स्कूल में खाना'' खिलाने की व्यवस्था कर बच्चों की उपस्थिति दर बढ़ाने के सफल प्रयास हुए हैं। सक्रिय जन आन्दोलनों द्वारा शिक्षा के प्रति आम आदमी के दृष्टिकोण में बदलाव लाया जा सकता है। यह बात हाल ही के वर्षों में 'पूर्ण साक्षरता आन्दोलनों' के अनुभवों से बहुत ही स्पष्ट रूप से उभरकर सामने आई है। स्कूल में बच्चों

की उपस्थिति दर बढ़ाने में इनके साथ-साथ अन्य अनेक प्रकार की स्थानीय दृष्टि से उपयोगी नीतियाँ भी अपनायी जा सकती है।

शिक्षा को अनिवार्य घोषित करने की वकालत भी बहुत बार हुई है। किन्तु इस बारे में सरकारी नीतियों में कभी भी स्थिरता नहीं दिखाई पड़ी। दस-पंद्रह वर्ष के अन्तर से, बार-बार 14 वर्ष तक के बच्चों की शिक्षा को अनिवार्य बनाने की बात सरकारी विज्ञप्तियों में दोहराई जाती रही है पर यह मात्र दिखावा प्रतीत होती है—क्योंकि अधिकांश नीति-निर्धारकों का मत तो यही लगता है कि सभी की अनिवार्य शिक्षा का विचार अपने आप में ठीक नहीं है, या फिर वे समझते हैं कि इस विचार को व्यावहारिक अथवा वांछनीय बन पाने में अभी अनेक वर्ष लगेंगे।

अब समय आ गया है कि इस प्रकार के ढुलमुलपन को त्याग अनिवार्य शिक्षा के व्यावहारिक स्वरूप पर चिन्तन एवं विचार मंथन प्रारम्भ किया आए। इससे जुड़े मुद्दों की गुत्थियाँ बहुत उलझी हुई हैं—उन्हें सुलझाने के लिए समाज के विभिन्न क्षेत्रों में पर्याप्त जानकारी संग्रहीत कर उसका विस्तृत मूल्यांकन करना होगा। हमें ''या तो सब कुछ या फिर कुछ भी नहीं'' वाली मनःस्थिति से बाहर निकल कर चिन्तन करना है—क्योंकि यह मनःस्थिति बहुधा उपलब्ध विकल्पों के साथ पूरा न्याय नहीं कर पाती। उदाहरण के लिए, ''सारे भारत में एक साथ 6-14 वर्ष के सभी बच्चों की शिक्षा अनिवार्य रूप से लागू कर दी जाए' यह बात भी उतनी प्रभावशून्य होगी जितनी यह दलील कि शिक्षा की अनिवार्यता तो कोई (बहस का) मुद्दा ही नहीं है। किसी भी ठोस प्रस्ताव में स्कूल व्यवस्था की त्रुटियों, बाल श्रमिकों के उत्पीड़न की दुर्सम्भावनाओं और समाज के सभी वर्गों (जैसे युवा विधवाओं) की बाल श्रम पर निर्भरता आदि पर भी विचार आवश्यक होगा। कई बार तो नौकरशाही की अत्यधिक मांगों की पूर्ति के प्रयास में शिक्षा के स्तर में भारी गिरावट की भी आशंका हो सकती है। अनिवार्य शिक्षा की वांछनीयता एवं व्यावहारिकता निश्चित रूप से प्रस्तावित काल सोपान, उपयुक्त आयुवर्ग का निर्णय, उसे लागू करने की व्यवस्था के स्वरूप तथा बाल श्रम पर निर्भरता समाप्त करने में समर्थ सामाजिक सुरक्षा व्यवस्था की रचना आदि अनेक सम्बद्ध कारकों पर निर्भर करती है।

यदि अनिवार्य शिक्षा व्यवस्था एकदम से लागू करने के बजाय धीरे-धीरे क्रमिक रूप से लागू की जाए तो इन मुद्दों का कहीं अधिक स्पष्टीकरण सम्भव हो पाएगा। अपने-अपने अधिकार क्षेत्र में सभी स्थानीय अधिकारी एवं राज्य सरकारें शिक्षा को अनिवार्य घोषित करने के वैधानिक अधिकार से सम्पन्न हैं—फिर इस विषय में अखिल भारतीय नीति की बात उठाना निरर्थक होगा। सम्भवतः अपेक्षाकृत अधिक विकसित क्षेत्रों में प्राथमिक शिक्षा स्तर से जुड़े 6-10 वर्ष की आयु के बच्चों की शिक्षा को अनिवार्य बनाकर एक अच्छी शुरुआत हो सकती है। इस प्रयोग के परिणामों को ध्यान में रखते हुए फिर और आगे बढ़ने की नीतियाँ बनाना अधिक उपयोगी

होगा। यह सच है कि इस प्रकार की क्रमिक विधि से सारी प्रक्रिया कुछ धीमी हो जाने की आशंका रहती है, किन्तु बहुत ही ऊँची-ऊँची बातें बना कर कुछ भी नहीं कर पाने वाली स्थिति की तुलना में यह प्रगति दर भी बहुत सम्मानजनक सिद्ध होगी।

एक बात और शिक्षा की अनिवार्यता अपने आप में प्राथमिक शिक्षा का संवर्धन करने का पर्याप्त सार्वजनिक कार्यक्रम नहीं बन सकती। वस्तुतः यह तो किसी ऐसे कार्यक्रम का एक अंग ही होनी चाहिए। इसके साथ-साथ स्कूल व्यवस्था में बहुत महत्वपूर्ण एवं दूरगामी सुधार आवश्यक होंगे। बच्चों के लिए उन स्कूलों में जाना कानूनी रूप से अनिवार्य बना देना, जहाँ न उनके बैठ सकने की जगह हो और न ही उन्हें पढ़ाने वाले शिक्षक, तो उनके साथ एक भद्दा मजाक ही होगा।

नारी शिक्षा

नारी शिक्षा की आवश्यकता को भारत में एक सामाजिक मुद्दा अभी हाल ही में माना गया है। पुरानी ब्राह्मणवादी परम्परा में तो वेदों के अध्ययन को केवल उच्चवर्णीय पुरुषों की बपौती माना गया था। उस व्यवस्था में नारी शिक्षा पुरुष वर्चस्व के लिए एक चुनौती बन सकती थी। भारतीय इतिहास परम्परा में यदा-कदा विदुषी महिलाओं एवं उनकी रचनाओं के दर्शन हो जाते हैं, प्राचीन ग्रन्थों में तो मैत्रेयी एवं गार्गी जैसी बौद्धिकता, सम्पन्न विदुषियों के अनेक उदाहरण मिलते रहे हैं, किन्तु फिर भी व्यापक स्तर पर नारी शिक्षा का विचार बीसवीं सदी की ही देन है। वस्तुतः 19वीं सदी के अन्त 1875 में कुर्ग, अंडमान-निकोबार द्वीपों, तथा त्रावणकोर एवं कोचीन की रियासतों को छोड़ भारत के प्रत्येक प्रान्त एवं रियासत में नारी साक्षरता दर एक प्रतिशत से कम ही थी। वर्ष 1901 में भी यह दर मुश्किल से तीन प्रतिशत हो पाई थी।

इस प्रकार की ऐतिहासिक पृष्ठभूमि में 20वीं सदी में नारी शिक्षा स्तर में सुधार बहुत ही सुखद लगता है। स्वतंत्रता प्राप्ति के बाद तो इस दिशा में विशेष रूप से बहुत प्रगति हुई है। किन्तु अभी भी अन्य देशों की तुलना में हम बहुत पिछड़े हुए हैं। हमने अध्याय-3 में भी इस बात की चर्चा की थी कि नारी साक्षरता की दृष्टि से तो भारत सहारातर अफ्रीका से भी पीछे चल रहा है। चीन के साथ तुलना करने पर भी हमें बहुत शर्म की अनुभूति होती है। भारत में 15-19 वर्ष की आधी महिलाएँ निरक्षर हैं जबकि चीन में यह निरक्षरता केवल 10 प्रतिशत रह गई है। दक्षिण-पूर्वी एशियाई देशों की स्थिति तो चीन से भी बेहतर है।

नारी साक्षरता की इस समस्या के लिए भारत की स्कूल व्यवस्था की दुर्दशा ही उत्तरदायी हैं। यहाँ इस बात पर बल देना गलत नहीं होगा कि प्राथमिक शिक्षा के प्रसार में सरकारी विफलताओं का सबसे अधिक दुष्प्रभाव नारी शिक्षा पर पड़

रहा है–लड़के तो फिर भी पढ़ जाते हैं, उन्हें दूर दराज के गाँवों में भी भेज दिया जाता है, किन्तु लड़कियाँ पूरी तरह से ही शिक्षा से वंचित रह जाती हैं। सरकारी स्कूल की हालत खराब होने की दशा में लड़कों को तो ज्यादा फीस खर्च करके निजी स्कूलों में भी दाखिल करा दिया जाता है–पर अक्सर अभिभावक लड़कियों को गाँव से बाहर भेजने से कतराते हैं–या फिर निजी स्कूल की फीस भरने से बचना चाहते हैं। अतः ग्रामीण क्षेत्रों में सरकारी स्कूलों की दुर्दशा का सबसे गहरा आघात लड़कियों की शिक्षा पर पड़ता है। लड़कों की शिक्षा पर उसका दुष्प्रभाव फिर भी सीमित रहता है। लड़कियों की शिक्षा पर एक अन्य तथ्य का भी बहुत नकारात्मक प्रभाव पड़ता है : भारत में महिला शिक्षकों की संख्या बहुत ही कम है–अखिल भारतीय स्तर पर केवल 29 प्रतिशत प्राथमिक शिक्षक महिला वर्ग से हैं, केरल में यह अनुपात 63 प्रतिशत है। उत्तर प्रदेश में कुल मिलाकर 18 प्रतिशत महिला प्राथमिक शिक्षक हैं–ग्रामीण क्षेत्रों में तो यह अनुपात मात्र 13 प्रतिशत रह जाता है। कितनी ही बार उत्तरी भारत में लड़कियों के अलग स्कूलों के अभाव या महिला शिक्षकों के अभाव के कारण भी लड़कियों की पढ़ाई रुक जाती है।

यह कहना उचित नहीं होगा कि भारत में नारी शिक्षा के न्यून स्तर का एकमात्र कारण स्कूल व्यवस्था की खस्ता हालत ही है। जहाँ स्थानीय रूप से पठन-पाठन की व्यवस्था ठीक है वहाँ भी लड़कियों की अपेक्षा लड़के ही अधिक नजर आते हैं। अतः स्कूलों की दुर्दशा के साथ-साथ इस बात पर भी अलग से विचार करना आवश्यक होगा कि अभिभावक अपनी बेटियों की शिक्षा पर कम ध्यान क्यों देते हैं ?

नारी शिक्षा के इस अवमूल्यन का स्त्री-पुरुष सम्बन्धों के स्वरूप में भी प्रभाव पड़ता रहा है। इनमें से तीन प्रमुख हैं :

सर्वप्रथम तो देश में श्रम का विभाजन लिंगानुसार होता रहा है–सम्पत्ति अधिकार व्यवस्था में भी प्रायः पुत्रों को ही प्रधानता मिली है। इस कारण भी नारी शिक्षा के लाभों को समझ पाने में कठिनाइयाँ आती रही हैं। ग्रामीण भारत में तो अधिकांश लड़कियाँ सारा जीवन गृहकार्य एवं बच्चों के जनन-पालन में ही लगाती रही हैं–हाँ कृषि कार्यों में समय-समय पर वे परिवार की सहायता अवश्य करती हैं। समाज में वयस्क नारी की भूमिका के प्रति यही दृष्टिकोण अभिभावकों की दृष्टि में बेटियों की शिक्षा को निरर्थक ठहरा देता है। इस बात की ओर किसी का ध्यान ही नहीं जाता कि पारिवारिक कार्यों एवं बच्चे के पालन पोषण के सीमित कामों में भी नारी शिक्षा कितना महत्वपूर्ण योगदान कर सकती है।

दूसरे, देश के अधिकांश भागों में विवाह के बाद लड़की अपने माता-पिता का घर बार (यहाँ तक कि गाँव भी) छोड़ कर ससुराल चली जाती है, अतः उसके माँ बाप को उसकी शिक्षा में कोई आर्थिक लाभ नहीं दीखता। भारतीय परिवार में

तो बेटी एक अतिथि की भाँति रहती है—उसकी शिक्षा पर किए गए निवेश का सारा लाभ अन्ततः किसी दूर दराज़ के प्रायः अपरिचित परिवार को ही पहुँचता है। इस कारण भी माँ-बाप को नारी शिक्षा से सम्भावित लाभ अपेक्षाकृत बहुत गौण ही प्रतीत होते हैं। यही मनःस्थिति समाज में प्रचलित कहावतों में भी झलकती है : "बेटी का पालना तो पराए आँगन के बिरवे को सींचना भर है"—यह एक तेलुगू कहावत है। इससे स्पष्ट होता है कि पितृवादी धारणाएँ केवल उत्तरी भारत तक ही सीमित नहीं रहीं—इनकी कुछ न कुछ छाप दक्षिण भारतीय मानस पर भी अवश्य रही है।

तीसरा प्रमुख सम्बन्ध सूत्र है दहेज व्यवस्था तथा अपने से उच्चस्तरीय परिवार में बेटी के विवाह की आकांक्षा। इनके कारण भी भारत के कितने ही भागों में बेटी को पढ़ाना एक बोझ बन जाता है। यदि शिक्षित बेटी के लिए और अधिक शिक्षित वर तलाश करना एवं अधिक दहेज देना पड़े तो निश्चित रूप से उसकी पढ़ाई बहुत ही महँगी पड़ जाती है। सामाजिक अध्ययनों से पता चलता है कि यह एक निर्मूल आशंका मात्र नहीं है—कितने ही माँ-बाप इस समस्या से जूझते हुए देखे जा सकते हैं।

नारी शिक्षा एवं स्त्री-पुरुष सम्बन्धों के बीच उल्लिखित एवं अन्य सम्पर्क सूत्रों के कारण बीसवीं सदी में भी भारत के विशाल उत्तरी भूभाग में नारी शिक्षा के प्रसार का सीमित रह जाना विशेष आश्चर्य का विषय नहीं होगा (उत्तरी भारत में श्रम विभाजन, पितृवंशानुगतता, पिता के घर से पति के घर जाने आदि की परम्पराएँ बहुत ही गहरी पैठी हुई हैं)। जहाँ भी पितृवंशानुगतता का प्रभाव इतना गहरा नहीं है, उन प्रान्तों में नारी शिक्षा का प्रसार बहुत तेज़ी से हुआ है—केरल तो इसका स्पष्ट उदाहरण है ही, यही बात प्रायः सारे दक्षिण भारत, समग्र हिमालय क्षेत्र, उत्तरी एवं उत्तर-पूर्वी राज्यों, जैसे मणिपुर, मेघालय एवं हिमाचल प्रदेश आदि पर भी लागू रही है।

उल्लिखित तथ्यों से एक अन्य निष्कर्ष भी निकलता है : लड़के एवं लड़कियों की शिक्षा के स्वरूप का निर्धारण करने वाले तत्त्व भी पृथक-पृथक होते हैं। बेटों की शिक्षा के पीछे आर्थिक उत्प्रेरणाएँ बहुत सशक्त होती हैं—शिक्षा से उनकी रोजगार एवं उपार्जन-क्षमता बढ़ जाती है, अतः माँ-बाप अपने पुत्रों की आर्थिक संवृद्धि एवं प्रगति की आधार-स्वरूप शिक्षा में निवेश आवश्यक मान लेते हैं। किसी सीमा तक वे इसे अपनी वृद्धावस्था का बीमा भी मान बैठते हैं (कमाऊ पुत्र तो बुढ़ापे की लाठी होता है)। अनेक पारिवारिक सर्वेक्षणों में पुत्र की शिक्षा के पीछे इस प्रकार के आर्थिक चिन्तन का प्रभाव बहुत ही स्पष्ट रूप से उभरा है। आर्थिक लाभ की आशा एवं माँ-बाप के अपने आत्म लाभ की कसौटी पर बेटियों की शिक्षा पूरी नहीं उतर पाती—समाज में विद्यमान श्रम विभाजन, विवाह परम्पराओं और सम्पत्ति

अधिकारों की व्यवस्था के कारण पुत्रियों की शिक्षा इतनी महत्वपूर्ण नहीं हो पाती। हाँ, बेटी के भविष्य, कुशल-क्षेम के प्रति माँ-बाप की चिन्ता और शिक्षा का उसके अपने जीवन की गुणवत्ता पर प्रभाव कहीं अधिक 'सशक्त' कारण प्रतीत होते हैं जिनसे प्रेरित हो उसकी शिक्षा पर भी ध्यान दिया जा रहा है।

बेटी एवं बेटों की शिक्षा की आधारभूत प्रेरणाओं में ये अन्तर नीति निर्धारण की दृष्टि से बहुत महत्वपूर्ण हैं। जहाँ तक बेटों की शिक्षा का प्रश्न है, अभिभावकीय प्रेरणा स्तर पहले से ही बहुत उच्च है, यह स्कूल व्यवस्था को सुधारने के प्रयासों को और सम्पुष्ट करेगा। किन्तु बेटियों की शिक्षा को लेकर तो सामाजिक दृष्टिकोण की संकीर्णता और अभिभावकीय निष्क्रियता से भी जूझना होगा। वहाँ इस बात को भी प्रमाण उपलब्ध हैं कि आर्थिक परिवर्तन, सार्वजनिक कार्यों एवं जन आन्दोलनों के द्वारा भारत में नारी शिक्षा के प्रति दृष्टिकोण में बहुत ही कम समयावधि में महत्वपूर्ण सुखद परिवर्तन ला पाना सम्भव है। राजस्थान जैसे प्रदेश में, जहाँ कि प्राथमिक शिक्षा तथा अन्य क्षेत्रों में स्त्री-पुरुष के बीच भेदभाव सबसे अधिक गहरे हैं, भी सुनियोजित आंदोलनों के फलस्वरूप नारी शिक्षा के प्रति दृष्टिकोण में तीव्र परिवर्तनों के संकेत मिल रहे हैं। इस दिशा में और सक्रियता की आवश्यकता है—तभी परम्परा के विपरीत भविष्य में नारी शिक्षा को पिछड़ने देने की प्रवृत्ति से मुक्ति प्राप्त हो सकेगी।

शिक्षा एवं राजनीतिक सक्रियता

इस अध्याय में हमने प्राथमिक शिक्षा नीति के सन्दर्भ में सरकारी क्रिया कलापों की अनेक त्रुटियों की ओर ध्यान आकृष्ट करने का प्रयास किया है। ये त्रुटियाँ हैं सरकारी आंकड़ों की विसंगतियाँ, शिक्षा नीति में व्याप्त विभ्रम, शिक्षा पर व्यय की अपर्याप्तता एवं उसका भी ठीक से प्रयोग नहीं होना, ग्रामीण क्षेत्रों में स्कूली व्यवस्था का कुप्रबन्धन एवं जवाबदेही का अभाव; अनिवार्य शिक्षा पर गम्भीरतापूर्ण विचार विमर्श का अभाव, तथा नारी शिक्षा की उपेक्षा आदि। हमारा यह भी विचार रहा है कि इन सभी विफलताओं का मूल कारण व्यापक रूप से प्राथमिक शिक्षा की समतापूर्ण व्यवस्था करने लिए कटिबद्धता का अभाव ही है।

फिर भी सबसे अधिक आश्चर्य की बात तो यह है कि इतने दीर्घकाल तक सरकारी नीतियों की निरन्तर निष्फलता के बाद भी शिक्षा के मुद्दे को आधार बना कर वर्तमान व्यवस्था के लिए कोई राजनीतिक चुनौती अभी तक क्यों नहीं पैदा हुई। यदि सरकार ने शहरी जनता की जरूरतों के प्रति या किसानों की अनाज की कीमत बढ़ाने या सेना की नए हथियारों की माँग अथवा विश्व बैंक के संरचनात्मक सुधारों पर आग्रह के प्रति इस प्रकार का उदासीनता भरा व्यवहार किया होता तो उसे निश्चित रूप से बहुत बड़े राजनीतिक संग्राम का सामना करना पड़ जाता।

प्राथमिक शिक्षा की इस घोर उपेक्षा के बाद भी सरकार का निरापद बचे रहना अशिक्षित जन समुदाय की राजनीतिक पंगुता का ही प्रमाण है। इससे इस अध्याय के आरम्भ में दी हमारी टिप्पणी को भी बल मिलता है कि केवल सरकार ही नहीं, सामाजिक एवं राजनीतिक आन्दोलनों ने भी निरन्तर प्राथमिक शिक्षा में सामाजिक महत्व एवं मूल्य की उपेक्षा ही की है।

स्थानीय स्तर पर भी यही बातें लागू होती हैं। उत्तर प्रदेश के एक अध्ययन से तो यह भी ज्ञात हुआ है कि किस प्रकार वर्षों तक अध्यापकों की कामचोरी के कारण गांवों के स्कूल निष्क्रिय पड़े रहे। इस बात के विरुद्ध दस वर्षों तक किसी प्रकार की आवाज ही नहीं उठी। यहाँ केरल की उत्तर प्रदेश से तुलना बहुत ही सटीक बैठती है—इस प्रकार की दुर्दशा को केरल में तो बिल्कुल ही सहन नहीं किया जा सकता। यह ठीक है कि केरल में शिक्षा पर सार्वजनिक व्यय भी अधिक है और यह आधिक्य भी उस प्रान्त की उच्चतर शिक्षा सफलताओं के लिए उत्तरदायी है पर व्यय का यह अन्तर भी शिक्षा की राजनीति के अन्तर के समक्ष बहुत धूमिल पड़ जाता है। वस्तुतः प्राथमिक शिक्षा के प्रसार के लिए पिछले कुछ समय से केन्द्र सरकार एवं अन्तर्राष्ट्रीय संस्थाओं द्वारा उपलब्ध कराये गए अनुदान आदि का प्रयोग न करने के लिए उत्तर प्रदेश सरकार बहुत ही बदनाम रही है। इसी प्रकार, उत्तर प्रदेश प्रान्त में तो हाल ही में चलाये गए 'सम्पूर्ण साक्षरता आन्दोलन' में भी कोई रुचि नहीं दिखाई गई। यह आन्दोलन पहले-पहल केरल से प्रारम्भ हुआ था और अनेक राज्यों में इसका अनुसरण कर शानदार सफलताएँ अर्जित की गई हैं। उत्तर प्रदेश में शिक्षा के प्रसार में धन का अभाव इतना बड़ा बाधक नहीं है जितना कि सार्वजनिक नीतियों में प्राथमिक शिक्षा के प्रति उपेक्षा भाव। इस विफलता के लिए केवल सरकार ही नहीं वरन् देश के इस भाग के सभी राजनीतिक आन्दोलन भी दोषी हैं।

अन्ततः भारत में प्राथमिक शिक्षा का प्रसार इन्हीं राजनीतिक कारणों पर निर्भर रह जाता है। इस बारे में कोई सन्देह नहीं कि भारत जैसे गरीब देश में भी, कम से कम युवा वर्ग के लिए तो, सर्वव्यापी साक्षरता एवं अन्य शैक्षणिक सुविधाएँ जुटाने के लिए धन की व्यवस्था हो सकती है। इस सामाजिक प्रतिबद्धता को व्यवहारिक रूप देने में भी कई प्रकार के प्रश्न उठ सकते हैं, किन्तु सबसे बड़ी चुनौती यह है कि इस मुद्दे को एक महत्वपूर्ण राजनीतिक मुद्दा कैसे बनाया जाए।

7.

नर-नारी वैषम्य एवं नारी की भूमिका

अभावग्रस्त नारी और नारियों का अभाव

अनेक सामाजिक व्यवस्थाओं में नर एवं नारी के बीच बहुत ही विषमताएँ पाई जाती हैं। भारतीय समाज भी इसका अपवाद नहीं है। पिछले अध्याय में चर्चित स्त्री एवं पुरुष की साक्षरता दरों के भेद तो भारतीय समाज में रूढ़ हुए व्यापक वैषम्य का एक आयाम मात्र है। देश के अधिकांश भाग में तो एक ही परिवार के परिवेश में भी स्त्रियों को पुरुषों की अपेक्षा अनेक प्रकार के अभाव भुगतने पड़ते हैं। यह बात केवल शिक्षा पाने या प्रतिभाओं के विकास के अवसरों तक सीमित नहीं रह जाती–बल्कि और भी निम्नतर स्तर पर पोषण, स्वास्थ्य एवं जीवित रह पाने तक में विषमताएँ घर कर गई हैं। यहाँ तो 20 व 30 के दशकों तक नारी मृत्यु दर नर मृत्युदर से अधिक ही बनी रही है। अन्य देशों के अनुभव यह बताते हैं कि यदि समान रूप से पोषण और चिकित्सा सुविधाएँ उपलब्ध रहें तो नारी मृत्यु दर अधिक होने का प्रश्न ही नहीं उठता। इसका एक परिणाम है भारत का अतिन्यून स्त्री-पुरुष अनुपात/यह अनुपात केवल यूरोप एवं उत्तरी अमेरीकी देशों से ही कम नहीं है बल्कि सहारातर अफ्रीकी देशों से भी न्यूनतर है। यह समस्या केवल भारत में ही नहीं है–पर यहाँ इसका स्वरूप इतना गहन होता जा रहा है कि इस पर बहुत ही उच्च वरीयता के साथ ध्यान दिया जाना आवश्यक हो गया है।

विश्व के अनेक भागों में जनसंख्या में स्त्री-पुरुष अनुपात में बहुत महत्वपूर्ण अन्तर दिखाई पड़ते हैं। यद्यपि जीवित रहने की दरों पर सामाजिक एवं सांस्कृतिक प्रभावों से इन्कार नहीं किया जा सकता फिर भी इस बात को लेकर चिकित्साशास्त्र में बहुत पुष्ट प्रमाण मिलते हैं कि यदि पुरुषों एवं स्त्रियों को एक समान पोषण एवं देखभाल का लाभ मिले तो प्रत्येक आयुवर्ग में महिलाओं की मृत्यु दर पुरुषों

से कम रहती है। चिकित्साशास्त्री तो यह भी बताते हैं कि भ्रूणावस्था से ही नारी वर्ग की जीवन शक्ति अधिक होने के प्रमाण उपलब्ध हैं—वस्तुतः गर्भस्राव के मामलों में अधिकतर पुल्लिंग भ्रूण ही स्खलित होते हैं, स्त्रीलिंग भ्रूण नहीं। यूरोप एवं उत्तरी अमेरिका में देखा गया है कि यद्यपि पुल्लिंग गर्भधारण अधिक होते हैं, लड़कों का जन्म अनुपात भी अधिक होता है, फिर भी सारे समाज में स्त्री-पुरुष अनुपात 1.05 रहता है—अर्थात कुल मिलाकर जनसंख्या में प्रति 100 पुरुष 105 महिलाएँ होती हैं। किसी सीमा तक पिछले महायुद्धों में मारे गए पुरुषों की भारी संख्या का कुछ न कुछ प्रभाव इन आँकड़ों में अभी तक विद्यमान होगा फिर भी इसके समंजन के बाद भी यह अनुपात इकाई से अधिक ही रहता है। इसके विपरीत तीसरे विश्व में अनेक भागों में यह अनुपात इकाई से काफ़ी कम आँका गया है। उत्तरी अफ्रीका में इसका अनुपात 0.96 तो चीन, बंगला देश एवं समूचे पश्चिम एशिया में इसका स्तर 0.94 रहा है। भारत में तो यह अनुपात प्रायः न्यूनतम 0.93 ही है (यह बात और है कि पाकिस्तान का स्त्री-पुरुष अनुपात 0.91 है, और यह स्तर भारत की अपेक्षा भी बहुत हीन है)। भारत एवं अन्य नारियों के अभाव से पीड़ित देशों में ही नारियों के स्वास्थ्य एवं कुशल क्षेम की सबसे अधिक अवहेलना भी होती है। यह अवहेलना युवा महिलाओं में विशेषकर शिशु अवस्था से ही प्रारम्भ हो जाती है। इसी कारण से आगे चलकर इन देशों में महिलाओं के जीवन-धारण अनुपात में कभी (अर्थात् मरणशीलता दर में वृद्धि) की प्रवृत्ति घर कर जाती है।

हम चाहे आज के यूरोप एवं सहारातर अफ्रीका की स्थिति से तुलना करें या यूरोप के ऐतिहासिक अनुभव से, इस सत्य से मुँह नहीं मोड़ा जा सकता कि भारतीय समाज में लाखों-करोड़ों महिलाएँ लुप्त हो गईं हैं। यदि 1986 के भारत के आंकड़ों की सहारातर अफ्रीका के स्त्री-पुरुष अनुपात के आधार पर व्याख्या करें तो अनुमान है कि भारत में 3.7 करोड़ महिलाएँ लुप्त हो गईं हैं। ऐतिहासिक आंकड़ों के आधार पर भी 3.5 करोड़ के विलोपन का ही अनुमान है। ये आंकड़े अपने आप में बहुत भयावह परिदृश्य चित्रित करते हैं। यह बात सोच कर सन्तुष्ट हो जाने का कोई अर्थ नहीं होगा कि चीन में भी 3.8 से 4.00 करोड़ तक महिलाएँ इसी तरह से गायब होने के प्रमाण मिल रहे हैं। हमारे समाज में निश्चित रूप से एक भीषण विषमता घर कर चुकी है और हमें इसके निराकरण की चिन्ता करनी ही चाहिए।

स्त्री-पुरुष अनुपात

हमने पिछले भाग में यह तो देखा ही है कि भारत में स्त्री-अनुपात विशेष रूप से कम रहा है, किन्तु यह समस्या देश के सभी भागों में समान रूप से छाई

हुई नहीं है। तीसरे अध्याय में भी हमने जाना था कि इस अनुपात की दृष्टि से विभिन्न प्रदेशों में काफी अन्तर दिखाई पड़ते हैं। स्त्री-पुरुष अनुपात देश के उत्तरी प्रान्तों, विशेषकर उत्तर-पश्चिमी राज्यों में कुछ ज्यादा ही न्यून स्तर पर पाया गया है। हरियाणा में इसका स्तर 0.87, पंजाब एवं उत्तर प्रदेश में 0.88 है तो राजस्थान में यह 0.91 रहा है। इसके विपरीत दक्षिणी प्रान्तों में यह अनुपात किसी सीमा तक अधिक 'सम्माननीय' कहा जा सकता है। तमिलनाडु एवं आंध्र प्रदेश में इसका स्तर 0.97 और कर्नाटक में 0.96 है। केरल में तो यह अधिक यानी 1.04 आंका गया है। केरल का यह अनुपात यूरोप एवं उत्तरी अमेरिका के बहुत निकट है।

देश के विभिन्न भागों में स्त्री-पुरुष अनुपात का स्वरूप वहाँ व्याप्त स्त्री-पुरुष सम्बन्धों के स्वरूप से पूरी तरह मेल खाता है। उत्तर-पश्चिमी राज्य तो स्त्री-पुरुष के बीच बहुत ही गैर बराबरी भरे सम्बन्धों के लिए कुख्यात ही हैं, इनकी इस कुख्याति के कुछ लक्षण तो महिलाओं को पुरुषों से दूर रखने, श्रम शक्ति में स्त्रियों की अतिन्यून भागीदारी, स्त्री साक्षरता दरों में बहुत ही न्यूनता, सम्पत्ति अधिकार से महिलाओं का प्रायः वंचित ही रहना, बेटों के जन्म के प्रति बहुत ही उत्साहित होना, लड़कियों के स्वास्थ्य आदि के प्रति अवहेलनात्मक रवैया होना और विवाहोपरान्त नारियों का पित्रकुल से सम्बन्ध पूरी तरह से टूट जाने की परम्परा आदि में स्पष्टतः देखे जा सकते हैं। इन सभी कसौटियों के आधार पर दक्षिण भारत की नारियों की समाज में स्थिति अपेक्षाकृत बेहतर है। केरल में तो नारी की सामाजिक स्थिति अधिक स्वतंत्र एवं औदार्यपूर्ण होने की गौरवमय ऐतिहासिक परम्परा ही रही है। इसी परम्परा का एक महत्वपूर्ण आयाम नारी साक्षरता के व्यापक प्रसार में दृष्टिगोचर होता है (देखें अध्याय-4)। इसी के कारण वहाँ के सामाजिक-राजनीतिक जीवन में भी नारी की सक्रियता दिखाई पड़ती है। केरल के समाज के एक बड़े हिस्से में तो मातृवंशानुगतता का प्रचलन भी है।

यह क्षेत्रीय अन्तर एवं स्त्री-पुरुष अनुपात में परिवर्तन की जानकारी भारत में इस अनुपात के निम्न स्तर की समस्या को भली प्रकार समझने में बहुत सहायक होगी। हम वर्तमान भाग में (एवं अगले भाग में भी) इस विषय को और गहराई से समझने का प्रयास कर रहे हैं। स्त्री-पुरुष अनुपात पर ध्यान केन्द्रित करने का एक कारण तो यही है कि नर-नारी में भेदभाव का यह अपने आप भं एक महत्वपूर्ण सूचक है। साथ ही, इससे नर-नारी सम्बन्धों के अन्य आयामों के विषय में भी महत्वपूर्ण जानकारी प्राप्त होती है।

दो मिथ्या धारणाएँ

हम अपनी विस्तृत चर्चा का आरम्भ भारत में न्यून स्त्री-पुरुष अनुपात की व्याख्या को लेकर प्रायः व्यक्त होने वाली दो मिथ्या धारणाओं से कर रहे हैं।

कई बार यह समझा जाता है कि भारत के न्यून स्त्री-पुरुष अनुपात का मुख्य कारण किसी न किसी रूप में प्रच्छन्न बालिका-वध की सामाजिक कुरीति होगी—यह कुरीति किसी कारणवश सरकारी मृत्यु दर के आंकड़ों में परिलक्षित नहीं हो पाती, इसीलिए इस पर आधारित बालिका मृत्यु दर को प्रच्छन्न माना जाता है। किन्तु भारत की जनगणना के अनुसार स्त्री-पुरुष अनुपात का आकलन दो बातें के पूरी तरह अनुरूप बैठता है : (1) एक तो यहाँ जन्म के समय बालिका-बालक अनुपात 0.95 है तथा (2) दूसरी ओर आयु एवं लिंगानुसार मृत्यु दरों की दर्ज जानकारी के आधार पर आकलन हमें उसी पूर्वचर्चित अनुपात पर पहुँचा देता है। उदाहरण के लिए, भारत में 1981 में 5 वर्ष की आयु पर स्त्री-पुरुष अनुपात का अनुमान 0.921 बनता है। यह अनुमान सन्दर्श पंजीयन व्यवस्था के आंकड़ों पर आधारित है। 1981 जनगणना के विस्तृत आंकड़ों के अनुसार 5 वर्ष की आयु पर स्त्री-पुरुष अनुपात वस्तुतः 0.920 ही रहा। यह अनुपात अनुमानित अनुपात से बहुत भिन्न नहीं है।

यह सम्भव है कि बाल मृत्यु दर में दर्ज कुछ मामले वस्तुतः बालिका-हत्या के मामले ही हों और उनके विषय में माँ-बाप ने जानबूझ कर गलत सूचना दर्ज कराई हो, किन्तु मानविकीय शास्त्र यह बताता है कि बालिका-हत्या सामान्यतः जन्म के तुरन्त बाद ही हो जाती है। पर भारत में बालिकामृत्यु दर का स्तर एक वर्ष के बाद ही ऊँचा दिखाई पड़ता है—पहले वर्ष में बालकों एवं बालिकाओं की मृत्यु दरों में विशेष अन्तर नहीं है। 1981 का ही उदाहरण लें, प्रति हजार जीवित जन्मे बालकों में से 113 की मृत्यु एक वर्ष के भीतर हो गई थी—दूसरी ओर 1000 जीवित जन्मी बालिकाओं में से 115 अपना प्रथम जन्म दिवस नहीं देख पायीं। इसके विपरीत शेष बच्चे बालकों में से 68 की मृत्यु 5 वर्ष से पूर्व हो गई किन्तु 91 बालिकाएँ 5 वर्ष की आयु को पार कर पाने में विफल रहीं।

इस प्रकार यह तो स्पष्ट ही है कि बालिकाओं की अधिक मृत्यु दर शैशवावस्था के बाद ही दिखाई पड़ रही है। यहाँ बालिकाओं के विरुद्ध भेदभाव, घर के भीतर ही बेटों को हर बात में वरीयता—यहाँ तक कि भोजन में भी—आदि की पूर्व परिचित कुव्यवस्था ही बालिकाओं की वंचना एवं अभावग्रस्तताजन्य विफलता का कारण बनती है। विशेषकर उत्तरी भारत में बालिकाओं की पोषण एवं स्वास्थ्य सम्बन्धी देखभाल के प्रति लापरवाही के बहुत ही ठोस एवं स्पष्ट प्रमाण सहज सुलभ रहते हैं।

तर्क दिया जा सकता है कि बालिकाओं की जानबूझ कर उपेक्षा को बालिका-हत्या का ही एक रूप मानना चाहिए। इस तर्क में कुछ दम भी है—पर यह बात हमें नहीं भूलनी चाहिए कि अखबारों की सुर्खियों में स्थान पा जाने वाली बालिकाओं को डुबोने, ज़हर चटाने या दम घोंटने की घटनाओं की अपेक्षा चुपचाप

उपेक्षा द्वारा उनके जीवन को असम्भव बना देने की सामाजिक कुपरम्पराएँ कहीं अधिक व्यापक रूप से समाज में पैठी हुई हैं। यहाँ हमारा मन्तव्य यह दावा करना बिल्कुल नहीं है कि पहले की तरह अब बालिका-हत्या की कुरीति समाप्त हो गई है।

दूसरी मिथ्या धारणा 'मुस्लिम प्रभाव' से जुड़ी है। यह दावा किया जाता है कि उत्तर पश्चिम भारत में न्यून स्त्रीपुरुष अनुपात का कारण यह है कि इस क्षेत्र पर बहुत समय तक मुस्लिम प्रभाव रहा है, अभी भी यहाँ बहुत बड़ी संख्या में मुसलमान रहते हैं और इसके पास ही बहुत से इस्लामी देश भी हैं। किन्तु आंकड़ों पर एक सरसरी दृष्टि डालन से ही इस तर्क का खोखलापन स्पष्ट हो जाता है। भारत का केरल प्रान्त, जहाँ स्त्री-पुरुष अनुपात सबसे उच्च स्तर पर है (1.04), जनसंख्या में मुस्लिमों के अुनपात की दृष्टि से देश में दूसरे क्रम पर आता है। पंजाब प्रान्त में मुस्लिम जनसंख्या सबसे कम 1 प्रतिशत थी किन्तु यहाँ स्त्री-पुरुष अनुपात भी न्यूनतम ही था पर अब हरियाणा इससे जरा सा 'आगे' निकल गया है। वैसे हरियाणा की जनसंख्या में भी केवल 4 प्रतिशत ही मुस्लिम हैं।

भारत के अलग-अलग क्षेत्रों में हिन्दू एवं मुस्लिमों के बीच अलग से बाल मृत्यु दरों की समीक्षा द्वारा यह लिंग विभेद समझ पाने में सहायता मिल सकती है। सारी जानकारी को हमने चित्र 7.1 में समाहित किया है। चित्र के क्षैतिज अक्ष पर हिन्दुओं के बालकों एवं बालिकाओं की मृत्यु दरों के राज्यवार अनुपात रखे गए हैं और ऊर्ध्व अक्ष पर तत्सम्बन्धी मुस्लिम बच्चों के मृत्यु दर अनुपात दिखाए गए हैं। किसी राज्य से सम्बन्धित बिन्दु क्षैतिज (Horizontal) अक्ष के '1' अंकित बिन्दु से दाहिनी ओर तभी जा सकता है जबकि बालिकामृत्यु दर हिन्दुओं की बालकमृत्यु दर से अधिक हो। इसी तरह ऊर्ध्व (Vartical) अक्ष के '1' अंकित बिन्दु से ऊपर उसी राज्य का बिन्दु होगा यदि यही बात मुस्लिम समुदाय पर लागू हो रही हो। इसी प्रकार कोई राज्य विकर्ण से ऊपर तभी होगा यदि उस राज्य में मुस्लिमों में बालिकाओं के जीवित रहने के विरुद्ध भाव हिन्दुओं की अपेक्षा अधिक सशक्त हो, अर्थात् मुस्लिम बालिकाओं एवं बालकों की मृत्यु दरों का अनुपात अधिक ऊँचा हो।

इन आंकड़ों से दो बातें स्पष्ट हो रही हैं। एक तो यह कि बच्चों के जीवित रह पाने में लिंग की प्रवृत्तियाँ क्षेत्रीय आधार पर अधिक सादृश्यपूर्ण हैं, न कि धार्मिक वर्ग के आधार पर। विशेष रूप से, लगभग सारे ही उत्तर भारत में (पंजाब, हरियाणा, उत्तर प्रदेश, राजस्थान, बिहार) में लड़कियों के जीवित रह पाने की सम्भावना कम रहती है। यह बात हिन्दुओं एवं मुसलमानों, दोनों पर समान रूप से लागू होती है। दूसरे, मुस्लिम लड़कियों के बीच इस प्रकार की किसी विशेष अभावग्रस्तता के कोई प्रमाण नहीं मिल पाते।

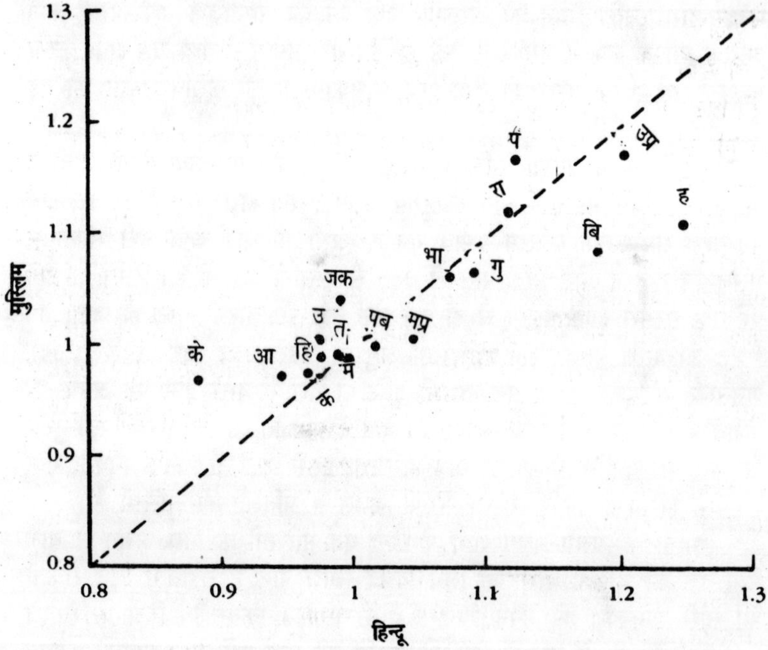

चित्र 7.1

विभिन्न राज्यों में हिन्दुओं एवं मुस्लिमों में बालिका
एवं बालक मृत्यु दरों के अनुपात 1981

हिन्दुओं में बालिका/बालक मृत्यु दर क्षैतिज (Horizontal) अक्ष पर और मुस्लिमों में यही अनुपात ऊर्ध्व (Vertical) अक्ष पर दिखाया गया है।

स्रोत : भारत की जनगणना पर आधारित

भा = भारत
अ = आंध्र प्रदेश — हि = हिमाचल प्रदेश
ब = बिहार — ह = हरियाणा
गु = गुजरात — जक = जम्मू और काश्मीर
क = कर्नाटक — के = केरल
म = महाराष्ट्र — मप्र = मध्य प्रदेश
उ = उड़ीसा — प = पंजाब
रा = राजस्थान — त = तमिलनाडु
उप्र = उत्तर प्रदेश — पब = पश्चिम बंगाल

समयानुसार प्रवृत्ति

यह तो सभी जानते हैं कि भारत में बीसवीं सदी के आरम्भ से स्त्री पुरुष अनुपात में गिरावट आनी शुरू हो गई थी। वस्तुतः 1901 से 1991 तक निरन्तर कमी ही आती रही है और अब स्त्री-पुरुष अनुपात अपने न्यूनतम स्तर तक पहुँच गया है—यह स्तर है 927 स्त्रियाँ प्रति 1000 पुरुष।

वैसे एक बात ध्यान देने योग्य है कि 1891 से 1901 के बीच स्त्री पुरुष अनुपात 963 से बढ़ कर 972 हो गया था—पर यह वृद्धि वस्तुतः 1896-97 एवं 1899-1900 के अकालों का प्रभाव कही जा सकती है। यह देखा गया है कि अकाल की दशा में पुरुषमृत्यु दर में अपेक्षाकृत अधिक तीव्र वृद्धि होती है। भारत की यह वृद्धि मुख्यतः उन क्षेत्रों तक ही सीमित थी जिन्हें आज हम मध्य प्रदेश, महाराष्ट्र, उड़ीसा एवं राजस्थान कहते हैं। इन्हीं में ये अकाल भी सबसे भीषण रहे थे।

किन्तु यह बात सभी राज्यों पर समान रूप से लागू नहीं होती—राज्यवार आंकड़ों में काफी उतार-चढ़ाव दिखाई पड़ते हैं। वर्ष 1901 से ही कुछ राज्यों (जैसे उत्तर प्रदेश, बिहार, उड़ीसा आदि) में स्त्री-पुरुष अनुपात निरन्तर कम हुआ तो केरल एवं हिमाचल में निरन्तर वृद्धि भी दर्ज है। प. बंगाल एवं महाराष्ट्र में इस अनुपात में स्थिरता ही रही है।

अखिल भारतीय स्तर पर स्त्री-पुरुष अनुपात में कमी के मूल कारण इतने सहज स्पष्ट नहीं हैं। इस गिरावट को हम केवल पुरुषों के पलायन, आंकड़े संग्रह करने में पक्षपात या जन्म के समय बालिका-बालक अनुपात के परिवर्तन का परिणाम नहीं कह सकते। इसे जनसंख्या के आयु वितरण में परिवर्तन अथवा जनन क्षमता परिवर्तन का परिणाम भी नहीं कहा जा सकता। वस्तुतः 1981 के आयु वर्गानुसार स्त्री-पुरुष अनुपात को 1901 के आयुवितरण पर लागू करें तो हमें स्त्री-परुष अनुपात के अनुमान के रूप में 936 की संख्या मिलती है। यह संख्या 1981 के वास्तविक अनुपात 934 से बहुत भिन्न नहीं है। इसके विपरीत 1901 के आयुवर्गानुसार स्त्री-पुरुष अनुपात का 1981 की जनसंख्या के आयुवितरण पर प्रयोग कर सकल स्त्री-पुरुष का मान 976 बनता है। यह आंकड़ा 1901 के वास्तविक आंकड़े 972 के बहुत निकट है। हमारे इस विश्लेषण से पता चलता है कि भारत में स्त्री-पुरुष अनुपात में कमी का कारण आयुवर्गानुसार स्त्री-पुरुष अनुपात की गिरावट है। यह जनसंख्या के आयुवितरण में आए किसी परिवर्तन का परिणम नहीं है।

एक अन्य सम्भावना भी हो सकती है : जिन राज्यों में प्रारम्भ से ही स्त्री-पुरुष अनुपात कम रहा है यदि उन्हीं की जनसंख्या वृद्धि अपेक्षाकृत तीव्र रही हो तो उसके कारण भी अखिल भारतीय औसत कम हो सकती है। यह सत्य भी है, किन्तु केवल इसी तथ्य के आधार पर हम अनुपात में आई सारी गिरावट की व्याख्या

तालिका 7.1 भारत में स्त्री पुरुष अनुपात में गिरावट का विलगन–1901-91

	भारत की पुरुष जनसंख्या का अंश		स्त्री पुरुष अनुपात			सदस्यवार इस अनुपात में परिवर्तन का भारतव्यापि अनुपात पर प्रभाव
	1901 (s^0)	1991 (s^1)	1901 (f^0)	1991 (f^1)	(f^1-f^0)	
भारत	1.000	1.000	972	927	-45	—
बिहार	0.111	0.104	1,054	911	-143	-15.87
तमिलनाडु	0.079	0.065	1,044	974	-70	-5.50
उड़ीसा	0.042	0.037	1,037	971	-66	-2.79
केरल	0.027	0.033	1,004	1,036	+32	+0.85
मध्य प्रदेश	0.071	0.079	990	931	-59	-4.17
आन्ध्र प्रदेश	0.080	0.078	985	972	-13	-1.04
कर्नाटक	0.055	0.053	983	960	-23	-1.26
महाराष्ट्र	0.081	0.094	978	934	-44	-3.60
गुजरात	0.039	0.049	954	934	-20	-0.78
प. बंगाल	0.073	0.082	945	917	-28	-2.04
उ. प्रदेश	0.210	0.170	937	879	-58	-12.15
असम	0.014	0.027	919	923	+4	+0.06
राजस्थान	0.045	0.053	905	910	+5	+0.23
हिमाचल प्रदेश	0.009	0.006	884	976	+92	+0.78
हरियाणा	0.021	0.020	867	865	-2	-0.04
पंजाब	0.034	0.025	832	882	+50	+1.72
अन्य राज्य/संघ क्षेत्र	0.009	0.025	943	887	-56	-0.50
अखिल भारतीय स्त्री-पुरुष अनुपात में परिवर्तनों का विलगन	(क) राज्यवार अनुपात परिवर्तन का कुल प्रभाव (स्तम्भ योग)					-46.1
	(ख) संवृद्धि दरों में अन्तर का प्रभाव $f^0 x (s^1-s^0)$					-2.3
	(ग) द्वितीय क्रम (f^1-f^0) $'(s^1-s^0)$					3.4
	स्त्री-पुरुष अनुपात में अन्तर=(क+ख+ग)					-45.0

स्रोत : ए. आर. नंदा (1992) पृ. 86-105 से संकलित

नहीं कर पाते। यदि 1901 का स्त्री-पुरुष अनुपात बना रहता तो विभिन्न राज्यों की जनसंख्या वृद्धि दरों का समंजन करने के पश्चात् समग्र भारतव्यापी अनुपात 970 बनना चाहिए था—यह 1901 के अनुपात से मात्र 2 कम होता।

स्त्री पुरुष अनुपात की गिरावट में विभिन्न राज्यों के 'योगदान के अनुमान ता. 7.1 में प्रस्तुत किए गए हैं। इस तालिका में 1901 से 1991 के बीच की गिरावट को तीन अवयवों में विभाजित कर उनके राज्यवार अनुमान तैयार किए गए हैं। ये अवयव हैं : (क) जनसंख्या सहित राज्यवार स्त्री-पुरुष अनुपात परिवर्तनों का योग, (ख) विभेदी संवृद्धि दर प्रभाव (Differential Growth Rate Effect) —इसमें विभिन्न राज्यों की जनसंख्या वृद्धि की दरों के अन्तर और उनके साथ प्रारम्भिक स्त्री-पुरुष अनुपात के अन्तरों के संयोग का प्रभाव सम्मिलित रहता है। इससे हमें यह ज्ञात हो सकता है कि विभिन्न राज्यों के अपने स्त्री-पुरुष अनुपात स्तर स्थिर रहते तो केवल जनसंख्या वृद्धि दरों के अन्तरों के कारण अखिल भारतीय स्त्री-पुरुष अनुपात पर किस प्रकार के प्रभाव पड़े होते, तथा अवशिष्टांश—अर्थात् वास्तविक अनुपात एवं रेखीय अनुमान का अन्तर। यह रेखीय अनुमान वस्तुत (क) तथा (ख) योग ही है। इस तालिका में राज्यों को 1901 में स्त्री-पुरुष अनुपात के ह्रास क्रमानुसार रखा गया है। केवल अन्य राज्य/प्रदेश आदि ही इस नियम का अपवाद हैं। यह बात ध्यान देने योग्य है कि स्त्री-पुरुष अनुपात के जिन प्रमुख क्षेत्रीय स्वरूपों की आज बहुत चर्चा हो रही है, वे इस शताब्दी के आरम्भ से ही विद्यमान रहे हैं। उत्तर-पश्चिमी राज्य, पंजाब, हरियाणा राजस्थान, उत्तर प्रदेश में 1901 से ही स्त्री-पुरुष अनुपात न्यूनतम रहा है। दूसरी और दक्षिण भारत के केरल, आन्ध्र प्रदेश, कर्नाटक एवं तमिलनाडु आदि में शुरू से ही यह अनुपात 1901 के औसत स्तर से अधिक रहा है। विशेष बात यह है कि पूर्वी राज्यों, बिहार प. बंगाल एवं उड़ीसा की स्त्री-पुरुष अनुपात स्थिति में बहुत ह्रास हुआ है।

1901 से राज्यवार स्त्री-पुरुष अनुपात के परिवर्तन इस प्रकार के 'अभिसरण प्रभाव' (Convergence Effect) का रूप धारण कर रहे हैं। जिन राज्यों में शुरू में यह अनुपात अधिक या वहाँ काफ़ी गिरावट आई है जबकि जिनमें प्रारम्भिक स्तर अतिन्यून था, वहाँ कुछ सुधार के भी लक्षण दिखाई दे रहे हैं। इस विचार के अपवाद दो ही हैं—एक केरल जहाँ स्त्री-पुरुष प्रारम्भिक उच्च स्तर से और ऊपर उठ गया है तथा उत्तर प्रदेश जहाँ प्रारम्भिक न्यून स्तर से भी और तीव्र गिरावट दर्ज हुई है। इस अभिसरण के साथ-साथ देश के सभी भागों में इस अनुपात में गिरावट ही आई है। यह गिरावट किसी एक क्षेत्र तक सीमित नहीं रही है। अनुपात के स्तर में सबसे अधिक गिरावट वाले राज्य हैं बिहार, उड़ीसा, तमिलनाडु, मध्य प्रदेश, महाराष्ट्र एवं उत्तरप्रदेश। तालिका 7.1 के अन्तिम स्तम्भ से यह स्पष्ट है कि इन छहों राज्यों में अनुपात में भारी गिरावट एवं विशाल जनसंख्या का संयोग रहा है।

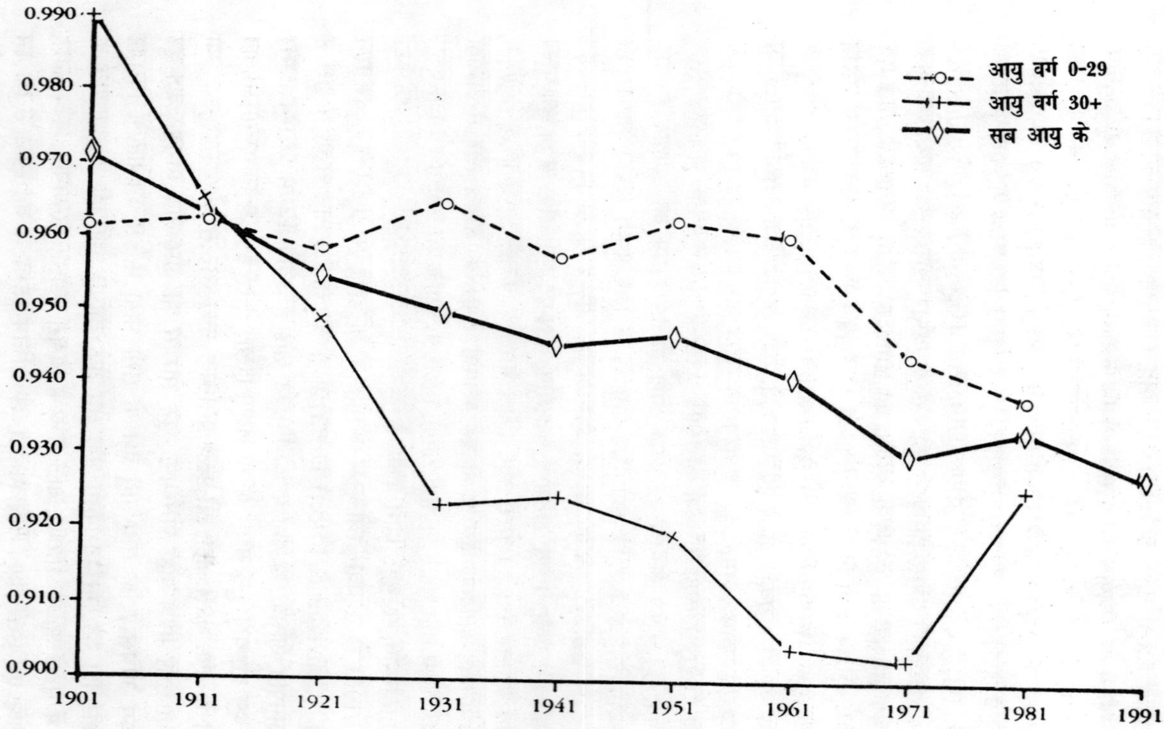

चित्र 7.2 भारत में स्त्री-पुरुष अनुपात 1901-1991

यही राज्य अखिल भारतीय स्तर पर स्त्री-पुरुष अनुपात में आई अधिकांश गिरावट के लिए उत्तरदायी रहे हैं। कुल अखिल भारतीय गिरावट के आधे अंश के लिए तो केवल बिहार एवं उत्तर प्रदेश जिम्मेवार रहे हैं।

चित्र 7.2 में भारत में 1901-81 के बीच स्त्री-पुरुष अनुपात का विकास-क्रम दिखाया गया है। हमने यहाँ इस अनुपात को दो आयु वर्गों में बाँट कर भी दिखाया है। ये आयु वर्ग हैं 29 वर्ष तक एवं 30 वर्ष या अधिक। इस चित्र से यह स्पष्ट हो रहा है कि सकल अनुपात में गिरावट का मुख्य स्रोत 30 वर्ष से अधिक वर्ग में भारी गिरावट रही है। इस आयु वर्ग में 1981 की जनसंख्या का एक तिहाई रहा है। भारत के सभी भौगोलिक क्षेत्रों में यही प्रवृत्ति रही है।

इस संरचना को समझने के लिए स्त्री-पुरुष अनुपात में भारी पविर्तन के दो सम्भावित कारणों के पृथक् स्वरूप को जान-लेना बहुत उपयोगी रहेगा। एक तो किसी विशेष आयुवर्ग में स्त्री-पुरुष का भेद किए बिना ही मृत्यु दर में उछाल के कारण भी इस अनुपात में परिवर्तन आ सकता है। इस आयु वर्ग में स्त्री-पुरुष अनुपात में कोई बदलाव नहीं आता किन्तु इस मृत्यु दर उछाल के कारण समग्र अनुपात पर गहरा प्रभाव पड़ सकता है। उदाहरण के लिए यदि शिशुओं में बालिका-मृत्यु दर अपेक्षाकृत कम हो तो शिशुमृत्यु दर में एक समान वृद्धि के कारण भी स्त्री-पुरुष अनुपात घटने की आशा की जा सकती है। हमारे अध्ययन काल में सभी आयु वर्गों में मृत्यु-दरें घटी हैं इसलिए हम इस प्रवृत्ति को 'मृत्यु दर ह्रास प्रभाव' (Mortality Decline Effect) का नाम दे सकते हैं।

दूसरी ओर, स्त्री-पुरुष अनुपात में परिवर्तन का एक कारण किसी आयुवर्ग विशेष में स्त्रीमृत्यु दर एवं पुरुषमृत्यु दर के अनुपात में परिवर्तन भी हो सकता है। इसे 'मृत्यु अभिनति परिवर्तन प्रभाव' (Changing Mortality Bias Effect) कहा जा सकता है।

यदि किसी आयुवर्ग में स्त्रियों में जीवन-संरक्षण वृत्ति पाई जाती है तो फिर उस वर्ग में मृत्यु दर का निरपेक्ष उछाल उससे अगले आयुवर्गों में स्त्री-पुरुष अनुपात को कम कर सकता है। सामान्यतः उच्च आयुवर्गों में महिलाएँ अपेक्षाकृत अधिक जीवित रह पाती हैं (भारत में भी यह प्रवृत्ति विद्यमान है)। इसी कारण हमें संकेत मिलता है कि 30 वर्ष से अधिक आयु वर्ग में स्त्री-पुरुष अनुपात में कमी का एक आंशिक कारण 'मृत्यु दर ह्रास प्रभाव' है।

किन्तु इस विश्लेषण का यह अर्थ कदापि नहीं है कि भारत में स्त्री-पुरुष अनुपात का ह्रास कोई प्राकृतिक घटनाक्रम है और इसका कारण केवल मृत्यु दर ह्रास ही रहा है। विश्व के अन्य भागों में तो (भारत के विपरीत) मृत्युदर ह्रास के साथ-साथ स्त्री-पुरुष अनुपात में वृद्धि दर्ज होती रही है। उससे महिलाओं की जीवन रक्षण दर में पुरुषों की अपेक्षा अधिक सुधार का ही प्रमाण मिलता है। केरल और

श्रीलंका में भी हाल के वर्षों में यही प्रवृत्ति प्रकट हुई है। भारत में समग्र स्त्री-पुरुष अनुपात का ह्रास उच्च आयु वर्ग में मृत्यु दर ह्रास प्रभाव के साथ निम्न आयुवर्ग नारीविरोधी धारणाओं पर अंकुश रख पाने में विफलता के संयोग का प्रभाव प्रतीत होता है। हमारे चित्र 7.2 के आंकड़े दर्शाते हैं कि 1961 तक 0.29 वर्ष आयु वर्ग में स्त्री-पुरुष अनुपात 0-96 पर ही टिका रहा है। यह आंकड़ा जन्म के समय के स्त्री-पुरुष अनुपात के समान है। अतः यह निष्कर्ष सम्भव है कि 0-29 वर्ष के आयुवर्ग में स्त्री एवं पुरुष मृत्युदर समानप्राय है। किन्तु चिकित्साशास्त्रीय साक्ष्यों के अनुसार तो पोषण एवं स्वास्थ्य स्तर एक समान होने पर स्त्री वर्ग की जीवित रह पाने की क्षमता कहीं अधिक होती है। अतः इस आयु वर्ग में दोनों की मृत्युदर का एक समान होना ही यह सिद्ध करता है कि युवा वर्ग की महिलाएँ व्यापक भेदभाव की शिकार हो रही हैं। यह भेदभाव, अन्य देशों की भाँति, मृत्यु दरों में सामान्य कमी के बावजूद बना हुआ है।

वास्तव में तो 1961 के बाद 0-29 आयु वर्ग में भी स्त्री-पुरुष अनुपात कम हुआ है। इस कमी की व्याख्या 'मृत्यु दर ह्रास प्रभाव' के माध्यम से कदापि सम्भव नहीं है। 1971 आते-आते इस आयु वर्ग के सभी उपवर्गों में स्त्रीमृत्यु दर पुरुष-मृत्यु दर से अधिक हो गई थी—एकमात्र अपवाद नवजात शिशु वर्ग ही था। आज भी यही स्वरूप बना हुआ है। भारत की यह घटना शेष विश्व के सामान्य व्यवहार से बहुत ही भिन्न है—सारे विश्व में तो सामान्य मृत्यु दर में कमी आने से युवा स्त्री वर्ग की अभावपीड़ितता में भी कमी आई है, पर भारत में इसके विपरीत प्रवृत्ति दिखाई पड़ रही है।

हमारी उपर्युक्त चर्चा का अभिप्राय यह नहीं है कि उच्च आयु वर्ग में स्त्री-पुरुष अनुपात में गिरावट महिलाओं के जीवित रह पाने की सम्भावनाओं में कमी के कारण नहीं आई होगी। वैसे 1971 से इस आयु वर्ग की महिलाओं की जीवन सम्भावनाएँ बेहतर हो रही हैं, पर इससे पूर्ववर्ती काल के विषय में विपरीत प्रवृत्ति की सम्भावनाओं को नकार पाना सहज नहीं है। वास्तव में स्त्री-पुरुष अनुपात में अधिकतर गिरावट 1971 से पहले ही आ चुकी थी। उस अवधि के स्त्री एवं पुरुषों की सापेक्ष जीवन सम्भावना दरों में परिवर्तन की दिशा के बारे में विश्वासपूर्वक कुछ भी कह पाना सम्भव नहीं है।

यदि किसी भी समय वयस्क पुरुषों के जीवित रहने की सम्भावना में सामान्य दीर्घायुता प्रवृत्ति के विपरीत भारी सुधार होता है तो इसका एकमेव कारण यही होगा कि पुरुष जीवन दशाओं एवं चिकित्सा सुधारों से अपेक्षाकृत अधिक लाभान्वित हो रहे होंगे। यह सम्भावना बहुत प्रबल है—आर्थिक विकास से पुरुष वर्ग सहज ही शीघ्र प्रभावित हो जाता है। आज भी उत्तर प्रदेश एवं बिहार की महिलाओं का जीवन स्तर प्रायः 1901 के स्तर पर ही अटका हुआ है जबकि पुरुष वर्ग के जीवन

स्तर में व्यापक सुधार आया है। इसी का एक प्रमाण यह है कि आज भी इन राज्यों में प्रसव के समय किसी प्रकार की प्रशिक्षित सहायता प्रायः उपलब्ध नहीं होती जबकि शेष लगभग सारी आधुनिक चिकित्सा प्रणाली सामान्य रोगों का उपचार करती है–केवल महिलाओं की विशिष्ट व्याधियों का नहीं। अतः कहा जा सकता है कि जब महिलाओं को विशेष रूप से चिकित्सा सहायता की आवश्यकता होती है, उन्हें इससे वंचित ही रह जाना पड़ता है। यह भी युवा स्त्रियों के विरुद्ध रुझान कहा जा सकता है।

आधुनिक चिकित्सा व्यवस्था के अधिकांश लाभ केवल पुरुष ही हड़प जाता है। बात केवल यहीं तक सीमित नहीं है। स्त्री-पुरुष सम्बन्धों में एक और बहुत बड़ा बदलाव आया है जिसके कारण समाज के संसाधनों का बँटवारा करने वाला तराजू पुरुषों के पक्ष में झुक गया है। आइए, इस सम्भावना पर भी विचार करें।

स्त्री-पुरुष भेद एवं जाति प्रथा

भारत में स्त्री-पुरुष अनुपात में आई गिरावट सभी धर्मानुयायियों एवं जाति समूहों में समान रूप से व्याप्त नहीं है। यह गिरावट पिछड़ी जातियों के समुदाय में बहुत ही अधिक रही है।

स्वतंत्रता-पूर्व की गई जनगणनाओं का निष्कर्ष रहा है कि समाज की 'निम्न' जातियों में समग्र जनसंख्या की तुलना में स्त्री-पुरुष अनुपात काफी अधिक रहा है। पर अब यह बात नहीं रही। 1991 में अनुसूचित जातियों में यह अनुपात 922 प्रति हजार रह गया–जोकि समग्र अनुपात, 927 से भी कम है। अतः पुराने समय के विपरीत आज अनुसूचित जातियों का स्त्री-पुरुष अनुपात भी शेष जन समुदाय जैसा ही हो गया है।

इस नई प्रवृत्ति का अधिक विस्तार से आकलन कुछ कठिन होगा, क्योंकि स्वतंत्रता-पूर्व जनगणना का जातीय विभाजन स्वतंत्रता के पश्चात् वर्गीकरण से बहुत अलग है। स्वतंत्रता-पूर्व तो सभी जातियों के पुरुषों एवं महिलाओं की संख्याएँ अलग-अलग बताई जाती थीं–पर स्वतंत्रता के बाद से केवल अनुसूचित जातियों के विषय में यह जानकारी दी जा रही है। एक और भी कठिनाई आ रही है : वर्गीकरण के लिए प्रयुक्त जातीय नामों में अक्सर फेरबदल होता रहा है।

अतः अपने विश्लेषण को सरल रखने के उद्देश्य से हम केवल उत्तर प्रदेश के आंकड़ों की व्याख्या करने का प्रयास करेंगे–हम जानते ही हैं कि यह प्रदेश समग्र स्त्री-पुरुष अनुपात की सर्वाधिक 'गिरावट' के लिए उत्तरदायी रहा है। इस राज्य की 1981 की जनगणना में 66 अनुसूचित जातियों की चर्चा हुई है। उनमें से 47 के नाम 1901 की जनगणना में भी दर्ज थे। हम मान लेते हैं कि यही 47 जातियाँ पूरे अनुसूचित जाति वर्ग का प्रतिनिधित्व करती है। इस मान्यता के

आधार पर हम इस वर्ग के लिए 1901 के स्त्री-पुरुष अनुपात की पुनः रचना कर रहे हैं। हमारे इस प्रयास के परिणाम ता. 7.2 में रखे गए हैं।

तालिका 7.2
उत्तर प्रदेश में स्त्री-पुरुष अनुपात एवं जातियाँ 1901 तथा 1981

		कुल जनंसख्या हजारों में, 1901	स्त्री-पुरुष अनुपात 1901	स्त्री-पुरुष अनुपात 1981
(i)	अनुसूचित जाति			
	चमार	5,891	986	880
	सभी अनुसूचित	9,821	970	892
(ii)	क्षत्रिय : राजपूत, ठाकुर	3,354	887	878
(iii)	अन्य हिन्दू	27,517	929	
	हिन्दू (i+ii+iii)	40,692	935	881
	मुस्लिम	6,731	957	903
	अन्य	269	783	884
	सकल	47,692	937	885

स्रोत : भारत की जनगणनाओं की विस्तृत तालिकाओं से संकलित

तालिका 7.2 दर्शाती है कि पहले जिन्हें 'अस्पृश्य' कहा जाता था और अब अनुसूचित जातियाँ कहा जाता है, उनमें 1901 में स्त्री-पुरुष अनुपात औसत स्तर से बहुत अधिक था। 1901 में उत्तर प्रदेश के सबसे बड़े अनुसूचित वर्ण, चमारों का स्त्री-पुरुष अनुपात 986 प्रति हजार था। राज्य की समग्र जनसंख्या में यह अनुपात केवल 937 ही था। पर 1981 आते-आते चमारों सहित सारी ही अनुसूचित जातियों का स्त्री-पुरुष अनुपात प्रदेशव्यापी औसत तक पहुँच गया। यह इस बात की ओर संकेत करता है कि अब उत्तर प्रदेश की अनुसूचित जातियों के स्त्री-पुरुष सम्बन्ध उच्च वर्णों से भिन्न नहीं रह गए हैं।

अनुसूचित एवं 'योद्धा' (क्षत्रिय) वर्णों के बीच की तुलना भी बहुत चौंकाने वाली है। ये उच्च वर्ण उत्तरी भारत के इतिहास एवं सामाजिक जीवन में अपना विशिष्ट स्थान बनाये रहे हैं। इनकी पितृवंशानुगतता की परम्परा बहुत ही सशक्त रही है। इन्हीं वर्णों ने नारीवध एवं उससे जुड़ी अनेक—बाल-विवाह, लड़कियों को अलग रखने, सती, जौहर, विधवा भाभी से विवाह, बहु विवाह आदि पुरुषप्रधानतासूचक

परम्पराओं को बनाने एवं चलाने में बहुत बड़ी भूमिका भी निभाई है। स्वतंत्रता तक तो इनके व्यवहार में किसी प्रकार का परिवर्तन आया ही नहीं था और स्वतंत्रता के बाद से जातिगत जानकारी दर्ज करना बन्द हो गया। अतः इस वर्ग में आए बदलाव के विषय में निश्चित रूप से कुछ भी कहना सम्भव नहीं रहा। पर एक बात सत्य है—1901 अर्थात् हमारी विश्लेशण अवधि के प्रारम्भ में इस वर्ग में स्त्री-पुरुष अनुपात बहुत ही निम्न था—केवल 887 प्रति हजार। स्वतंत्रता-पूर्व के लगभग 50 वर्षों में इसमें कोई बदलाव नहीं आया। यह अपने आप में एक महत्त्वपूर्ण संकेत है। यह बताता है कि अन्य जातियों में जिन कारणों से स्त्री-पुरुष अनुपात में गिरावट आई है उनका इस वर्ण पर इस अवधि में कोई प्रभाव नहीं रहा—हो सकता है, पहले इसी कारण इस वर्ण पर भी प्रभाव रहे हों—पर हमारे पास इस विषय में कोई सुनिश्चित साक्ष्य नहीं है।

यह प्रवृत्ति सामाजिक मानविकी में बहुचर्चित एक अवधारणा की पुष्टि करती है। यह अवधारणा है : धीरे-धीरे उच्च वर्णों की पुरुष प्रधानता निम्न वर्णों में भी घर कर रही है। इसकी व्याख्या का समान स्वरूप यही है कि निम्न जातियाँ भी उच्च जातियों के व्यवहार को अपना रही हैं, विशेषकर उनकी स्त्रियाँ सामाजिक स्तर सूचक उच्चजातीय स्त्रियों के व्यवहार को बहुत ही तेज़ी से अपना रही है। जहाँ भी अभावग्रस्त जातियों को आर्थिक समुन्नति के कारण ऊपर उठने का अवसर मिला है, वहाँ तो यह प्रवृत्ति बहुत ही सशक्त रही है। योद्धा वर्णों के सामान्य व्यवहार को उपयुक्त सामाजिक व्यवहार का प्रतिमान माने जाने में कोई विसंगति नहीं है—आख़िर सदियों से यही वर्ग पूरे उत्तर प्रदेश के जन जीवन पर छाया रहा है।

यह बताना भी प्रसंग के विपरीत नहीं होगा कि बहुत समय से इन वर्णों का युद्ध कौशल तो प्रायः स्थानीय धींगामुश्ती और मारपीट तक ही सीमित रहा है, किन्तु भू-स्वामियों के रूप में इनका दबदबा सारे प्रदेश पर छाया रहा है—अतः इनके व्यवहार को 'सम्पन्न' वर्ग के व्यवहार के प्रतिमान के रूप में सहज भाव से लोग स्वीकार करते रहे हैं।

अनुसूचित जातियों एवं उच्च वर्णों के स्त्री-पुरुष अनुपातों में अभिसरण की प्रवृत्ति के उल्लिखित अनुसरण के अतिरिक्त अन्य कारण भी हो सकते हैं। कई बार यह दावा भी किया जाता है कि भारत में निम्न आय वर्गों में स्त्री-पुरुष भेदभाव या विषमता भी कम पाई गई है। इसी अध्याय में हम जनपद स्तरीय स्त्री-पुरुष अनुपातों का समसामयिक (Cross Section—एक ही समय में संग्रहीत) आंकड़ों का अध्ययन करने वाले हैं। वहाँ भी हमारा यही निष्कर्ष होने वाला है कि यदि जनपद की जनसंख्या की रचना अनुसूचित एवं जनजातीय अनुपात की दृष्टि से स्थिर हो तो प्रायः उच्च स्त्री-पुरुष अनुपात वाले जनपदों में गरीबी का स्तर भी

अधिक ऊँचा पाया गया है। यह बात कुछ तर्कसंगत भी लगती है कि जिन परिवारों में जीवन निर्वाह ही सबसे बड़ी चुनौती हो, वहाँ स्त्री-पुरुष सहयोग जीवन की एक अनिवार्यता बन जाता है। इसके विपरीत सम्पन्न परिवारों में महिलाओं की भूमिका में परस्परता एवं सांकेतिकता का समावेश होने लगता है। पारिवारिक जीवन में स्त्री-पुरुष सम्बन्धों की रचना के ये अन्तर समाज के विभिन्न वर्गों में नारी के स्थान आदि को भी अवश्य प्रभावित करते हैं। यदि गरीबी एवं स्त्री-पुरुष विषमता में इस प्रकार के कारण-प्रभाव सम्बन्ध हो तो निश्चित रूप से आर्थिक संवृद्धि एवं गरीबी अध्ययन के परिणामस्वरूप स्त्री वर्ग की सामाजिक स्थिति में ह्रास की प्रवृत्ति भी दिखाई पड़ने लगेगी। अनुसूचित जातियों में स्त्री-पुरुष अनुपात में भारी गिरावट का कारण यह आर्थिक समृद्धि की प्रक्रिया हो सकती है (अतः इसका जातीय स्वरूप से कुछ लेना देना नहीं होगा)।

एक बात को लेकर कोई सन्देह नहीं है : अभिसरण हुआ है—यह अभिसरण केवल उत्तर प्रदेश तक सीमित नहीं रहा—सारे देश में यही प्रवृत्ति पाई गई है। इसके परिणामस्वरूप भी 1901 से भारत में स्त्री-पुरुष अनुपात में कुछ कमी आई है। अभिसरण की काल-रचना भी बहुत ही विलक्षण जानकारी प्रदान करती है। अनुसूचित एवं जनजातीय समाज में स्त्री-पुरुष अनुपात में (लगभग) सारी ही गिरावट 1961 के बाद आई है। 1961 में उत्तर प्रदेश में अनुसूचित जातियों का स्त्री-पुरुष अनुपात बहुत कम नहीं था—इसका स्तर 941 था, जबकि प्रान्तव्यापी अनुपात मात्र 909 या 879 हो गए हैं। इनसे अनुसूचित जातियों में स्त्री-पुरुष अनुपात में 1961 के बाद से अतिशय गिरावट की जानकारी मिलती है। सारे भारत की औसत में भी यही प्रवृत्ति पाई गई है। 1961 में अनुसूचित एवं जनजातियों का औसत अनुपात 941 था। 1991 में ये घटकर क्रमशः 922 तथा 927 रह गए हैं। यह भी सम्भव है कि इसी भाग में पहले चर्चित 0.29 वर्ष तक के आयु वर्ग में स्त्री-पुरुष अनुपात में अखिल भारतीय स्तर पर आई कमी भी इसी अभिसरण प्रभाव के कारण ही रही हो।

ये सब बातें एक ही तथ्य की ओर हमारा ध्यान खींच रही हैं : आर्थिक प्रगति अपने आप में स्त्री-पुरुष विषमताओं को कम करने में सदैव सहायक हो, ऐसा आवश्यक नहीं है। जहाँ तक अनुसूचित जातियों में उच्च वर्णों की नकल, आर्थिक उन्नयन या अर्थव्यवस्था के किसी प्रसार आदि के फलस्वरूप स्त्री-पुरुष अनुपात में उच्च वर्ण अभिसरण सूचक कमी की बात है, यह निश्चित रूप से आर्थिक संवृद्धि के फलस्वरूप स्त्री-पुरुष सम्बन्धों के पुरुषोन्मुख स्वरूप के और गहन होने का संकेत ही दे रही है। समसामयिक विश्लेषण में उच्च गरीबी स्तर एवं स्त्री-पुरुष अनुपात स्तर का तथ्य भी काल शृंखला की प्रवृत्ति के विश्लेषण पर आधारित निष्कर्ष की ही पुष्टि कर रहा है। स्पष्टतः यह मानकर बैठ जाना

ठीक नहीं होगा कि आर्थिक प्रसार के फलस्वरूप स्त्री पुरुष विषमताओं की समस्या का भी समाधान हो जाएगा। पंजाब एवं हरियाणा हमारे इस मत का सर्वश्रेष्ठ उदाहरण प्रस्तुत करते हैं। इन दोनों राज्यों में स्वतंत्रता के बाद से इतनी तीव्र आर्थिक संवृद्धि हुई है कि ये भारत के अन्य सभी राज्यों से प्रतिव्यक्ति आय की दृष्टि से बहुत आगे निकल गए हैं, पर फिर भी उत्तर प्रदेश को छोड़ अन्य सभी राज्यों की अपेक्षा इनके स्त्री-पुरुष अनुपात निम्न पाए गए हैं। अतः हम कह सकते हैं कि स्त्री-पुरुष समता के उच्च स्तर की प्राप्ति में सामाजिक परिवर्तन की किसी ऐसी सक्रिय प्रक्रिया की आवश्यकता होती है जिसका आर्थिक संवृद्धि से कोई स्पष्ट सम्पर्क नहीं होता।

नारी की भूमिका और बच्चों का जीवन

अनेक अध्ययनों से पता चलता है कि जिन प्रभावों से परिवार के भीतर नारी की बात को सुनने एवं उसकी भूमिका के बृहत्तर स्वरूप को समझने का वातावरण बनता है, उन्हीं के कारण बच्चों के जीवित बने रहने में स्त्रीविरोधी रुझान भी शिथिल होते हैं। दूसरे शब्दों में, यदि किन्हीं कारणों से समाज में नारी की बात को समझने एवं उसकी व्यापक भूमिका को स्वीकार करने की मानसिकता बलवती होती है तो फिर बचपन से ही लड़कियों के जीवित रहने और उनके प्रति अति रूढ़ उपेक्षा भाव में भी कमी आने लगती है। इन कारणों या प्रभावों में से एक प्रमुख है नारी शिक्षा। अभी-अभी प्रस्तुत यह विचार सामाजिक जीवन में प्राथमिक शिक्षा, विशेषकर नारी शिक्षा, की अति महत्त्वपूर्ण सार्थकता से जुड़ी पूर्व उल्लिखित अवधारणाओं को और सम्पुष्ट करता है। एक अन्य महत्त्वपूर्ण प्रभाव नारी के स्वतंत्र रूप से आय अर्जित कर पाने की योग्यता का रहता है। इस प्रयोग के कारण भी घर-परिवार एवं सारे समाज में किसी भी महिला के रुतबे में संवर्धन होता है। परिवार की समृद्धि में उसका योगदान बहुत स्पष्ट दिखाई पड़ने लगता है, उसकी अन्य लोगों की कमाई पर निर्भरता में कमी आने के कारण उसकी बात पर घर एवं आसपास के लोग अधिक ध्यान देने लगते हैं। परिवार से बाहर निकल रोजगार करने का अपना शैक्षणिक महत्त्व भी है और दुनिया की जानकारी हासिल करने का यह एक अच्छा अवसर सिद्ध होता है। नारी की वास्तविक कमाई पूर्ण रोजगार हासिल करने की क्षमता और उसके सामाजिक रुतबे का सीधा प्रभाव लड़कियों के प्रति व्यवहार पर भी पड़ता है। अब उनके विकास एवं कुशल-मंगल के प्रति दृष्टिकोण में बदलाव आने लगता है। सहारातर अफ्रीका की महिलाएँ अर्जनशाली गतिविधियों में अपनी अधिक भागीदारी के दम पर ही उत्तरी अफ्रीकी एवं एशियाई महिलाओं की अपेक्षा कम अभावग्रस्ततापूर्ण सामाजिक रुतबे की स्वामिनी बन पाई हैं।

यह जानने का प्रयास बहुत उपयोगी रहेगा कि स्त्री की बृहत्तर भूमिका के ये तथा अन्य आयाम पुरुष एवं स्त्री मृत्यु दरों तथा अनुजीवन में स्त्रियों के प्रति

नकारात्मकता को किस प्रकार से प्रभावित करते हैं। स्त्री एवं पुरुष मृत्युशीलता के आयुवर्गीय परिदृश्य बहुत ही जटिल हैं। इस भाग में हमारा ध्यान 0-4 वर्ष वर्ग–अर्थात 5 वर्ष से पूर्व की 'मरणशीलता' पर ही केन्द्रित रहेगा। उत्तरी अमेरिका, यूरोप तथा सहारातर अफ्रीका की बालिकाओं को अनुजीवन की दृष्टि से बहुत श्रेष्ठता हासिल हुई लगती है जबकि भारत, पाकिस्तान, बंगला देश, चीन एवं पश्चिम एशिया आदि क्षेत्रों के नारी के प्रति नकारात्मक रुझानों वाले देशों में तो 5 वर्ष से कम आयु वर्ग में भी स्त्री-पुरुष मरणशीलता का अनुपात अधिक ऊँचा रहता है–अर्थात् इस वर्ग में भी बालिकाओं की मृत्यु दर बालकों की मुत्यु दर से कहीं अधिक रहती है। भारत में सम्पूर्ण देशव्यापी बालिका एवं बालक मृत्यु दर (5 वर्ष से कम आयु वर्ग में) तो समानप्राय हो चली हैं किन्तु उत्तरी राज्यों सहित उन क्षेत्रों में जहाँ स्त्री-पुरुष विषमता बहुत अधिक है, वहाँ तो बालिकाएँ अधिक अभावग्रस्त प्रतीत होती हैं–अर्थात् उनकी मृत्यु दर बालकों से अधिक हैं।

वर्ष 1981 में भारत के विभिन्न जनपदों में 5 वर्ष से पूर्व आयु वर्ग की मरणशीलता दरों में अन्तरों का अध्ययन हुआ है। इस अध्ययन का एक आयाम 0-4 वर्ष वर्ग में बाल अनुजीवन में बालिकाओं की सापेक्ष वंचना के सूचक एवं नारी साक्षरता स्तर, श्रमशक्ति में महिलाओं की भागीदारी, गरीबी की गहनता, शहरीकरण के स्तर, चिकित्सा सुविधाओं की सुलभता और जनसंख्या में अनुसूचित जातियों एवं जनजातियों के अनुपात आदि जनपद स्तरीय समंकों (Variables) या चरों के सम्बन्धों पर विचार रहा है (बाल अनुजीवन में बालिकाओं की सापेक्ष वंचना का सूचक जनपद स्तर पर 0-4 वर्ष आयु वर्ग में बालिकाओं एवं बालकों की मृत्यु दरों का अनुपात ही है)। तालिका 7.3 के प्रथम स्तम्भ में ही इस अध्ययन के मूल निष्कर्ष प्रस्तुत किए गए हैं।

वह अध्ययन बहुत ही स्पष्ट रूप से बता रहा है कि जहाँ नारी की बृहत्तर भूमिका की स्वीकारोक्ति का स्तर बेहतर है–अर्थात् स्त्री साक्षरता एवं श्रम शक्ति में भागीदारी का स्तर अच्छा है–वहीं बालिका अनुजीवन में भी सुधार दिखाई देता है। दूसरे शब्दों में जिन क्षेत्रों में, नारी की सामान्य सामाजिक स्थिति या रुतबा अच्छा है, वहाँ बालिकाएँ अधिक समय तक जीवित रह पाती हैं–या 0-4 वर्ष की आयु में बालिकाओं की मृत्यु दर अन्य स्थानों की अपेक्षा कम पाई जाती है। उन्हें कम अभावमय जीवन-यापन का अवसर मिल पाता है। यह निष्कर्ष हमारी पूर्ववर्ती अपेक्षाओं के अनुरूप ही है। दूसरी ओर, जिन समंकों का स्पष्ट सम्बन्ध विकास एवं आधुनिकीकरण के सामान्य स्तर से ही होता है, उनका इस सापेक्ष वंचना सूचक से या तो सांख्यिकीय दृष्टि से महत्त्वपूर्ण सम्बन्ध दिखाई ही नहीं पड़ता या फिर यही नकारात्मक संकेत मिलते हैं। नकारात्मक संकेतों का अर्थ है कि आधुनिकीकरण से बाल अनुजीवन में बालिकाओं के विरुद्ध रुझान और सशक्त हो रहे हैं। यह

बात विशेष रूप से शहरीकरण, पुरुष साक्षरता, चिकित्सा सुविधाओं की सुलभता एवं गरीबी के स्तर के सम्बन्ध में सही पाई गई है (गरीबी में गिरावट से बालिकाओं की सापेक्ष वंचना में वृद्धि ही हुई है)। समसामयिक साक्ष्यों पर आधारित ये निष्कर्ष स्त्री-पुरुष अनुपात में दीर्घकालिक गिरावट की व्याख्या से जुड़े निष्कर्षों की पुष्टि ही कर रहे हैं : अर्थात विकास एवं आधुनिकीकरण की शक्तियों के कारण से ही स्त्री-पुरुष भेदभाव में कमी आना आवश्यक नहीं होता। भारत में किसी सीमा तक विकास स्तर और अनुजीवन में बालिका वंचना में ह्रास की जो प्रवृत्ति दिखाई पड़ रही है, वह नारी की बृहत्तर भूमिका से जुड़े (नारी साक्षरता एवं श्रमशक्ति में भागीदारी आदि) कारकों के माध्यम से ही अस्तित्त्व में आ पाई है। इसी अध्याय का एक और भी बहुत महत्त्वपूर्ण निष्कर्ष रहा है : उच्च जनन दर का भी बालकों की तुलना में बालिकाओं की निम्न अनुजीवनशीलता से सीधा सम्बन्ध है। इसका आधार यही सीधा-सादा तथ्य है कि परिवार की पहली बेटी को शायद इतने अभाव नहीं भोगने पड़ते—किन्तु दूसरी की दशा बद तो तीसरी की बदतर होती जाती है।

तालिका 7.3

बाल मरणशीलता, जननशीलता और नारी के विरुद्ध रुझान के निर्धारक तत्त्व : जनपद-स्तरीय आंकड़ों का समसामयिक आकलन–1981

	आश्रित चर		
स्वतंत्र चर	बाल अनुजीवन में लड़कियों की वंचना	पाँच वर्ष से पूर्व मरण-शीलता	कुल जनन दर
स्थिरांक	0.86 (3.00)*	205.82 (14.37)*	6.594 (23.10)*
नारियों की श्रम शक्ति में भागीदारी (नारी जनसंख्या में कामकाजी महिलाओं का अनुपात)	-0.02 (-3.85)*	0.44 (1.82)	-0.017 (-3.57)*
नारी साक्षरता दर (नारी जनसंख्या में शिक्षिताओं का अनुपात)	-0.04 (-4.46)*	-0.87 (-2.45)*	-0.031 (-4.28)*
पुरुष साक्षरता दर (पुरुष जनसंख्या में साक्षरों का अनुपात)	0.015 (1.97)*	-0.49 (-1.40)	-0.005 (-0.70)

शहरीकरण का स्तर (शहरी क्षेत्र में रह रही जनसंख्या का अनुपात)	0.005 (1.73)	-0.31 (-2.40)*	-0.004 (-0.15)
चिकित्सा सुविधाओं की सुलभता (कुछ चिकित्सा सुविधाओं वाले ग्रामों का अनुपात)	0.005 (1.84)	-0.25 (-2.23)*	-0.002 (-1.04)
ग्रामीण गरीबी सूचक ('सेन सूचक')	0.02 (-3.13)*	0.54 (1.76)	0.007 (1.14)
अनुसूचित जातियाँ (जिले की जनसंख्या में इनका अनुपात)	-0.01 (-1.13)	0.55 (1.89)	-0.007 (-1.23)
अनुसूचित जनजातियाँ (जिले की जनसंख्या में अनुपात)	-0.01 (-3.96)*	-0.60 (-3.57)*	-0.011 (-3.40)*
विभिन्न क्षेत्रों में कृत्रिम/तदर्थ चर			
दक्षिण	-0.82 (-4.91)*	-41.50 (-3.85)*	-0.548 (-2.60)*
पूर्व	0.154 (0.81)	-38.08 (-2.91)*	-0.254 (0.99)
पश्चिम	-0.15 (-0.87)	-12.35 (-1.32)	-0.379 (-2.06)*

नोट : (1) क्षेत्रों में राज्यों का विभाजन इस प्रकार है :

दक्षिण : आन्ध्रप्रदेश, कर्नाटक, केरल, तमिलनाडु

पूर्व : बिहार, उड़ीसा, पश्चिम बंगाल

पश्चिम : गुजरात एवं महाराष्ट्र

(2) उपर्युक्त क्षेत्रों की तुलना मध्य एवं उत्तर भारत से की गई है इसीलिए उत्तर क्षेत्र के लिए कोई कृत्रिम चर प्रयोग नहीं किया गया।

* 5% के स्तर पर महत्वपूर्ण

स्रोत : मूर्ति, गुइओ एंव ड्रीज़, 1995

इस सांख्यिकीय विश्लेषण में विभिन्न क्षेत्रों के लिए कृत्रिम (तदर्थ) चरों (Dummy Variables) का प्रयोग भी हुआ है। इनमें से कुछ चर, विशेषकर दक्षिण भारत से जुड़े चर, अन्य समंको या चरों के समतावेश के बाद भी सांख्यिकीय दृष्टि

से महत्त्वपूर्ण बने रहते हैं। इसका सीधा सा अर्थ है कि बालक-बालिकाओं के सम्पन्न अनुजीवन की अपेक्षा को लेकर भारत के विभिन्न क्षेत्रों में व्यापक अन्तर यह देना है दिखाई पड़ रहे हैं, उनकी हम इस प्रतिमान में समाहित समंकों के माध्यम से आंशिक व्याख्या ही कर पा रहे हैं। इसका अभिप्राय होगा कि अनेक ऐसे कारक, जिनका मापन सहज नहीं है, भी इस सापेक्ष अनुजीवन पर गहरा प्रभाव छोड़ते होंगे। इन सम्भावित कारकों में महिलाओं के सम्पत्ति अधिकार, सांस्कृतिक एवं वैचारिक प्रभाव तथा किसी न किसी रूप में बंधुता (परिवार-गोत्र-ग्राम आदि से बाहर विवाह की परम्परा) आदि सम्मिलित हो सकते हैं।

पाँच वर्ष से कम आयु के सभी बच्चों की सामान्य मरणशीलता का अध्ययन भी इसी प्रकार किया जा सकता है। हमने यह बात तो पहले देखी है कि नारी की श्रम शक्ति में भागीदारी से बालिका अनुजीवन दर में सुधार होता है, किन्तु इस विश्लेषण से हम यह नहीं जान पाए कि सभी बच्चों की अनुजीवन दर पर इसका क्या प्रभाव रहा है। वस्तुतः श्रम शक्ति में भागीदारी के बाल अनुजीवन पर सम्भावित प्रभावों के सकारात्मक या नकारात्मक स्वरूप का पूर्वाकलन सहज नहीं है। यहाँ हमें परस्पर विपरीत दिशा में कार्यरत दो प्रभावों पर विचार करना होगा। एक तो कमाई वाले रोजगार में लगने पर नारी की बृहत्तर भूमिका का विस्तार होता है—इसमें बच्चों की बेहतर देखभाल के प्रति सजगता भी सम्मिलित रहती है। दूसरी ओर, बाहर के रोजगार एवं गृहकार्यों के दो पाटों के बीच पिसती नारी के पास समय ही कहाँ बचता है कि वह अपने बच्चों की ठीक से देखभाल कर सके (इसका एक कारण यह भी है कि पुरुष वर्ग सामान्यतः गृहकार्यों के दायित्वों से बचने का प्रयास करने में ही 'व्यस्त' देखा गया है)। लड़कियों को लेकर एक अन्य तीसरा प्रभाव भी है : श्रमशक्ति में नारी की अधिक भागीदारी होने पर लड़की के जीवित रहने पर कमाऊ बनने की सम्भावना भी है। इन सभी का सम्मिलित रूप से अनुजीवन क्षमता पर प्रभाव आकलित करने की आवश्यकता है। तालिका 7.3 के दूसरे स्तम्भ में जनपदस्तरीय आंकड़ों का सार यह संकेत देता है कि श्रम शक्ति में नारी की भागीदारी और पाँच वर्ष की आयु से पूर्व मरणशीलता में प्रत्यक्ष सम्बन्ध है—किन्तु यह सम्बन्ध बहुत क्षीण है—क्योंकि यह सांख्यिकीय दृष्टि से महत्त्वपूर्ण नहीं है।

पुरुष साक्षरता के प्रभाव को 'नियंत्रित' करने के बाद भी नारी साक्षरता का 5 वर्ष से कम आयु में मरणशीलता पर नकारात्मक प्रभाव सांख्यिकीय दृष्टि से महत्त्वपूर्ण भी है। यह निष्कर्ष भारत सहित अनेक देशों में नारी साक्षरता के बाल अनुजीवन पर घनात्मक प्रभावों के निरन्तर वृद्धिमान साक्ष्यों के अनुरूप भी है। यही नहीं, इस अध्ययन के रचनाकारों ने पाया है कि नारी साक्षरता का बालिका अनुजीवन (5 वर्ष तक की आयु वर्ग में) पर बालकों की अपेक्षा भी अधिक सशक्त प्रभाव

रहता है। इसीलिए अधिक नारी साक्षरता के साथ न्यून बालिका-बालक मृत्यु दर अनुपात भी पाया गया है—अर्थात्, यद्यपि नारी साक्षरता वृद्धि से यूँ तो सभी बच्चों की मृत्यु दर कम होती है किन्तु बालिकाओं की मृत्यु दर विशेष रूप से कम होती है। इसी कारण बालिका-वंचना सूचक के स्तर में गिरावट आने लगती है।

यह बात भी ध्यान देने योग्य है कि परिमाण की दृष्टि से नारी साक्षरता का बाल मरणशीलता की कमी की ओर बहुत भारी प्रभाव रहता है। यह बात तालिका 7:4 में दिखाई गई है। इस तालिका में आश्रित (Dependent) चर-अनुजीवन में बालिकाओं की वंचना के स्तर (यह स्तर 5 वर्ष तक के आयु वर्ग एवं जनन क्षमता को लेकर आंका गया है) की अन्य चरों (कारकों) के उनके निजी औसत स्तरों पर स्थिर रहने पर नारी साक्षरता के प्रति संवेदनशीलता को दर्शाया गया है। इसी प्रकार पुरुष साक्षरता एवं गरीबी के प्रति संवेदनशीलता भी आकलित की गई है। उदाहरण के लिए, यदि अपरिष्कृत नारी साक्षरता दर (1981 के वास्तविक स्तर) 22 प्रतिशत से उठकर 75 हो जाए तो 5 वर्ष तक के बच्चों की मृत्यु दर 156 प्रति हजार (1981 के वास्तविक स्तर) से कम होकर 110 प्रति हजार रह जाएगी। नारी साक्षरता के इस सशक्त प्रभाव की तुलना अपेक्षाकृत कमजोर पुरुष साक्षरता या गरीबी घटाने के प्रति संवेदनशीलता से सहज ही की जा सकती है। यदि पुरुष साक्षरता को भी 22 से बढ़ा कर 75 प्रतिशत कर दिया जाए तो बालमृत्यु दर 167 प्रति हजार से कम होकर 141 प्रति हजार तक ही पहुँच पाती है। गरीबी के स्तर में 1981 की तुलना में 50 प्रतिशत कमी का प्रभाव तो नाममात्र ही रहता है—5 वर्ष तक के वर्ग की मृत्यु दर 156 से घटकर केवल 153 प्रति हजार हो पाती है।

इस सबसे यही सन्देश मिलता है कि नारी की भूमिका का विस्तीर्ण होना (नारी साक्षरता प्रसार द्वारा) समाज के सामान्य कुशल-क्षेम पर बहुत गहरा प्रभाव डालता है। बाल अनुजीवन पर तो यह प्रभाव बहुत ही स्पष्ट एवं सशक्त रहता है। इसकी तुलना में सामाजिक समृद्धि से जुड़े चरों का प्रभाव बहुत ही सीमित (यहाँ तक कि नगण्यप्राय भी) रहता है। इन निष्कर्षों के बहुत ही महत्त्वपूर्ण व्यवहारिक निहितार्थ भी हैं, वैसे दोनों ही प्रकार के चरों पर सार्वजनिक नीतियों पर सक्रियता के प्रभाव पड़ सकते हैं, किन्तु इनके लिए बहुत ही अलग-अलग किस्म के कार्य करने पड़ते हैं।

जनन-क्षमता एवं नारी विमुक्ति

इसमें तो आश्चर्य की कोई बात ही नहीं है कि नारी की भूमिका का विस्तार जनसंख्या नीतियों की सफलता का आधार भी बन जाता है। उच्च जन्म दर के सबसे गम्भीर परिणाम तो महिलाओं के अपने जीवन, लगातार गर्भधारण एवं बच्चों

तालिका 7.4

बाल मरणशीलता (Q5) नारी वंचना (FD) तथा जननशीलता (TFR) पर कुछ चुने हुए स्वतंत्र चरों (नारी साक्षरता, पुरुष साक्षरता और गरीबी) के प्रभाव

स्वतंत्र चर का कल्पित स्तर (%)	प्रथम स्तम्भ में कल्पित नारी साक्षरता स्तर होने पर Q5, FD तथा TFR के अनुमानित मान			प्रथम स्तम्भ में कल्पित पुरुष साक्षरता स्तरों पर Q5, FD तथा TFR के अनुमानित मान			गरीबी रेखा से नीचे जनसंख्या का अनुपात प्रथम स्तम्भ जितना होने पर Q5, FD तथा TFR का अनुमानित मान		
	Q5	FD	TER	Q5	FD	TFR	Q5	FD	TER
10	166.4	10.7	5.38	172.9	-2.0	5.18	151.5	9.8	4.79
20	157.7	5.9	5.07	168.0	-0.1	5.13	152.7	8.5	4.85
30	149.0	1.1	4.76	163.1	1.8	5.08	153.8	7.1	4.91
40	140.2	-3.3	4.45	158.2	3.9	5.03	154.9	5.8	4.97
50	131.5	-7.1	4.15	153.3	5.9	4.98	156.0	4.4	5.03
60	122.8	-10.3	3.84	148.4	8.0	4.93	157.2	3.1	5.09
70	114.0	-12.8	3.53	143.5	10.1	4.88	158.3	1.8	5.15
80	105.3	-14.8	3.22	138.7	12.2	4.83	159.5	0.5	5.21

नोट : यहाँ व्याख्या की सुविधा के लिए हमने व्यक्ति गणना अनुपात को गरीबी का सूचक माना है।

स्रोत : तालिका 7.3 वाला ही है।

के लालन-पालन के दायित्व का रूप धारण कर लेते हैं। एशियाई एवं अफ्रीकी नारियों को प्रायः इसी चक्की में पिसते रहना पड़ता है। अतः नारी के कुशल-क्षेम एवं उसकी बृहत्तर भूमिका के बीच एक गहरा सम्बन्ध बन जाता है। उसी सम्बन्ध के कारण जनन-क्षमता के स्वरूप में भी बदलाव आता है। बार-बार बच्चों के जन्म के कारण भारतीय नारियाँ अनेक कार्यों के सम्पादन को स्वतंत्र नहीं रह पातीं। उनके अपने जीवन को तो इस निरन्तर गर्भावस्था एवं प्रसव-चक्र से गम्भीर खतरा बन ही जाता है। अतः यह बात सहज समझ आ सकती है कि यहाँ भी नारी का रुतबा बढ़ा है, उसे अपनी बात कहने का अधिकार मिला है, वहीं जन्म दरों में भी कमी आने लगी है।

भारत के जनपद स्तर के जनन दर अन्तरों में भी ये बातें बहुत स्पष्टतः झलक रही हैं (देखें तालिकाएँ 7.3 एवं 7.4)। वस्तुतः क्षेत्रीय कृत्रिम चरों एवं प्रजातीय संरचना को छोड़ जितने भी अन्य चर विश्लेषण में समाविष्ट किए गए हैं, उनमें से केवल नारी साक्षरता एवं श्रमशक्ति में नारी की भागीदारी ही ऐसे कारक हैं जिनका जनन दर पर प्रभाव स्पष्ट एवं सांख्यिकीय दृष्टि से महत्त्वपूर्ण दिखाई पड़ता है। एक बार फिर नारी की बृहत्तर भूमिका के महत्त्व का मंडन होता है—आर्थिक प्रगति से जुड़े कारकों के क्षीण प्रभाव की तुलना में तो यह बहुत ही बढ़ा-चढ़ा प्रतीत होता है।

नारी साक्षरता एवं जननशीलता का सम्बन्ध तो बहुत ही स्पष्ट है। विश्व के प्रायः सभी देशों में इस सम्बन्ध का यही स्वरूप देखा गया है। अतः भारत के आंकड़ों में भी इसकी झलक मिलना कोई नई बात नहीं है। शिक्षित महिला की हमेशा ही प्रसव एवं लालन-पालन चक्र में फंसे रहने के प्रति अरुचि ही इसका प्रमुख कारण रहता है। शिक्षा से नारी का सोचने का दायरा विकसित होता है, निम्न स्तर पर, कम से कम, उसे परिवार नियोजन के विषय में जानकारी अवश्य मिल पाती है।

हमने अध्याय-4 में भी बताया था कि नारी की भूमिका के विस्तार के कारण केरल प्रान्त में जननशीलता में काफ़ी कमी आई है। यह उदाहरण सारे भारत के लिए बहुत ही महत्त्वपूर्ण सीख सिद्ध हो सकता है। सारे भारत में जननशीलता अभी भी 3.7 बनी हुई है, जबकि केरल में तो यह सामान्य प्रतिस्थापन दर, 2.1, से भी नीचे, 1.8 तक पहुँच गई है। केरल में नारी शिक्षा के उच्च स्तर का जनन दर में यह कमी लाने में बहुत बड़ा योगदान रहा है।

इस विषय में भी पर्याप्त जनांकिकीय साक्ष्य उपलब्ध हैं कि मृत्यु दरों में कमी आ जाने के पश्चात् जन्म दर में भी कमी आने लगती है। इसका एक कारण तो यही है कि "कुछ न कुछ बच्चे तो बचे रहेंगे"—इस आशा में अधिकाधिक बच्चे पैदा करना आवश्यक नहीं रहता। दूसरे, मृत्यु पर नियंत्रण एवं जन्म निरोध,

दोनों ही कार्यों में गहरी पारस्परिकता की स्थापना बहुत ही आसान होती है। चिकित्सा सुविधाओं की व्यवस्था के ही माध्यम से गर्भ-निरोधकों का प्रचार-प्रसार बहुत प्रभावी रहता है। केरल में भी मृत्यु दर में कमी में स्थायित्व आने के तुरन्त बाद ही जन्म दर में कम तीव्र दर से गिरावट देखी गई है। 1951-61 की अवधि में जन्म दर 44 प्रति हजार थी। यह घटकर 1991 में मात्र 18 प्रति हजार रह गई। मरणशीलता में गिरावट में नारी साक्षरता एवं नारी की भूमिका के विस्तार का बहुत योगदान होता है, अतः इस प्रकार ये दोनों कारक परोक्ष रूप से भी जन्म दर में कमी लाने में सहायक सिद्ध होते हैं–इनकी प्रत्यक्ष भूमिका की चर्चा तो हमने पिछले अनुच्छेद भी की है।

पिछले कुछ समय से विश्व में जन्म दर घटाने की आवश्यकता पर बहुत चर्चाएँ हुई हैं। भारत के लिए तो यह आवश्यकता और भी प्रबल ठहराई गई है। चीन में दमन चक्र द्वारा बहुत ही कम समय में जन्म दर में भारी कमी को भारत के समक्ष एक उदाहरण के रूप में प्रस्तुत किया गया है। भारत को भी दमन नीति का प्रयोग कर जन्म दर घटाने की सलाह दी गई है। किन्तु हमने अध्याय-4 में भी बताया था कि दमन चक्र की अपनी सामाजिक लागतें होती हैं। इन लागतों में एक तो मानवीय स्वातंत्र्य का ह्रास ही है–यह स्वातंत्र्य-ह्रास महिलाओं के लिए विशेष रूप से भारी पड़ता है क्योंकि उन्हें नितान्त व्यक्तिगत मामलों में भी निर्णय करने का अधिकार नहीं बचता। कई बार समस्या के इस पक्ष को पश्चिम के विद्वान बहुत ही छिछोरे ढंग से अस्वीकार कर देते हैं। उनका कहना है कि पश्चिम एवं पूर्व के सांस्कृतिक परिवेश बहुत भिन्न हैं। यह स्वातंत्र्य सम्बन्धी विचार पश्चिम के परिवेश से जुड़ा है–अतः वहाँ नारी के स्वातंत्र्य के हनन की कल्पना भी नहीं हो सकती। किन्तु पूर्व के देशों में नारी स्वातंत्र्य जैसी कोई सांस्कृतिक परम्परा नहीं रही–अतः वहाँ दमन नीति के प्रयोग का स्वातंत्र्य हनन जैसा कोई दुष्प्रभाव कल्पित करना उचित नहीं होगा। इस प्रकार से सांस्कृतिक वैषम्यों के आधार पर अलग-अलग प्रकार की नीतियों की बात करना पश्चिमी विद्वानों के लिए भी खतरे से खाली नहीं होगा। यदि वे प्राच्य देशों में निरंकुशता का उदाहरण देते हैं तो फिर उनके अपने समाज का इतिहास भी स्पेन की ईसाई जाँच पड़ताल (जिसमें दहकते अंगारों पर घसीटकर व्यक्ति की ईसाईयत के प्रति प्रतिबद्धता की परीक्षा होती थी) तथा नाजियों के नज़रबन्दी शिविरों जैसी लोमहर्षक व्यवस्थाओं से ओतप्रोत रहा है (अर्थात् उदारता न पश्चिम की बपौती है और न ही पूर्व की धरोहर–यह तो दोनों ही सामाजिक व्यवस्थाओं की एक ग्राह्य विशेषता है जिसे अपना लेना मानव मात्र के लिए एक शुभ लक्षण माना जाना चाहिए) इस विषय में जाति या प्रजाति या सांस्कृतिक विभेदों के आधार पर पृथक् मानदण्डों की बात करना सारे मानवीय समाज के लिए घातक हो सकता है)।

दमन की स्वीकार्यता की जाँच तो केवल लोकतंत्र की कसौटी पर ही सम्भव है। चीन में इस प्रकार की जाँच का कोई प्रयास नहीं हुआ है—पर भारत में 1975 की अवधि में आपातकाल की व्यवस्था में श्रीमती इन्दिरा गाँधी ने जनता के सभी नागरिक अधिकारों एवं स्वातंत्र्यों को निलम्बित कर अनिवार्य जन्म-निरोध का प्रयोग किया था। अगले ही महानिर्वाचन में उस दमन तंत्र को भारी पराजय का मुँह देखना पड़ा। यही नहीं, परिवार नियोजन विशेषज्ञों ने यह आकलन किया है कि उस जबरी नसबन्दी कार्यक्रम के कारण स्वेच्छया परिवार नियोजन के कार्यक्रमों को कितना जबरदस्त धक्का पहुँचा था। जन सामान्य को परिवार नियोजन के समस्त कार्यक्रमों के प्रति गहरी वितृष्णा हो गई और सरकारी नीतियों की 'मंशा' के प्रति शंकाएँ जागृत हो गईं। आपातकाल की संक्षिप्त अवधि के दमन चक्र का प्रभाव यह रहा कि जन्म दर में भारी गिरावट आना तो दूर, उसकी पहले से चली आ रही गिरावट की प्रक्रिया भी थम गई। अगले दस वर्ष तक जन्म दर स्थिर रही। उसमें गिरावट की प्रक्रिया 1985 के बाद ही पुनः प्रारम्भ हो सकी।

ऐसे प्रमाण भी मिल जाते हैं कि भारत के अति उच्च जननशीलताग्रस्त उत्तरी राज्यों में अभी भी कहीं-कहीं नसबन्दी करने में विशेष रूप से दबाव या ज़बरदस्ती का सहारा लिया जा रहा है। यद्यपि घोषित रूप से दमन सरकारी नीति का अनिवार्य अंग नहीं है—पर सरकार का 'परिवार नियोजन लक्ष्यों की पूर्ति' पर अतिआग्रह प्रशासकों एवं चिकित्साकर्मियों को अलग-अलग स्तरों पर इतना दबाव बनाने को बाध्य कर देता है कि वस्तुस्थिति जबरी नसबन्दी जैसी ही हो जाती है। इस सन्दर्भ में जुबानी धमकियाँ, गरीबी-उन्मूलन कार्यक्रमों का लाभ नसबन्दी कराने पर ही दिए जाने की धमकी, दो से अधिक बच्चों की माता को प्रसव-अवकाश से वंचित रखना, कुछ विशेष चिकित्सा सुविधाएँ नसबन्दी हुए लोगों को ही उपलब्ध कराना तथा दो से अधिक सन्तान वाले व्यक्तियों को पंचायत चुनाव के अयोग्य घोषित करना आदि शामिल हैं। इन गतिविधियों के दीर्घकाल में छोटे परिवार के विचार के पक्ष में सहज सर्वानुमति के विकास एवं चिकित्सा व्यवस्था के विस्तार प्रसार पर बहुत ही घातक प्रभाव पड़ सकते हैं।

यह तथ्य नीति-निर्धारकों के मस्तिष्क में बहुत ही स्पष्ट रूप से अंकित हो जाना चाहिए कि नारी शिक्षा के माध्यम से नारी की बृहत्तर भूमिका के प्रसार द्वारा केरल जननशीलता के जिस स्तर पर स्वेच्छया पहुँच चुका है, चीन अपनी निरंकुश शासन व्यवस्था की समस्त दमन शक्ति का प्रयोग करके भी नहीं पहुँच पाया है। वस्तुतः यह भी स्पष्ट नहीं हो पा रहा कि क्या वास्तव में उस दमन के कारण चीन में जन्म दर में कुछ अरिरिक्त कमी आई भी है या नहीं (हमने इस बारे में अध्याय-4 में खुलकर विश्लेषण किया था)। दमन के योगदान का आकलन करते समय यह बात नहीं भुलानी चाहिए कि चीन में दमन आरम्भ करते समय जननशीलता

घटाने में सहायक अनेक सामाजिक एवं आर्थिक सफलताएँ अर्जित हो चुकी थीं। इन सफलताओं में प्रमुख रही हैं शिक्षा, विशेषकर नारी शिक्षा का प्रसार, स्वास्थ्य एवं चिकित्सा व्यवस्थाओं का संवर्धन, महिलाओं के लिए रोजगार के अवसरों में काफ़ी वृद्धि तथा कुछ समय से तीव्र दर से आर्थिक विकास। ये कारक स्वयं ही जन्म दर को भारत से न्यून स्तर तक ले जाने के लिए पर्याप्त रहते। विचित्र-सी बात है कि चीन को निरंकुशतावादी व्यवहार की 'सफलता' का जितना श्रेय मिल रहा है उतना साधुवाद उन सहायक नीतियों की सफलता पर नहीं मिल पा रहा जिनके कारण जन्म दर में भारी कटौती ला पाना सम्भव हुआ है।

केरल की, चीन से भी निम्न जन्म दर यह स्पष्ट करती है कि यदि अन्य कारणों से दमन नीति सहज स्वीकार्य हो, तो भी ये सहायक प्रभाव उसे नितान्त ही अनावश्यक बना देते हैं। केरल की नारी साक्षरता 86 प्रतिशत है। यह भारत की 39 प्रतिशत से अधिक तो है ही, चीन के 68 प्रतिशत से भी अधिक है। उनके जन्म दर न्यूनता क्रम उनकी साक्षरता के श्रेष्ठता क्रम के अनुरूप ही बनते हैं। यहाँ यह बात भी ध्यान देने योग्य है कि अभी चीन और भारत दोनों में ही जगह-जगह मादा भ्रूणहत्या की नई बुराई पनपने लगी है, किन्तु केरल प्रान्त इससे पूरी तरह मुक्त है। भारत में लिंगभेद आश्रित गर्भपात पर प्रतिबंध लगाने को इस समस्या का समाधान बनाने का प्रयास हुआ है, किन्तु वास्तविक समाधान तो यही होगा कि पारिवारिक एवं सामाजिक वरीयता क्रमों में बालिकाओं के स्थान की अस्वीकारोक्ति की मानसिकता से हम मुक्ति पा सकें।

हमने अध्याय-4 में ही देखा था कि जन्म दर में तीव्र गिरावट की उपलब्धि केवल केरल तक सीमित नहीं रही है। उसके पड़ोसी राज्य तमिलनाडु में भी यह दर अब प्रतिस्थापन दर के बहुत निकट 2.2 (1991) तक पहुँच गई है। अस्सी के दशक में अन्य अनेक राज्यों में भी जनन दर में काफी तेजी से गिरावट आई है। यह बात ध्यान देने योग्य है कि जिन राज्यों में दमनकारी विधियों का प्रयोग सर्वाधिक एवं विस्तृत रहा है, वहीं जननशीलता की कमी सबसे कम रही है। ये राज्य हैं उत्तर प्रदेश, बिहार, राजस्थान एवं मध्य प्रदेश।

इन अनुभवों से जननशीलता नियंत्रण के लिए सहयोगवादी नीतियाँ अपनाए जाने के पक्ष में जो तर्क हमने पहले दिए हैं, उन्हीं की पुष्टि होती है। इस सन्दर्भ में नारी की बृहत्तर भूमिका के जननशीलता एवं मृत्यु दरों पर नियंत्रण में योगदान को सहज स्वीकार किया जाना चाहिए। सभी प्रकार के दबावों और दमनकारी उपायों को निर्विवाद रूप से नकार देना अनेक दृष्टियों से अति आवश्यक हो गया है। यदि हम वास्तव में जननशीलता और मरणशीलता को घटाने एवं नारी के कुशल-क्षेम तथा मूलभूत स्वातंत्र्य का संवर्धन चाहते हैं तो हमें इस दमनकारी मानसिकता से मुक्त होना ही होगा।

वैधव्य एवं स्त्री-पुरुष सम्बन्ध

भारतीय नारी की सार्वजनिक जीवन एवं राजनीतिक गतिविधियों में कम भागीदारी का एक परिणाम यह रहा है कि नारियों एवं स्त्री-पुरुष सम्बन्धों से जुड़े अनेक सामाजिक मुद्दों पर बहुत ही कम ध्यान दिया गया है। अभी कुछ वर्षों से ही स्त्री-पुरुष विषमता एवं नारी की वंचना आदि के कुछ आयामों, जैसे कि न्यून स्त्री-पुरुष अनुपात एवं बाल अनुजीवन में लड़कियों के विरुद्ध प्रवृत्ति आदि पर ध्यान दिया जाने लगा है। किन्तु कितने ही अन्य मुद्दों की ओर अभी समाज का ध्यान ही नहीं जा रहा है लगता है पुरुष-प्रधान समाज ने अभी तक उनकी ओर दृष्टिपात ही नहीं किया है। इन मुद्दों में सम्मिलित हैं : जनन स्वास्थ्य की समस्याएँ एवं प्रसव काल में मातृ मरणशीलता (इन समस्याओं के प्रति तो सारी चिकित्साशास्त्रीय नीतियों एवं शोध कार्यों में नितान्त उपेक्षा दिखाई देती है), महिलाओं के सम्पत्ति अधिकारों का व्यापक हनन (इससे जुड़े कानून अपने आप में भी बहुत ही विषमतापूर्ण है) तथा महिलाओं के प्रति अत्याचारों (हिंसात्मक व्यवहार) को सामान्य सी बात मानना।

महिलाओं की सामाजिक स्थिति का एक अन्य अनदेखा पक्ष विधवाओं की दुर्दशा से जुड़ा है। भारत में अकेली रहने वाली महिलाओं का अधिकांश ये विधवाएँ ही हैं। अन्य अकेली महिलाएँ (यथा त्यक्ताएँ) भी अनेक प्रकार की सामाजिक हीनताओं को भोगने को बाध्य होती हैं। भारत में 1991 में 3.3 करोड़ विधवाएँ थीं। जो कुल महिलाओं की जनसंख्या का 8 प्रतिशत है। ध्यान देने की बात यह है कि पुरुषों की कुल संख्या में से 8 प्रतिशत ही कृषि मजदूरों की श्रेणी में आते हैं। भारत की अधिकांश विधवाओं की अभावग्रस्तता एवं दुर्दशा के अनेक प्रमाण एवं साक्ष्य उपलब्ध हैं। एक जनांकिकीय अध्ययन से ज्ञात हुआ है कि विवाहिताओं की तुलना में उन्हीं के आयुवर्ग की विधवाओं की मृत्यु दर 86 प्रतिशत अधिक है। आर्थिक सर्वेक्षणों से भी पता चलता है कि किसी स्त्री के पति की मृत्यु से उसके परिवार की आय बहुत ही कम रह जाती है। मानविकीय अध्ययनों से भी यह बात स्पष्ट हुई है कि विधवाओं को गरीबी के अभिशाप के साथ-साथ समाज एवं परिवार में अलग-थलग पड़ जाने की व्यथा और मनोवैज्ञानिक कष्टों को भी झेलना पड़ता है।

अधिकांश भारतीय महिलाओं की जीवन शैली पर तो वैधव्य की आशंका मात्र ही बहुत गहरा धक्का पहुँचा देती है (चाहे उनमें से बहुत ही कम को वास्तव में उस दशा में पहुंचने की नौबत आती हो)। उम्र के साथ-साथ जनसंख्या में विधवाओं का अनुपात भी तेज़ी से बढ़ने लगता है। साठ वर्ष की आयु से अधिक वर्ग में 63 प्रतिशत महिलाएँ विधवा हो चुकती हैं; 70 वर्ष से अधिक वयवर्ग में तो भारत

में 80 प्रतिशत महिलाएँ विधवा पाई गई हैं। दूसरे शब्दों में, भारत में किसी महिला के दीर्घजीवी होने पर उसके वैधव्य की आशंका बहुत बढ़ जाती है। अतः इस घटना के पूर्व भी अपने पति से अलग रह जाने की आशंका उनके जीवन पर काली छाया की भाँति मंडराती रहती है। वैधव्य, वृद्धावस्था की निःसहायता एवं विवाहित जीवन के प्रारंभिक वर्षों के जनन सम्बन्धी निर्णयों के बीच भी घनिष्ठ सम्बन्ध आंके गए हैं।

इनके आकार-विस्तार एवं महत्त्व के बाद भी भारत के सार्वजनिक जीवन के विचार विमर्श में विधवाओं की वंचनाओं पर प्रायः कोई चर्चा नहीं होती। सामाजिक शास्त्रों के शोधकर्ता भी इस समस्या से मुँह चुरा जाते हैं। यही नहीं, संचार माध्यम तो गहरी चुप्पी ही साधे रहते हैं। हाँ, कभी-कभी जब यह वंचनाएँ 'सती' जैसा नाटकीय मोड़ धारण कर लेती हैं तब अवश्य कुछ समय के लिए सभी वाचाल हो उठते हैं। यह हमारे अध्याय 5 के प्रारम्भ में आई बात का ही प्रमाण है। वहाँ हमने कहा था कि अक्सर बहुत गहरे पैठे हुए पर शान्त भाव से सहन किए जा रहे अभावों पर आम तौर से लोगों का ध्यान नहीं जाता–हाँ, अकाल या प्राकृतिक विपदा आदि नाटकीय घटनाएँ अवश्य एक बार समाज को झकझोर देती हैं। नारियों की वंचनाओं के संदर्भ में भी यही बात लागू होती है। इस सन्दर्भ में महिलाओं पर नित्य प्रति हो रहे अत्याचारों की पूर्ण रूप से अनदेखी तथा कहीं-कहीं बलात्कार की घटनाओं को संचार माध्यमों द्वारा उछाले जाने की तुलना सहज ही हो सकती है।

वैधव्य का सामाजिक दृष्टि से इतना अचर्चित स्वरूप होने का एक कारण यह भी है कि अपने जीवन साथी को खो बैठने का अनुभव एक नारी ही जानती है। वही इस व्यथा को समझ सकती है। भारत में केवल 2.5 प्रतिशत पुरुष विधुर होते हैं–पर स्त्रियों में से 8.1 प्रतिशत अकेली रह जाती हैं। दूसरे अपने जीवन साथी को खो बैठने के परिणाम दोनों के लिए बहुत ही अलग किस्म के होते हैं। एक विधुर किसी विधवा की अपेक्षा अधिक आसानी से पुनर्विवाह कर सकता है, उसके सम्पत्ति अधिकार भी कहीं अधिक व्यापक एवं प्रभावपूर्ण होते हैं, उसे कमाऊ काम के अवसर खुले रहते हैं और वह अपने बच्चों से अधिक अधिकारपूर्वक आर्थिक सहायता की माँग कर सकता है। वैसे भी यदि विधुरों की दशा विधवाओं जैसी ही दयनीय हो जाती तो निश्चित रूप से उस पर अधिक ध्यान दिए जाने की सम्भावना रहती।

क्षेत्र, समुदाय, वर्ग एवं आयु वर्गानुसार भी विधवाओं की परिस्थितियों में काफी अन्तर पाए गए हैं। फिर भी भारत की विधवाओं द्वारा भुगती गई वंचनाओं एवं असुरक्षा के कुछ साझे 'गुणधर्म' सहज ही स्पष्ट हो जाते हैं। उत्तरी भारत में हुए कुछ ताज़ा सर्वेक्षणों से ये प्रमुख बातें उभर कर सामने आई हैं।

सर्वप्रथम तो भारत में पितृवंशानुगतता बहुत ही गहरी जमी हुई है। वैसे अब हमारी विधायिका ने इसे चुनौती देना शुरू कर दिया है, फिर भी अनेक विधवाएँ इतनी सरलता से अपने वैधानिक उत्तराधिकार की रक्षा नहीं कर पातीं। औपचारिक रूप से तो एक आधुनिक कानूनी व्यवस्था ने विधवा को अपने पति की कृषि भूमि सहित सभी सम्पत्तियों में से एक अंश पाने का सुनिश्चित अधिकार प्रदान कर दिया है। यह अधिकार उसके पुनः विवाहित न होने की शर्त से नहीं बंधा, और उसके मातापिता की सम्पत्ति से उसे मिलने वाले अंश के अतिरिक्त है, किन्तु अध्ययनों से यह बात स्पष्ट हो जाती है कि वास्तव में इस अधिकार का हनन ही सामान्य व्यवहार है—उसका सम्मान नहीं। अधिकांश विधवाओं के सम्पत्ति अधिकार बहुत ही परिमित एवं असुरक्षित रहते हैं। इस प्रकार सम्पत्ति अधिकारों से वंचित रह जाने से न केवल स्वतंत्र आय का सम्भावित स्रोत समाप्त हो जाता है, बल्कि विधवा की अपने परिजनों, पुत्रों एवं अन्य सम्भावित सहायकों को प्रभावित कर पाने की क्षमता भी कम हो जाती है।

दूसरे, पितृगृह से पतिगृह को प्रवसन की व्यवस्था भी विधवाओं के सामाजिक अकेलेपन का एक महत्त्वपूर्ण कारण है। उत्तरी भारत में यह अपेक्षा की जाती है कि विधवा अपने पति का गाँव छोड़कर नहीं जाएगी। अधिकांश इस व्यवस्था का अनुपालन भी करती हैं। फिर भी उन्हें पति के परिजनों से कुछ विशेष सहायता या सहयोग नहीं मिल पाता। सामान्यतः विधवा एवं उसके ससुराल वालों में तनातनी ही चलती रहती है—मुख्यतः इसका कारण सम्पत्ति के अधिकार ही होते हैं। इस प्रकार विधवाओं को दोहरी मार पड़ती है, वे न तो पति का गाँव छोड़ कर जाने को स्वतंत्र होती हैं और न ही उन्हें वहीं पर जीवन-यापन के लिए आवश्यक सुविधाएँ एवं सहयोग मिल पाता है।

तीसरे, विधवाएँ पुनर्विवाह को स्वतंत्र नहीं होतीं। देश के कुछ भागों में, विशेषकर उत्तर पश्चिमी राज्यों में कई-कई समुदायों में आज ही विचित्र सी 'चादर डालने' की परम्परा चल रही है, जिसके अन्तर्गत विधवा का उसके किसी देवर के साथ सम्बन्ध घोषित कर दिया जाता है। अन्य क्षेत्रों में सामान्यतः वही विधवाएँ पुनर्विवाह कर पाती हैं जिनकी कोई सन्तान न हो—सन्तानवाली विधवाओं में से बहुत कम का पुनर्विवाह हो पाता है।

चौथी मुख्य बात यह है कि विभिन्न कार्यों का स्त्रियों एवं पुरुषों के बीच स्पष्ट विभाजन हुआ है। इसके परिणामस्वरूप क्षमता होते हुए भी आवश्यकता पड़ने पर विधवाएँ वे कार्य नहीं कर सकतीं जिन्हें मर्दों के काम माना जाता है। जनगणना के आंकड़े बताते हैं कि श्रमिक वर्ग की विधवाएँ अन्य विवाहिताओं की अपेक्षा श्रम शक्ति में अधिक भागीदारी कर रही हैं। पर उत्तरी भारत में सबसे बड़ी समस्या तो यही है कि बहुत कम महिलाएँ रोजगार की ओर उन्मुख हो पाती हैं। इसके

साथ ही, सामान्यतः अधिकतर विधवाओं की आयु भी अपेक्षाकृत अधिक हो चुकी होती है, अतः विवाहिताओं की अपेक्षा उनकी श्रम शक्ति में भागीदारी कम रह जाने की सम्भावना अधिक हो जाती है (जबकि उनकी रोजगार करने एवं निर्वाह के लिए कुछ कमा पाने की अनिवार्यता अधिक प्रबल होती है)।

पाँचवीं मुख्य बात यह पता चली है कि अधिकांश विधवाओं को प्रायः अपने परिवारों से, अथवा समाज से, कोई आर्थिक सहायता नहीं मिल पाती। हाँ, किसी, किसी वयस्क पुत्र के साथ रह पाने की सुविधा जरूर मिल जाती है। विशेष रूप से यह धारणा, कि ग्रामीण भारत में संयुक्त परिवार व्यवस्था विधवाओं को आर्थिक सुरक्षा प्रदान करती है, एक भ्रममात्र सिद्ध होती है। अधिकांश सर्वेक्षण यही बता रहे हैं कि उत्तरी भारत में 'चादर डालने' के मामलों को छोड़ कर प्रायः विधवाएँ अपने पति के परिवार के साथ नहीं रह पातीं—वस्तुतः उनके साथ सम्बन्ध भी सामंजस्यपूर्ण नहीं होते—कटुताभरे ही होते हैं। अधिकांश विधवाएँ अकेले ही रहती हैं—उनके साथ उनके अविवाहित बच्चे होते हैं या फिर वे किसी वयस्क पुत्र के साथ रहती हैं।

इन तथ्यों से यह बात तो स्पष्ट ही हो जाती है कि समाज में विधवाओं के स्थान और पितृकुलीन व्यवस्थाओं के बीच गहरा नाता रहता है। ये व्यवस्थाएँ हैं : पुत्र के उत्तराधिकार का नियम, विवाह के बाद पतिगृह में निवास, पुनर्विवाह के सामाजिक मानदंड तथा स्त्री-पुरुषों के बीच श्रम विभाजन। इस दृष्टि से विधवाओं के अधिकारों की लड़ाई वस्तुतः स्त्री-पुरुष के बीच भेदभाव के विरुद्ध व्यापक संग्राम का ही एक सोपान है।

इस दिशा में प्रभावी प्रगति के लिए सार्वजनिक दबाव एवं राज्य द्वारा तदनुरूप व्यवहार, दोनों ही आवश्यक हैं। इनके अभाव में भूमि के प्रति नारी के स्वामित्वाधिकारों की स्थापना नहीं हो पाएगी। पहला कार्य तो जनसामान्य की चेतना के केन्द्रबिन्दु तक इस विषय के महत्त्व को पहुँचाना ही है। इस चुनौती को पूरा करना नारी आन्दोलनों का बृहत्तर दायित्व है—विधवाओं को स्वयं भी इस कार्य में आगे आना होगा। वैसे भारत में अनेक विधवाओं एवं अकेली महिलाओं ने सामाजिक एवं राजनीतिक आन्दोलनों में बहुत बढ़-चढ़कर भाग लिया है। अक्सर पति के नियंत्रण से विमुक्ति एवं स्वतंत्र रूप से निर्वाह के निमित्त कमाने की मजबूरी ने भी अकेली महिलाओं को विवाहिता बहनों की अपेक्षा अधिक स्वतंत्र एवं दबंग जीवन शैली अपनाने को प्रेरित किया है।

स्त्री-पुरुष ममता एवं सामाजिक प्रगति

इसी अध्याय में हमने कई बार यह देखा है कि नारी की व्यापक भूमिका का सामाजिक प्रगति में बहुत बड़ा योगदान रहता है। हमने विशेष रूप से देखा

था कि बाल अनुजीवन एवं बृहत्तर भूमिका, तथा जननशीलता एवं बृहत्तर भूमिका के सम्बन्ध बहुत ही गहरे हैं। इस सम्बन्ध का आकलन 5 वर्ष से कम वयवर्ग की मरणशीलता के जनपद-स्तरीय आंकड़ों में भिन्नता के आधार पर किया गया था। ये सम्बन्ध भारत के विभिन्न क्षेत्रों की तुलनाओं में कहीं बड़े स्तर पर भी स्पष्ट दिखाई पड़ रहे हैं। यह बात तो बहुत ही साफ हो जाती है कि भारत के जनांकिकीय दृष्टि से अधिक पिछड़े क्षेत्रों (जहाँ मृत्यु दर एवं जनन दर विशेष रूप से अधिक होती है) में स्त्री-पुरुष सम्बन्धों में भी भारी विषमता पाई गई है। यह बात उत्तर भारत के चार बड़े राज्यों—उत्तर प्रदेश, बिहार, राजस्थान एवं मध्य प्रदेश पर तो विशेष रूप से लागू है। यद्यपि पंजाब एवं हरियाणा में शेष देश की अपेक्षा प्रति व्यक्ति आय के स्तर बहुत ऊँचे उठ गए हैं किन्तु वहाँ भी मरणशीलता एवं जननशीलता देश की औसत के समान ही है—हरियाणा की जननशीलता तो राष्ट्रीय औसत से भी अधिक है। इसका एक सम्भावित कारण इन दोनों राज्यों में नारियों को पूरी तरह से दबाकर रखा जाना भी हो सकता है।

इसके विपरीत जिन प्रान्तों में सार्वजनिक स्वास्थ्य सुविधाओं का व्यापक प्रसार हुआ है, मरण एवं जनन दरों पर अंकुश लगा है, उन्हीं में महिलाओं को सामाजिक आर्थिक जीवन में अधिक सक्रिय रूप से कार्य करते हुए भी पाया गया है। दो बहुत ही शानदार उदाहरण मणिपुर एवं केरल हैं। इन दोनों में नारी-सबलता के आधार अलग रहे हैं। केरल में नारी साक्षरता की पहले शुरुआत तथा किसी सीमा तक मातृवंशानुगतता का बड़ा महत्त्व रहा है। दूसरी ओर मणिपुर की महिलाओं का मुख्य संबल उनकी आर्थिक भूमिका एवं अन्य विमुक्तिकारी प्रभाव रहे हैं। मुख्य सांझी बात यही है कि इन दो राज्यों की महिलाएँ अपनी उत्तर भारतीय बहनों की तुलना में समाज में कहीं अधिक सक्रिय एवं समतापूर्ण स्थान बना पाने में सफल रही हैं। इसके साथ-साथ इन दोनों राज्यों में स्वास्थ्य संवर्धन एवं मरणशीलता ह्रास की दिशा में भी बड़ी सफलताएँ अर्जित हुई हैं। यह सफलता केवल महिलाओं की अनुजीवन वंचनाएँ कम करने में नहीं रही है, बल्कि सभी के अनुजीवन की सम्भावनाओं का विस्तार हुआ है।

एक स्वरूप में तो यह अन्तःसम्बन्ध बहुत ही स्वाभाविक लगता है। भारत में जिस प्रकार का श्रम विभाजन प्रचलित है, उसके आधार पर तो पोषण-आहार, बच्चों के स्वास्थ्य तथा तत्सम्बन्धी सभी बातें महिलाओं के निर्णयों एवं कार्यों पर ही निर्भर रहते हैं। अतः इस क्षेत्र में सुशिक्षित, अधिक सम्पन्न, सम्मानित, प्रभावशाली एवं परिवार तथा समाज में अधिक समतापूर्ण अधिकारों से सन्नद्ध महिलाओं की अधिक सफलता में कोई आश्चर्य नहीं होना चाहिए।

महिलाओं की बृहत्तर भूमिका का कार्यक्षेत्र केवल जनांकिकीय परिवर्तनों तक सीमित नहीं रह जाता। यदि घरेलू कामकाज एवं लगातार प्रजनन की चक्की के

दो पाटों में पिसते हुए समाज के अर्द्धांग को निरन्तर पददलित रखा जाता है तो उसकी सृजनात्मक प्रतिभाएँ एवं वैयक्तिक योगदान की क्षमताएँ प्रस्फुटित नहीं हो पातीं। इस कारण से समाज के आधे भाग के लिए अनेक प्रकार के क्रियाकलापों एवं दिशाओं में विकास-संवर्धन के सुयोग निरस्त होकर रह जाते हैं। केवल घरेलू चक्की में पिसते रहने वाली नारी जाति वाले समाज की अपेक्षा उन देशों में, जहाँ नारी सभी प्रकार के कार्यों में बढ़-चढ़ कर भाग ले पाती है, आर्थिक उत्पादन एवं निष्पादन के स्तर भी अधिक उच्च हो जाते हैं। महिलाओं की सक्रियता के कारण राजनीतिक एवं सामाजिक सुधारों के क्षेत्र भी और अधिक समृद्ध हो पाएँगे।

इस प्रकार के सम्बन्ध का स्वरूप भी अन्तर्क्षेत्रीय तुलनाओं से ही स्पष्ट हो रहा है। केरल में मरणशीलता एवं जननशीलता की दरें ही उत्तर प्रदेश या राजस्थान से कम नहीं हुई हैं, इस प्रदेश ने एक अधिक सक्रिय समाज का निर्माण करने, सार्वजनिक सुविधाओं के प्रयोग द्वारा जीवन-स्तर सुधारने तथा परम्परागत सामाजिक विषमताओं के निवारण में भी बहुत अधिक सफलता अर्जित की है। इसकी तुलना में आज भी उत्तर भारत के राज्य सामन्ती कृषि सम्बन्धों, अभावग्रस्त जातियों के दमन, अराजकतापूर्ण सार्वजनिक सुविधाओं और राजनीतिक संस्थाओं के सर्वांगीण नैतिक पतन के लिए ही कुख्यात माने जाते हैं। यदि हम इन अन्तर्क्षेत्रीय समाज एवं राजनीति के स्वरूप के अन्तरों के गहन ऐतिहासिक कारकों पर दृष्टिपात करेंगे तो हमें स्पष्ट ही समाज में नारी का स्थान एक अत्यन्त महत्त्वपूर्ण कारक प्रतीत होगा।

एक और भी बात बहुत स्पष्ट है : स्त्री-पुरुष के बीच का फर्क अक्सर राष्ट्रीय सीमाओं एवं धार्मिक अस्तित्त्व आदि बहुचर्चित प्रभावों से भी अधिक सशक्त सिद्ध होता है। हमने देखा ही है कि उत्तरी भारत में बाल अनुजीवन में बालिकाओं के विरुद्ध रुझान में हिन्दुओं और मुसलमानों में कोई विशेष अन्तर नहीं है। इसी प्रकार उत्तरी भारत एवं पाकिस्तान के रुझान भी समानप्राय ही हैं। सारे ही उत्तरी क्षेत्र में नारी की बृहत्तर भूमिका का जमकर दमन हुआ है, यह कार्य समाज के सभी अवयवों में हुआ है—चाहे वे हिन्दू हों, सिक्ख हों या मुसलमान। इसी के परिणामस्वरूप बालिकाओं की अनुजीवन-वंचना बहुत अधिक हुई तथा यही बात अति उच्च मरणशीलता एवं जननशीलता के लिए भी उत्तरदायी रही है। इसी प्रकार, केरल एवं श्रीलंका के बीच भौतिक (समुद्र की खाई) राष्ट्रीय सीमाओं, धार्मिक एवं सामाजिक अन्तरों के बाद भी सामाजिक सफलताओं में बहुत भारी साम्य पाया गया है। यहाँ भी दोनों ही क्षेत्रों में कम विषम स्त्री-पुरुष सम्बन्धों की परम्परा (अर्थात कम पितृनुगामी बन्धुता; सम्पत्ति अधिकारों पर पुरुष प्रभुत्व की शिथिलता तथा आर्थिक, सामाजिक एवं राजनीतिक गतिविधियों में महिलाओं का अधिक प्रभाव) ही महत्त्वपूर्ण कारक प्रभाव प्रतीत होता है।

निष्कर्ष के रूप में हम चार बातों पर बल देना चाहेंगे। एक, भारत की सबसे बड़ी और गम्भीर सामाजिक विफलता गहन स्त्री-पुरुष विषमता एवं नारी वंचना की निरन्तरता ही है। विश्व के बहुत कम ऐसे भू-भाग होंगे जहाँ स्त्री के प्रति न्याय की दृष्टि से उपलब्धियाँ इतनी कम रही हैं। दूसरे, आर्थिक संवृद्धि के साथ-साथ स्त्री-पुरुष विषमता अपने आप कम नहीं हो पाती। हमने देखा ही है कि कुछ महत्त्वपूर्ण प्रभाव तो वस्तुतः विपरीत दिशा में कार्य करते हैं (आपको ध्यान होगा कि समाजिक व्यवस्था में ऊपर उठ रही जातियों में उच्च सामाजिक रुतबे या प्रतिष्ठा के नाम पर महिलाओं की जीवन शैली पर अधिक प्रतिबंध लगाए जा रहे हैं)। जहाँ महिलाओं के लिए साक्षरता एवं रोजगार के नए अवसर उपलब्ध करा कर आर्थिक प्रगति नारी की प्रतिष्ठा पर सकारात्मक प्रभाव डाल रही है, वहाँ ये प्रभाव अप्रत्यक्ष एवं बहुत ही क्षीण पाए गए हैं। अतः सार्वजनिक साक्रियता पर आधारित अधिक क्रान्तिकारी एवं तीव्र सामाजिक परिवर्तन को ही लक्ष्य बनाना अधिक महत्त्वपूर्ण रहेगा।

तीसरे, स्त्री-पुरुष विषमता केवल एक सामाजिक विफलता नहीं है, यह अनेक अन्य सामाजिक विफलताओं की जन्मदायिनी भी है इस सम्बन्ध को हमने बाल मरणशीलता एवं जननशीलता आदि के उद्धरणों से स्पष्ट किया है—पर जहाँ भी नारी की बृहत्तर भूमिका का योगदान हो सकता है, उन सभी मामलों में यही बात लागू होती है।

और अन्त में, सारे विश्व में ही विकास सम्बन्धी रचनाओं में नारी की बृहत्तर भूमिका की सबसे अधिक अवहेलना हुई है। भारत भी इस विश्वव्यापी प्रवृत्ति का अपवाद नहीं है। यह प्रसन्नता की बात है कि अब कुछ वर्षों से भारतीय समाज में नारी की अतिवंचना एवं अभावग्रस्तता की ओर जनता एवं नीति-निर्धारकों का ध्यान आकृष्ट हुआ है। महिलाओं को दमन की भुक्तभोगी स्वीकार करने के साथ-साथ उन्हें सामाजिक परिवर्तन कर पाने में समर्थ मानना भी आवश्यक होगा। केवल महिलाओं को न्याय मिलना ही पर्याप्त नहीं होगा—उन्हीं की बृहत्तर भूमिका के माध्यम से सामाजिक न्याय की सम्प्राप्ति सम्भव हो पाएगी। सामाजिक, आर्थिक एवं राजनीतिक कार्यों में महिलाओं की भागीदारी के दमन से केवल उन्हीं पर प्रभाव नहीं पड़ता वरन सारा समाज ही आहत होता है। भारत के केरल जैसे राज्य, जहाँ स्त्री-पुरुष समता की दिशा में अधिक प्रगति हुई है, वहाँ इसके फलस्वरूप सभी को सब-कुछ अधिक परिमाण में सुलभ हो पाया है। नारी-विमुक्ति केवल नारीवादी मुद्दा नहीं है, यह तो सामाजिक प्रगति का एक अभिन्न अंग है।

8.

उदारीकरण से आगे, बहुत आगे

कैसा है ये पिंजरा ?

4 मई 1991 के अंक में 'द इकानोमिस्ट' नामक पत्रिका ने भारतीय अर्थव्यवस्था पर एक जानकारी भरा सर्वेक्षण प्रकाशित किया गया था। इस सर्वेक्षण के मुखपृष्ठ पर पिंजरे में बन्द एक शेर दिखाया गया था। उन दिनों भारतीय अर्थव्यवस्था गम्भीर संकट काल से गुज़र रही थी। उस विशेष रिपोर्ट का आरम्भ एक बहुत ही दो-टूक टिप्पणी से किया गया था : "भारत का भविष्य इतना संकटमय तो पिछले अनेक वर्षों में कभी नहीं लगा।" भारत की आर्थिक समस्याओं और उलझनों के लिए उस विश्लेषण ने इसकी सदा सवंर्धनशील अफ़सरशाही एवं लाइसेंसराज को दोषी ठहराया था। साथ ही एक विद्रूप-सी आशा भी व्यक्त की थी कि चुनाव होने वाले हैं—नई सरकार को तुरन्त राजकोषीय संकट का सामना करना पड़ेगा और सम्भवतः यह संकट उसे बाध्य कर ही देगा कि वह वर्षों से चिर-प्रतीक्षित आर्थिक पुनः आकलन करे—जिसमें सबसे प्रमुख बात होगी कि सरकार की आर्थिक भूमिका क्या हो ? नए चुनावों के बाद जिस नए चित्र की रचना समाज के वितान पर प्रारम्भ हुई, वह उस पत्रिका द्वारा चर्चित परिदृश्य से बहुत भिन्न नहीं रहा—उस समय प्रारम्भ हुई आर्थिक नीतियों को ही आर्थिक सुधारों का नाम दिया गया है।

यद्यपि 'द इक्नोमिस्ट' ने किसी सीमा तक 'भारत की अपरिमित सम्भावनाओं' की चर्चा करने में बहुत ही 'उदारता' का परिचय दिया है, पर अनेक दृष्टियों से भारतीय अर्थव्यवस्था के लिए 'पिंजरे में बन्द शेर' की उपमा बहुत ही सटीक रही है। भारत की वाणिज्य, व्यापार एवं उत्कृष्ट उत्पादन की अपनी गौरवमयी ऐतिहासिक परम्परा रही है, यहाँ तक कि औद्योगिक क्रान्ति के युग में भी भारत के अति समुन्नत सूत्री वस्त्र उद्योग से स्पर्धा में लंकाशायर को बहुत ही चालाकी एवं हेराफेरी का सहारा लेना पड़ा था। भारत की श्रमशक्ति सदैव उस विलक्षण प्रतिभा से सम्पन्न रही है

जिसके सहारे जब भी आवश्यक हुआ है, इसने नई तकनीकी चुनौतियों का सहज सामना किया है। भारतीय उद्यमी एवं व्यवसायी अनेक प्रकार की आर्थिक गतिविधियों में भारत से बाहर भी बहुत ही सफल रहे हैं, चाहे ये कार्य निकटवर्ती उपभोक्ता भंडारों का संचालन रहे हों (दुकानदारों के देश में उनसे बेहतर दुकानदारी का और क्या प्रभाव होगा) या फिर उद्योग एवं व्यापार में शानदार प्रगति–जहाँ ज़रा सा अवसर मिला वहीं भारतीय पूरी तरह से छा जाते हैं। अतः अन्य देशों में भारतीयों की उत्कृष्टता सफलताएँ और भारत भूमि पर अधिक कुछ कर पाने में असमर्थता यह तो अवश्य ही दर्शाती है कि यहाँ कोई न कोई जन्तु तो पिंजरे में अवश्य कैद है।

वर्ष 1991 के उत्तरार्द्ध में प्रारम्भ आर्थिक सुधारों में 'लाइसेंस राज' एवं सदा 'संवर्धनशील अफ़सरशाही' दोनों के ही निराकरण पर बल दिया गया है। यद्यपि सुधार कार्य उतनी तीव्र गति से तो नहीं चल पाया जितनी अपेक्षा थी–फिर भी इस दिशा में गम्भीरता से प्रयास अवश्य हुआ है। इससे यह आशा भी बँधी है कि जैसे-जैसे हालात अनुकूल होंगे इस कार्य में और तेज़ी आ पाएगी। इस उदारीकरण के फलस्वरूप कुछ एक क्षेत्रों के निर्यात में बहुत वृद्धि हुई है और विदेशी मुद्रा भंडारों में भी यथोचित सुधार हो पाया है। विश्व समुदाय ने भी इनका जमकर स्वागत किया है–विदेशी निवेशकों ने बहुत उत्साह दिखाया है और इन नई नीतियों को वित्तीय दृष्टि से बहुत ही अच्छा ठहराया गया है। यह उत्साह केवल उन्हीं टीकाकारों तक सीमित नहीं रहा जिनकी भारतीय घटनाक्रम में बहुत समय से दिलचस्पी रही है (जैसे 'द इकॉनोमिस्ट') बल्कि अक्सर दूर-दूर रहने वाले अमेरिकी व्यवसायी हित समूहों पर भी इसका प्रभाव पड़ा है। प्रभावशाली पत्रिका 'फॉर्बेस' ने (मई 23, 1994) तो भारत को अपने मुखपृष्ठ पर स्थान देकर यहाँ तक कहा है, "भारत सबसे श्रेष्ठ उदीयमान बाजार सिद्ध हो सकता है।"

फिर भी भारतीय अर्थव्यवस्था विकास के मामले में अति सामान्य ही रही है, यहाँ तक कि आर्थिक सुधारों के बाद के वर्षों, 1991-94 की अवधि में सकल राष्ट्रीय उत्पाद, सकल घरेलू उत्पाद एवं औद्योगिक उत्पादन वृद्धि की दरें तो पिछले दशक से भी काफ़ी कम रही हैं। यद्यपि सकल घरेलू उत्पाद की संवृद्धि दर में कुछ सुधार हुआ है, सरकार बार-बार इसी का ढिंढोरा पीट रही है, पर फिर भी यह दर सुधारपूर्व अस्सी के दशक के स्तर तक नहीं पहुँच पाई हैं। शेर के पिंजरे को खोल देने से किसी भी उद्यमशील जन्तु के बाहर निकल कर छलाँग लगाने के संकेत तो नहीं ही मिल पा रहे हैं।

पर केन्द्रीय मुद्दा कुल मिलाकर आर्थिक विकास दर का स्तर सामान्य रहना नहीं है, असली मुद्दा तो देश की सर्वभागीदारीपूर्ण आर्थिक संवृद्धि प्रक्रिया के लिए सन्नद्धता का है। हम इसी पर आगे चर्चा करने जा रहे हैं। वर्षानुसार सकल राष्ट्रीय उत्पाद एवं सकल घरेलू उत्पाद की वृद्धि दरों में तो तीव्रता आ सकती है, किसी

सीमा तक ऐसे लक्षण दीख भी रहे हैं, किन्तु व्यापक निरक्षरता, स्वास्थ्य सेवा सम्बन्धी पिछड़ेपन एवं अनेक अन्य महत्त्वपूर्ण वंचनाओं और अभावों के मारे देश आर्थिक एवं सामाजिक दृष्टि से पंगु-सा हुआ प्रतीत होता है। समग्र संवृद्धि दरों की 'संकोच वृत्ति' तो सहज ही दूर हो भी जाएगी, किंतु संवृद्धि प्रक्रिया में व्यापक भागीदारी की सीमा-बाधाएँ बहुत समय तक दूर नहीं हो पाएंगीं। जैसे कि पहले भी बात उठी है, भारतीय अर्थव्यवस्था को बन्दी बनाए रखने वाला पिंजरा नौकरशाही एवं सरकार की 'अति सक्रियता' के सींखचों से ही नहीं बना—इससे तो निरक्षरता, कुपोषण, अस्वस्थता, सामाजिक विषमता तथा इनके कारक स्वरूप सार्वजनिक निःस्पृहता और राजकीय अकर्मण्यता की जंजीर भी जकड़ी हुई है।

इस प्रकार से समस्या के निरूपण में नौकरशाही द्वारा सभी कुछ अपनी मुट्ठी में जकड़ लेने की प्रवृत्ति को नकारा नहीं जा रहा। यह भी नहीं कहा जा रहा कि मूलभूत आर्थिक सुधारों की आवश्यकता ही नहीं है। इस निबन्ध में हमारा आग्रह आर्थिक विकास के व्यापक स्वरूप और वितान पर रहा है। यह व्यापक स्वरूप सामाजिक अवसरों के संवर्धन से जुड़ा हुआ है। बन्धनों को निरस्त बाजार का प्रयोग बढ़ने से इन अवसरों में बहुत वृद्धि हो सकती है। किंतु इन संवर्धित अवसरों का भली प्रकार प्रयोग तभी सम्भव हो पाएगा जबकि समाज के सदस्यों को कुछ मौलिक योग्यताएँ सहज भाव से सुलभ हों। ये योग्यताएँ विशेष रूप से साक्षरता एवं शिक्षा से जुड़ी हैं—इनमें प्राथमिक शिक्षा, स्वास्थ्य, सामाजिक सुरक्षा, स्त्री-पुरुष समानता, भू-अधिकार स्थानीय स्तर पर लोकतंत्र आदि भी सम्मिलित हैं। इन योग्यताओं के तीव्र प्रसार के लिए जिस प्रकार की सार्वजनिक सक्रियता की आवश्यकता होती है, वह तो भारत में न सुधारों से पूर्व दिखाई पड़ रही थी और न ही सुधारों के बाद उसके दर्शन हो पाए हैं। अतः पिंजरे का द्वार खोलना पर्याप्त नहीं, शेर को पिंजरे से मुक्त करने का वास्तविक सार तो इस 'उदारीकरण' से कहीं बहुत आगे जाने में निहित होगा।

सिद्धान्त रूप से तो सरकार की सामाजिक भूमिका को सभी स्वीकार करते हैं। भारत की सभी सरकारें प्राथमिक शिक्षा की नितान्त आवश्यकता और महत्त्व के विषय में हमेशा ही बड़ी लम्बी-लम्बी हाँकती रही हैं, किन्तु भारतीय अर्थव्यवस्था के व्यापक परिवर्तन के लिए नितान्त आवश्यक इस कार्य को बड़ी-बड़ी बातों की नहीं, वास्तविक प्रयास एवं प्रतिबद्धता की आवश्यकता है। बस, यही नहीं हो पाया है। भारत की उच्च शिक्षा व्यवस्था तो बहुत फैली हुई एवं समृद्ध लगती है—यहाँ जनसंख्या के अनुपात के रूप में चीन से छः गुना लोग विश्वविद्यालयों एवं अन्य उच्च शिक्षा संस्थाओं में विद्या अर्जित कर रहे हैं। फिर भी प्राथमिक शिक्षा के मामले में भारत विश्व के सर्वाधिक पिछड़े देशों की श्रेणी में ही खड़ा हुआ है। इसकी साक्षरता दरें एशिया में भी अपने जैसे ही पड़ोसियों पाकिस्तान एवं बंगला देश से भले ही

कुछ अधिक हों किन्तु फिर भी बहुत ऊंची नहीं कही जा सकतीं। द्वारातर अफ्रीका के अनेक विकासोन्मुख देशों से तो ये दरें काफ़ी कम हैं।

जब तक आधी जनसंख्या निरक्षर है—अक्षर ज्ञान से वंचित महिलाओं का अनुपात तो दो तिहाई है भारत की अर्थव्यवस्था का विकासोन्मुख परावर्तन सहज नहीं हो पाएगा। विश्व बाजार के लाभ के अवसरों का समुचित प्रयोग कर पाने के लिए यह आवश्यक है कि पूर्व निर्धारित मानकों के अनुसार उत्पादन हो, गुणवत्ता पर कड़ी नज़र रखी जाए। ये बातें आर्थिक कार्यों के प्रति ज्ञानपूर्ण सजगता एवं सतर्कता से ही आती हैं। पूर्व एशियाई शेरों और चीन आदि की सफलता भारत की तुलना में साक्षरता एवं प्राथमिक शिक्षा की बहुत ही ऊंची दरों के आधार पर अर्जित हुई है। भारतीय अर्थव्यवस्था एवं समाज को बन्दी बनाए हुए पिंजरे की यह एक परत ही है।

हमारा निदान केवल प्रति व्यक्ति सकल राष्ट्रीय उत्पाद की संवृद्धि दर से नहीं बँधा—वैसे यह समझ नहीं आता कि अशिक्षित एवं रोग आदि के पाश से बँधी श्रम शक्ति किस प्रकार अधिक अच्छा आर्थिक प्रदर्शन कर पाएगी। सुधारों से पूर्व भी अस्सी के दशक में भारत की आर्थिक संवृद्धि दर—प्रति व्यक्ति सकल राष्ट्रीय उत्पाद की वृद्धि दर—अपेक्षाकृत ऊंची रही है। निकट भविष्य में यह दर और भी ऊंची हो सकती है। किन्हीं क्षेत्रों, जिनकी दशाएँ-परिस्थितियाँ बहुत अच्छी हैं, के तीव्र विकास से अर्थव्यवस्था की संवृद्धि दर भी ऊपर उठ सकती है। जैसे कि अनेक अध्येताओं का आग्रह रहा है, और जैसे ही सुधारों में तेज़ी आएगी, भारतीय अर्थव्यवस्था की औसत संवृद्धि दर में भी उछाल आ पाएगा। यह बात ठीक सिद्ध होने की बहुत सम्भावना है। भारतीय अर्थव्यवस्था के कुछ क्षेत्र तेज़ी से प्रगति कर रहे हैं—ये क्षेत्र उन्हीं प्रतिभाओं का व्यापक प्रयोग करते हैं जिनकी देश में बहुलता है। इनके और तेज़ी से प्रगति करने की पर्याप्त सम्भावनाएँ विद्यमान हैं किंतु भारत में व्याप्त गरीबी की समस्या का निपटारा करने के लिए तो उत्पादन के अति व्यापक आधार का विस्तार एवं प्रसार आवश्यक होगा—जैसे कि चीन एवं कोरिया में किया गया है—और यह कार्य प्राथमिक शिक्षा के संवर्धन के बिना संपूर्ण हो पाना सम्भव नहीं लगता।

हमने पहले भी कहा है कि प्रमुख मुद्दा कुल मिलाकर आर्थिक संवृद्धि नहीं है, हम हाल ही में अनुभूत निम्न संवृद्धि दर से हताश भी नहीं हैं—से दर तो निकट भविष्य में ही सुधरती दिखाई पड़ रही हैं। हमारा आग्रह आर्थिक प्रसार में व्यापक भागीदारी पर है। यह भागीदारी किन्हीं विशिष्ट योग्यता आदि पर आधारित विशेष क्षेत्रों की अति उत्कृष्ट उपलब्धियों-सफलताओं के आधार पर सम्भव नहीं हो पाती। इस भागीदारी को प्रति व्यक्ति समग्र राष्ट्रीय उत्पाद की उच्च संवृद्धि दर से समीकृत करना भी उचित नहीं होगा। उदाहरण के लिए, साठ एवं सत्तर के दशकों में ब्राज़ील की आर्थिक संवृद्धि दर तो बहुत ऊंची रही किन्तु सामाजिक पिछड़ेपन एवं वर्ग विशेष

किन्तु, सामाजिक पिछड़ेपन एवं वर्ग विशेष की अभावग्रस्तता के निवारण के रूप में तो वहाँ गरीबी में शायद ही कमी आई हो। इसका मुख्य कारण वहाँ की संवृद्धि-प्रक्रिया में व्यापक भागीदारी का नितान्त अभाव ही था। ब्राज़ील की समस्या की पूर्वी एशिया की प्रगति के अधिक विस्तारकारी स्वरूप से तुलना से व्यापक भागीदारीपूर्ण संवृद्धि-प्रक्रिया की प्रभावोत्पादकता सहज ही स्पष्ट हो जाती है। इस प्रक्रिया के संपोषण में प्राथमिक शिक्षा का योगदान भी बड़े ही स्पष्ट रूप में उभरकर आता है। यह बात बहुत ही महत्त्वपूर्ण है—भारत के पूर्वी एशिया की अपेक्षा ब्राज़ील के मार्ग पर अग्रसर होने की आशंकाएँ अधिक प्रबल दिखाई पड़ रही हैं।

वैसे इस बात का इस विचार पर कोई दुष्प्रभाव नहीं पड़ेगा कि प्राथमिक शिक्षा एवं स्वास्थ्य व्यवस्थाओं में सुधार आए बिना भी भारत में कतिपय क्षेत्रों में निवेश के बहुत ही लाभकारी अवसर सुलभ हैं। 'फार्बिस' पत्रिका का यह विचार ठीक ही होगा कि भारत सबसे श्रेष्ठ उदीयमान बाजार है—यहाँ का मध्यम आयवर्ग विश्व के किसी भी आय वर्ग से बहुत बड़ा है। फिर भी इसका यह अर्थ नहीं है—और 'फॉर्बिस' ने ऐसा कोई दावा भी नहीं किया था—कि भारतीय जन समुदाय में व्याप्त अभावों, वंचनाओं तथा गरीबी को दूर कर पाने में यह निवेश कोई सशक्त भूमिका निभा पाएगा। पूर्वी एशिया और चीन से मिलने वाली सीख केवल संवृद्धि दर तक सीमित नहीं है, यह सीख तो बहुत ही विचारपूर्ण ढंग से सामाजिक सहायता एवं सहयोग द्वारा परिपोषित व्यापक भागीदारीपूर्ण आर्थिक संवृद्धि की सीख है।

जन समुदाय : साधन भी, साध्य भी

हमने इस निबन्ध का आरम्भ स्वतंत्रता की पूर्व संध्या पर नेहरूजी के अभिभाषण से किया था। उसमें उन्होंने देश से गरीबी, अज्ञान और रोग-व्याधियों तथा अवसरों की असमानताओं के निर्मूलन को ही देश के समक्ष विद्यमान चुनौतियों की संज्ञा दी थी। अज्ञान, निरक्षरता, परिहार्य गरीबी, रोग-व्याधि और अवसरों में नितान्त अनावश्यक विषमताओं को दूर करने के लक्ष्यों को अपने आप में ही महत्त्वपूर्ण माना गया था। ये हमें वांछित जीवन यापन की स्वतंत्रता प्रदान करते हैं; इन मूलभूत योग्यताओं-क्षमताओं का अपना ही महत्त्व है।

ये योग्यताएँ आर्थिक संवृद्धि एवं संवृद्धि प्रक्रिया को भागीदारीपूर्ण बनाने में बहुत सहायक हो सकती हैं—वास्तव में होती भी हैं। मानवीय योग्यताएँ ही आर्थिक सफलता की मुख्य माध्यम या साधन बनती हैं, किंतु साधन के रूप में मानवीय योग्यताओं के शानदार योगदान की चकाचौंध में सामाजिक एवं राजनीतिक संगठन के लक्ष्यों (साध्यों) के रूप में इन योग्यताओं एवं प्रभावोत्पादक स्वातंत्र्यों के महत्त्व

को गौण नहीं मान लेना चाहिए। हमें कुछ क्षेत्रों में प्रचलित इस धारणा का शिकार नहीं होना चाहिए कि सकल राष्ट्रीय उत्पाद की वृद्धि दर ही सफलता की सबसे श्रेष्ठ कसौटी है और निरक्षरता, अस्वस्थता आदि का निर्मूलन उसी परम लक्ष्य तक पहुँचने के माध्यम मात्र हो सकते हैं। हमारा सबसे पहला कार्य तो यही बात ठीक से समझना है, जैसे कि नेहरूजी ने कहा था, निरक्षरता, रोग-व्याधि तथा अन्य परिहार्य वंचनाओं की समाप्ति अपने आप में 'मूल्यवान' कर्तव्य हैं।

इस दृष्टि से शिक्षा, स्वास्थ्य व्यवस्था आदि मूलभूत उपलब्धियों को 'मानवीय संसाधनों का प्रसार मात्र' मान लेना अथवा 'मानवीय पूँजी का संग्रह' कहना सम्भवतः एक भूल होगी। इस प्रकार तो मानव उत्पादन के साधन या माध्यम मात्र होकर रह जाएँगे–फिर वह उत्पादन होगा किसके लिए ? उस उत्पादन के साध्य या लक्ष्य क्या होंगे ? व्यक्ति के जीवन में सुधार को केवल इस रूप में उचित ठहराना ठीक नहीं होगा कि देखो, "अब यह व्यक्ति पहले की अपेक्षा अधिक उत्पादन करने योग्य बन गया है।" जैसा कि दार्शनिक कांट ने कहा था, "व्यक्ति चाहे कोई अन्य हो या हम स्वयं, हमें मानवता को सदैव एक साध्य के रूप में ही देखना चाहिए, किसी साधन के रूप में कदापि नहीं।" जब हम आर्थिक विकास की प्रक्रिया को मानवीय योग्यताओं पर केन्द्रित करने का आग्रह करते हैं तो हमारा विचार तथाकथित 'मानवीय पूँजी' के महत्त्व का प्रतिपादन मात्र नहीं होता।

हाँ, एक बार अपने ध्येयों एवं माध्यमों का, साध्यों एवं साधनों का स्पष्ट निरूपण करने के बाद हम मानवीय योग्यताओं को आर्थिक एवं सामाजिक निष्पादन के साधन के रूप में भी प्रयुक्त कर सकते हैं। इस विशेषता का अपना ही महत्त्व है, यह सहायक रूप में बहुत उपयोगी है और इससे इसकी अपनी अन्तर्निहित गरिमा में कमी नहीं आती। प्राथमिक शिक्षा, अच्छा स्वास्थ्य एवं अन्य मानवीय उपलब्धियाँ हमारी मूलभूत क्षमताओं के घटकन के रूप में ही महत्त्वपूर्ण नहीं हैं, इनसे अधिक स्पष्ट रूप से जानी-पहचानी आर्थिक सफलताओं के सृजन में भी सहायता मिलती है और इन सफलताओं से मानव जीवन की गुणवत्ता अन्य अनेक विधियों से संवर्धित होती है। सहायक स्वरूप के विश्लेषण की मानवीय योग्यताओं एवं प्रभावोत्पादक स्वातंत्र्यों के महत्त्व के साथ अति आवश्यक है। आर्थिक विकास के इस निरूपण में दो तत्वों का समावेश है : (1) जीवन की गुणवत्ता और मूलभूत योग्यताओं-क्षमताओं का अन्तर्निहित एवं अविभाज्य महत्त्व; तथा (2) इन योग्यताओं की सहयोगी पर अति महत्त्वपूर्ण व्यावहारिक योगदान कर पाने की क्षमता। शिक्षा, स्वास्थ्य एवं प्राथमिक स्वातंत्र्यादि तो भागीदारीपूर्ण आर्थिक संवृद्धि एवं उसके माध्यम से जीवन यापन की गुणवत्ता को सुधारने में बहुत ही उपयोगी रहते हैं। हमारी इस जन-केन्द्रित विश्लेषण विधा की मुख्य प्रेरणाएँ इन्हीं दो तत्वों से प्रेरित रही हैं। इस विधा में बाजार या सरकार जैसे संगठनों की अपेक्षा बृहत्तर मानवीय भूमिका पर ही सारा ध्यान केन्द्रित

रखा गया है।

आमूल परिवर्तन की आवश्यकताएँ और सामान्य-से सुधार

व्यापक भागीदारीपूर्ण संवृद्धि की मांग है कि आर्थिक प्रसार की प्रक्रिया के प्रति एक दृष्टिकोण अपनाया जाए। इसमें आर्थिक संवृद्धि एवं इस संवृद्धि के व्यापक भागीदारीपूर्ण स्वरूप, दोनों के ही महत्त्वों पर समान रूप से ध्यान दिया जाना चाहिए। इस विधि में व्यापक भागीदारी की कांटे की भूमिका पर हमारा ध्यान लगा है, और यदि नीति-निर्धारण विषयक चर्चाओं में इस आवश्यकता की ओर पूरा ध्यान नहीं दिया जा रहा हो तो फिर उस चर्चा के दृष्टिकोण में भी बदलाव की आवश्यकता है। किंतु इस नए दृष्टिकोण पर आग्रह का अर्थ यह नहीं है कि आर्थिक संवृद्धि अपने आप में महत्त्वपूर्ण नहीं होगी। यदि संवृद्धि हुई ही नहीं तो फिर भागीदारी किसमें हो पाएगी ? भागीदारी के लिए संवृद्धि का होना भी आवश्यक है।

भारत में प्राथमिक शिक्षा, स्वास्थ्य, सामाजिक सुरक्षा, भू-सुधार आदि की अपर्याप्त प्रगति के कारण केवल सामाजिक अवसरों की सम्भावित सृर्जना की ही उपेक्षा नहीं हुई है, सामाजिक आर्थिक विकास ही दुष्प्रभावित नहीं हुआ है, वरन आर्थिक कुशलता एवं प्रसार के लिए उपयुक्त प्रेरणाओं की रचना की भी अनदेखी हुई है। यदि हम पिंजरे के सुधारकों द्वारा उपेक्षित आयामों की ओर ध्यान आकर्षित कर रहे हैं तो इसका अर्थ यह नहीं है कि उन द्वारा चर्चित एवं उन्हें उत्प्रेरित करने वाले आयाम महत्त्वपूर्ण हैं। हमारा आग्रह तो यही है कि भारतीय अर्थव्यवस्था की समस्याएँ कहीं अधिक दुरूह और जटिल हैं तथा उन्हें समन्वित रूप से समझ लेना अनिवार्य है। हमारा आशय एक एकपक्षीय निदान से हटकर किसी दूसरे एकपक्षीय निदान पर पहुँचना नहीं है। यह सच है कि भारतीय नौकरशाही ने अनेक बार किनारे पर ही किश्तियों को डुबो देने में सफलता पाई है, पर इसका अर्थ यह नहीं कि धारा के बीच सम्भल कर चलना आवश्यक नहीं—वहाँ भी डूब जाने के खतरे कम नहीं हैं।

भारत में चल रहे आर्थिक सुधारों के अनेक आयामों पर गम्भीरता से विचार करना आवश्यक है। इस विषय में कई प्रकार के, अलग-अलग दिशाओं की ओर संकेत करते हुए तर्क-वितर्क भी सामने आए हैं। इन सुधारों के वास्तविक स्वरूप एवं जिस प्रकार की नीतियों के माध्यम से उन्हें क्रियान्वित किया जा रहा है, दोनों पर ही ध्यान दिया जाना जरूरी है। किंतु इस काम के पूरा होने की प्रतीक्षा में हानिकारी नियंत्रणों-विनियमों को हटाने की वांछनीयता और नितान्त आवश्यकता तथा अंतर्राष्ट्रीय विनिमय द्वारा सुलभ हो सकने वाले सुयोगों की अनदेखी नहीं करनी चाहिए। भारत ने अपने अति-नियंत्रित एवं अकर्मण्यताग्रस्त नियमों की बहुत भारी कीमत चुकाई है—इस आर्थिक पंगुता/बाध्यता को समाप्त किया जाना नितान्त अनिवार्य है।

भारत में अनेक सरकारी प्रतिबन्धों के विपरीत प्रभाव तो बहुत समय से

जग-जाहिर हो रहे हैं। इनकी भर्त्सना तो सभी प्रकार की विचारधाराओं के समर्थक अध्येताओं ने की है। यह समस्या केवल भारत तक सीमित नहीं है—यह तो दक्षिण-एशिया के पड़ोसियों सहित विश्व के अनेक विकासशील देशों में पाई जाने वाली विशेषता है। किन्तु भारत में ये बन्धन बहुत ही रूढ़ एवं सशक्त सिद्ध हुए हैं। वस्तुतः आर्थिक नीतियों को कितने ही बदलाव इनके स्वरूप को प्रभावित कर पाने में विफल रहे हैं। सामान्यतः 'समता' की डींग हांककर सरकारी हस्तक्षेप को उचित ठहराया गया है। इस बात पर कभी राजनीतिक दृष्टि से विचार ही नहीं हुआ कि इस तरह से सरकार (नौकरशाही) के हाथों में सिमट रही शक्तियों का प्रयोग किस प्रकार किया जाएगा और इनके प्रभाव क्या होंगे। इन दिगूभ्रमित नियंत्रणों ने अक्सर आर्थिक गतिविधियों की दक्षता पर कुठाराघात किया है—आधुनिक उद्योगों पर तो यह आघात बहुत ही तीखा रहा है। यही नहीं, आय, अवसरों आदि के वितरण में किसी भी तरह की वास्तविक समता ला पाने में तो ये नियंत्रण पूरी तरह से विफल रहे हैं। नौकरशाही द्वारा आर्थिक गतिविधियों पर नियंत्रण की क्षमता, अनुग्रह कर पाने या बाधक हो पाने की क्षमता का आमतौर पर उन्हीं लोगों को लाभ पहुँचाने के लिए प्रयोग हुआ है जो पहले से ही गति एवं धनमान आदि से सम्पन्न रहे हैं। यह सब कुछ भारत के उस अभागे गरीब के नाम पर किया गया है, जिसे अभी तक इन कार्यों का कोई लाभ नहीं मिल पाया है।

अन्तर्राष्ट्रीय व्यापार द्वारा सुलभ अवसरों के लाभ का बेहतर प्रयोग करने पर भी हमारी उपर्युक्त बातें ही लागू होंगी। अनेक देशों ने इन सुअवसरों का बहुत लाभ उठाया है, भारत भी बड़े पैमाने पर उत्पादन एवं सुदक्ष श्रम विभाजन से बहुत अच्छी तरह लाभान्वित हो सकता है। अक्सर भारत में अधिक भागीदारी को लेकर देश की आर्थिक स्वतंत्रता एवं प्रभुतासम्पन्नता आदि पर आँच आने की आशंकाएँ व्यक्त की जाती हैं—पर इनका कोई उपयुक्त आधार नहीं लगता। जब देश का व्यापार विश्व के अनेक देशों से चलेगा तो फिर भारत के मुक्त विनिमय व्यवस्था वाले विश्व में किसी भी देश के आर्थिक बन्दी होकर रह जाने की सम्भावना कहाँ बचेगी ? यह ठीक है कि व्यापार की सही शर्तें आदि प्राप्त करने का प्रयास होना ही चाहिए, विश्व व्यापार संगठन आदि की नियंत्रण व्यवस्थाओं में न्यायपूर्ण बर्ताव पर जोर दिया ही जाना चाहिए—ये संस्थाएँ प्रायः अपने व्यवहार में बराबरी का बर्ताव नहीं कर पाने की दोषी पाई गई हैं—किन्तु ऐसे ही भयभीत होकर विश्व बाजार से सम्भावित लाभ के अवसरों को गवाँ देने का कोई कारण नहीं है। यह बात ज्ञातव्य है कि आज से चालीस वर्ष पूर्व विश्व व्यापार में भारत का अंश आज की तुलना में चार गुना होता था। अतः भारत की विश्व व्यापार में भागीदारी की वृद्धि तो वास्तव में देश को किसी अनजानी अनिश्चित दशा में डालने के स्थान पर उसे अपने वर्षों पुराने 'गरिमामय' स्थान पर पुनः प्रतिष्ठित ही करेगी (उस स्थान पर ले जाएगी जहाँ वह

विश्वव्यवस्था के निरन्तर पतन से पूर्व होता था)। यहाँ भी भारत चीन से बहुत कुछ सीख सकता है—चीन ने हाल ही में बड़े साहस के साथ विश्व बाजार के अवसर का लाभ उठाया है—उसे अपनी आर्थिक-राजनीतिक सम्प्रभुता पर आँच आए बिना ही अपने जन सामान्य के जीवन स्तर में व्यापक एवं विस्तृत सुधार कर पाने में सफलता भी मिली है।

इस प्रकार के मुद्दों को सुलझाने पर तो बहुत परिश्रम किया गया है पर यह जानने का प्रयास बहुत कम हुआ है कि भारत की वर्तमान आर्थिक नीतियों में आखिर किस प्रकार की त्रुटियाँ रह गई हैं ? आन्तरिक उत्पादन एवं अन्तर्राष्ट्रीय व्यापार में विपरीत प्रभावकारी नियन्त्रणों की समाप्ति व्यापक भागीदारीपूर्ण संवृद्धि कार्यक्रम का एक अवयव हो सकती है। किन्तु भारतीय अर्थव्यवस्था के पैरों की बेड़ी बनी अन्यान्य सामाजिक बाधाओं की निर्मूलनकारी सक्रिय सार्वजनिक नीतियों के अभाव में केवल नियंत्रणों की समाप्ति जन-सामान्य के कुशल-क्षेम में यथेष्ठ संवर्धन नहीं हो पाएगा। प्राथमिक शिक्षा में सुधार का अभाव सरकारी नीतियों का इस प्रकार के सक्रिय कार्यक्रम के प्रति उपेक्षा भाव ही दर्शा रहा है। पिछले कुछ वर्षों से प्राथमिक शिक्षा के महत्त्व को बताते हुए उसे 'उच्च प्राथमिकता दिए जाने की आवश्यकता' की बातें तो बहुत हुईं हैं, कई सरकारी उद्घोषणाएँ भी हुई हैं, कई नई योजनाएँ प्रारम्भ की गई हैं और इन योजनाओं का गुणगान करते हुए अनेक भड़कीले प्रकाशन भी प्रस्तुत हुए हैं। किन्तु, जैसा हमने अध्याय-6 में बताया था, इस लफ्फाज़ी के साथ-साथ ही प्राथमिक स्कूल व्यवस्था का वास्तविक प्रसार बहुत ही सीमित बना रहा है। यही नहीं, प्रति व्यक्ति शिक्षक संख्या में निरन्तर गिरावट ही आई है। हमने वहाँ यह भी चर्चा की थी कि शिक्षा व्यवस्था की दुर्व्यवस्था एवं तद्विषयक शिक्षानीतिगत विफलताओं के कारण किस प्रकार सारे देश में ही निरक्षरता छाई हुई है। अज्ञान का यह अन्धकार उत्तरी भारत में विशेषरूप से अधिक गहन लगता है। बड़े-बड़े सरकारी दावों एवं प्राथमिक शिक्षा की वस्तु स्थिति के बीच की खाई को अभी हाल ही में हुए एक सर्वेक्षण ने बड़े नाटकीय ढंग से उजागर किया है। उत्तर प्रदेश के 15 ग्रामीण क्षेत्रों के सरकारी स्कूलों में सर्वेक्षक बिना पूर्व सूचना के जा पहुँचे और उन्होंने पाया कि दो-तिहाई अध्यापक तो स्कूलों में आए ही नहीं थे।

स्वास्थ्य-चिकित्सा के क्षेत्र में भी वर्तमान नीतियों की अति दर्दनाक त्रुटियों को दूर करने की दिशा में किसी प्रकार की कटिबद्धता के दर्शन नहीं हो पा रहे हैं। हमने अध्याय-5 में बताया ही है कि किस प्रकार समग्र ग्रामीण क्षेत्रों में प्राथमिक चिकित्सा व्यवस्था का अपहरण कर उसे जबरदस्ती स्त्री नसबन्दी पर आधारित परिवार नियोजन कार्यक्रम का माध्यम बना लिया गया है। इससे पहले से उच्च मरणशीलता का प्रभाव और भी बहुगुणित हो गया है। इस प्रकार परिवार के स्वास्थ्य सम्बन्धी एक ताज़ा सर्वेक्षण से यह बात प्रकाश में आई है कि 12-23 माह की आयु के

30 प्रतिशत बच्चों को किसी भी प्रकार का टीकाकरण सम्भव नहीं हो पाया। आधी गर्भवती महिलाएँ तो प्रसव-पूर्व जाँच-पड़ताल की किसी भी प्रकार की सुविधा से वंचित ही रह गईं और विवाहिताओं में से बहुत ही कम महिलाओं को नसबन्दी के अतिरिक्त गर्भ निरोधन सेवाएँ सुलभ हो पा रही हैं। इन सभी बातों को लेकर ग्रामीण क्षेत्रों, पिछड़े वर्गों और उन राज्यों की स्थिति तो और भी खराब है जहाँ चिकित्सा नीति की बहुत उपेक्षा होती रही है। आजकल चल रही चर्चा में सरकारी क्रियाकलापों की इन महत्त्वपूर्ण क्षेत्रों में अभी तक की भीषण विफलताओं पर ध्यान ही नहीं दिया जा रहा। सामाजिक एवं आर्थिक नीतियों के अन्य अनेक पक्षों में भी न्यूनाधिक यही स्थिति पाई गई है।

सामाजिक सुधारों के प्रति वास्तविक प्रतिबद्धता का अभाव इसी सामान्य परिदृश्य का एक घटक है। हमने अध्याय-7 में बताया था कि किस प्रकार भारत में प्रचलित स्त्री-पुरुष भेदभाव सामाजिक प्रगति के मार्ग में बहुत बड़ी बाधा बना हुआ है। इन विषमताओं को चुनौती देने का कोई सरकारी प्रयास न तो सुधारों से पूर्व हुआ था और न ही उनके बाद शुरू हो पाया है। सारे ही प्रशासन, न्यायपालिका, पुलिस एवं अन्यान्य राजकीय संस्थानों का सामान्य व्यवहार भारतीय नारी को समाज का परतंत्र अंश मानने वाले परम्परागत दृष्टिकोण की सम्पुष्टि ही करता रहा है। इसी प्रकार जातिगत विषमताओं पर भी वास्तविक प्रहार नहीं हो पाया है। अभावग्रस्त जातियों के लिए जहाँ-तहाँ कुछ आरक्षण नीतियाँ अवश्य लागू हुई हैं पर इनके साथ-साथ पूरे समाज में जातिआधारित क्रमबद्धता को प्रायः सहमति-सी भी प्रदान कर दी गई है। हमने अध्याय-5 में देखा था कि ये तथा अन्य परम्परागत विषमताएँ भारत के आर्थिक एवं सामाजिक पिछड़ेपन के स्थायी लक्षणों का रूप धारण कर चुकी हैं, ग्रामीण क्षेत्रों में तो यह बात और भी अधिक सटीक रहती है।

इसी पुस्तक के पिछले अध्यायों में हमने बार-बार यह बात उठाई है कि किस प्रकार, सुधारों सहित, भारत में समस्त नीतिगत विकास में आर्थिक विकास में मूलभूत योग्यताओं तथा राज्य द्वारा इन योग्यताओं को प्रोत्साहन दिए जाने के सकारात्मक प्रभावों की उपेक्षा करने की 'परम्परा' का निर्वाह किया गया है। इस दृष्टि से तो हम यही पाते हैं कि आर्थिक नीतियों में आजकल हो रहे परिवर्तन पहले की अपेक्षा उतने क्रान्तिकारी या आमूल परिवर्तन नहीं हैं जितना बताने की कोशिश हो रही है। इन परिवर्तनों ने भी पुरानी नीतियों के दौर्बल्यजनक रुझानों को अछूता ही छोड़ दिया है। केवल राजनीतिक बयानबाज़ी में नहीं, वास्तविकता के धरातल पर इस रुझान को बदलने के लिए तो नीति-निर्धारण के चरित्र को ही बदलना होगा। सार्वजनिक चर्चाओं एवं राजनीतिक आंदोलनों में भी इन मुद्दों पर अधिक ध्यान दिए जाने की आवश्यकता बहुत ही प्रबल है। यह बात सत्तापक्ष एवं विपक्ष, दोनों ही के लिए बहुत महत्त्वपूर्ण है।

सरकार चलाना एवं सार्वजनिक सक्रियता

आर्थिक विकास में सरकार की सकारात्मक भूमिका के अनेक स्वरूप एवं आयाम होते हैं। इस पुस्तक में हमने प्राथमिक शिक्षा के प्रसार जैसे उन कार्यों की विशेष रूप से चर्चा की है जिन पर तत्काल ध्यान दिए जाने की आवश्यकता है। हमने इस पुस्तक में चिकित्सा एवं स्वास्थ्य, सामाजिक सुरक्षा, जनसंख्या नीति, भू-सुधार, स्थानीय लोकतंत्र, नारी अधिकार आदि तक ही अपनी चर्चा को सीमित रखा है। इनके अतिरिक्त भी अनेक ऐसे क्षेत्र हैं, जो हमारी इस पुस्तक की मुख्य विषयवस्तु से कुछ परे हट कर रहते हैं, जैसे–उचित पर्यावरण नीतियाँ, ग्रामीण क्षेत्रों में ऊपरी पूँजीगत सुविधाओं का विस्तार या फिर एक विश्वासयोग्य कानूनी व्यवस्था, आदि। हमारे सारे विश्लेषण एक ही बात पर केन्द्रित हैं : जनजीवन की गुणवत्ता को सुधारने वाली अनेक अधिकारिताओं के लिए हम लोग सरकार की किसी न किसी सकारात्मक गतिविधि पर निर्भर रहते हैं। ये अधिकारिताएँ चाहे प्राथमिक शिक्षा से जुड़ी हों, अथवा बाल टीकाकरण, सुरक्षित गर्भनिरोधन, शुद्ध पेयजल, सामाजिक सुरक्षा, पर्यावरण एवं परिस्थितिकी या फिर कानूनी सुरक्षा से। अतः सरकार की सकारात्मक भूमिकाओं का वितान प्रसार बहुत ही व्यापक रहता है।

यह भी एक सत्य है कि इनमें से अनेक कार्यों में सरकार की कारगुज़ारी का स्तर बहुत ही न्यून है–कहीं-कहीं तो न्यून स्तर में भी और आगे गिरावट के ही लक्षण दिखाई पड़ रहे हैं। अतः भारत में सरकार की सकारात्मक भूमिका को अधिक प्रभावोत्पादक बनाने का कार्य अपने आप में एक बहुत बड़ी चुनौती बन गया है।

सरकारी कामकाज की गुणवत्ता अन्ततः आंतरिक राजनीति के व्यवहार (तौर-तरीकों) तथा जनता की सक्रियता (सरकार द्वारा जनता के नाम पर कार्य करने के विपरीत जनता द्वारा सक्रिय रूप से आवश्यक कार्यों की मांग तथा उनमें यथासम्भव सहयोग द्वारा उन्हें सफल करने की सन्नद्धता) पर निर्भर करती है। यह ठीक है कि अनेक बड़े फैसले सत्तासीन सरकार ही करती है–चाहे वह केन्द्र (नई दिल्ली की) की सरकार हो, या फिर राज्यों की सरकारें–किन्तु उन निर्णयों पर आम जनता की मांग, आवाज़ और सक्रियता का कुछ न कुछ प्रभाव अवश्य पड़ता है। अतः अनेक प्रकार की नीतियों एवं आर्थिक युक्तियों के निर्धारण एवं संचालन में राजनीतिक दल और सार्वजनिक कार्यकर्तागण बहुत महत्वपूर्ण योगदान दे सकते हैं। भारत की लोकतांत्रिक व्यवस्था में यह सुविधा भली प्रकार उपलब्ध है–जबकि अनेक अन्य विकासशील देश तो इससे भी वंचित ही हैं।

आम जनता की भूमिका सरकार के निर्णयों को प्रभावित करने या उन्हें चुनौती देने तक ही सीमित नहीं है। अनेक महत्त्वपूर्ण आर्थिक एवं सामाजिक कार्यों में जनता की बृहत्तर भूमिका का अपना प्रत्यक्ष महत्त्व रहता है। अनेक ऐसे सामुदायिक कार्य

हैं जिनमें जन-सक्रियता बहुत ही लाभप्रद सिद्ध होती है। इसका एक बहुत अच्छा उदाहरण हमने अध्याय-5 में दिया था : ग्रामीण शिक्षकों की स्कूल से गायब रहने की प्रवृत्ति पर निगरानी रखना। एक और उदाहरण भी बताया जा सकता है : यदि जन सामान्य को प्रबन्धन की जिम्मेदारी सौंपी जाए तो स्थानीय पर्यावरण एवं परिस्थितिगत संसाधनों का संरक्षण करने के लिए एक बहुत ही सक्षम एवं शानदार संस्थागत आधार की रचना हो जाती है। व्यापक जनसक्रियता सामाजिक विषमताओं को कम करने के कार्य में भी बहुत सहायक हो सकती है। हमने अध्याय-5 में भी इस बात पर बल दिया था कि भारतीय समाज में विषमताएँ बहुत ही विकराल स्वरूप में अपना घर बनाए हुए हैं। हमारा आग्रह है कि हमें इन विषमताओं के बृहत्तम स्वरूप की ओर ध्यान देना चाहिए। इस स्वरूप में आर्थिक विषमताओं के साथ-साथ स्त्री या पुरुष, जाति, साक्षरता एवं अन्य लक्षणों पर आधारित सामाजिक विभाजन भी सम्मिलित हो जाते हैं। इन अन्यान्य विषमताओं का सामना करने में सामाजिक आन्दोलनों एवं सामुदायिक रूप से सक्रिय प्रयासों का महत्त्व बहुत ही निर्णायक सिद्ध होगा।

चाहे जन-सामान्य की सक्रियता किसी विशेष प्रकार की सरकारी कारगुजारी के लिए दबाव का रूप धारण करे या सरकारी तंत्र से बाहर रहकर सामाजिक परिवर्तन के लिए प्रयास करे, इसके परिणाम अंततः अभाव-वंचनाग्रस्त लोगों के राजनीतिक संगठन की प्रभावोत्पादकता पर ही निर्भर करेंगे। भारत की लोकतांत्रिक व्यवस्था ने सार्वजनिक सक्रियता के लिए अनेक आधार निर्मित किए हैं : इनमें केवल चुनावी राजनीति ही नहीं, समाचार-संचार माध्यम, कानूनी व्यवस्था, ग्राम पंचायत आदि भी शामिल हैं। किंतु इनके माध्यम से सुलभ अवसरों का लाभ उठा पाने के लिए उपयुक्त संगठनात्मक ढाँचे की रचना नितान्त आवश्यक है। अभावग्रस्तों के संगठनों की रचना-प्रक्रिया सारे भारत में एक जैसे स्तर तक नहीं हो पाई है—कहीं इसका विकास बहुत अच्छी तरह हुआ है तो कहीं यह रचना अभी आरम्भिक चरणों में ही प्रतीत होती है। केरल में तो बहुत पहले ही इस दिशा में भारी सफलता अर्जित की जा चुकी है। अन्य कई राज्यों में भी बहुत प्रशंसनीय उपलब्धियाँ प्रकट हो रही हैं। प. बंगाल में वाममोर्चा दलों ने अभावग्रस्तों के संगठनों को प्रभावी रूप प्रदान कर राजनीतिक शक्ति सन्तुलन में भारी बदलाव पैदा किया है। इसी के आधार पर भूमिसुधार जैसे कार्यक्रम लागू हो पाए हैं। हाल ही के वर्षों में दक्षिण एवं पश्चिम भारत में भी अनेक क्षेत्रों में अभावग्रस्तों की संगठित होकर राजनीतिक प्रक्रियाओं में भाग लेने की क्षमता में बहुत सुधार हुआ है। इन उपलब्धियों को और मजबूत बनाना—अर्थात् इन्हें उन राज्यों में भी प्रभावी बनाना जहाँ अभी तक राजनीति एवं सरकारी संस्थाओं पर सशक्त एवं संपन्न वर्गों का ही वर्चस्व बना हुआ है—हमारे सामने सबसे बड़ी चुनौती है।

आर्थिक विकास में सरकार एवं जनता, दोनों के योगदान निर्णायक होते हैं। यद्यपि अलग-अलग विचारधाराओं के पक्षधर इनके सापेक्ष महत्त्वों का मूल्यांकन अपनी-अपनी विधि से करते हैं, पर हमारा विचार तो यही है कि दोनों की भूमिकाएँ परस्पर गुँथी हुई हैं—इनका पृथक्-पृथक् निरूपण सहज नहीं होगा। सरकार की गतिविधियों का स्वरूप जनता की मांगों और दबावों पर निर्भर करता है। इसी प्रकार जनता के सरकार के प्रति सहयोगी एवं प्रतिरोधी कार्य उस समय अधिक प्रभावोत्पादक बन जाते हैं जबकि सरकार मूलभूत जनतांत्रिक स्वातंत्र्य सुनिश्चित कर, व्यापक साक्षरता प्रसार कर, अभावग्रस्तों के कानूनी अधिकारों की रक्षा कर तथा अति दरिद्रता के विरुद्ध सामाजिक सुरक्षा की व्यवस्था कर जन-जन को शक्ति एवं सामर्थ्यशाली बना रही हो। इस प्रकार सरकार एवं जनता की कारगुज़रियां एक दूसरे की प्रतिपूरक बन जाती हैं।

सरकारी एवं सार्वजनिक सक्रियता के इस द्वन्द्वात्मक सम्बन्ध के कारण कभी-कभी समाज एक विचित्र दुष्चक्र में बन्दी होकर रह जाता है। इस दुष्चक्र की कड़ियाँ हैं : (1) जनता की आवश्यकताओं के प्रति सरकार की उपेक्षा वृत्ति, तथा (2) जनता द्वारा उस उपेक्षा को चुनौती दे पाने में असमर्थ रह जाना। उत्तर प्रदेश में कुछ ऐसा ही हुआ है। इस द्वन्द्वात्मक सम्बन्ध का सकारात्मक पक्ष यही है कि इस दुष्चक्र को भेद पाने में सफलता के परिणाम बहुत सुखद रहते हैं—अथवा इसका पारितोषिक भी बहुत विशाल होता है। केरल में यही हुआ है (इस दुष्चक्र के भेदन का आधार अभावग्रस्तों की राजनीतिक संघटना या फिर साक्षरता को व्यापक बनाना आदि हो सकते हैं)। इसी कारण हम बार-बार इस बात को दोहरा रहे हैं कि भारतीय राजनीति के कायाकल्प के लिए साक्षरता-प्रसार बहुत निर्णायक होगा और इस कार्य में सरकार एवं जन-सामान्य दोनों की ही सक्रियता की आवश्यकता है। निरक्षरता एवं शैक्षणिक पिछड़ेपन के अनेक दुष्प्रभाव हो सकते हैं। भारत में उन्हीं के कुछ दुष्प्रभाव सामाजिक परिवर्तन और सरकार द्वारा जनता के प्रति उत्तरदायित्वपूर्ण व्यवहार की मांग को दबा देते हैं—उसे मुखर नहीं होने देते। साक्षरता एवं प्राथमिक शिक्षा के प्रसार के लाभों में सार्वजनिक सक्रियता के स्वरूप एवं शक्ति पर पड़ने वाले सकारात्मक प्रभाव सम्मिलित रहते हैं। आर्थिक विकास में सामाजिक सुयोगों के महत्त्व पर बल देने के पीछे हमारा मन्तव्य इन अवसरों का लाभ उठाकर प्रत्यक्षतः इस कार्य में जुटे लोगों की अर्जन-क्षमता एवं जीवन-स्तर सुधार तक सीमित नहीं है। हम इन स्वतंत्रताओं (योग्यताओं एवं क्षमताओं) के सामाजिक प्रयोग के माध्यम से सरकार एवं (विराट स्वरूप में) सारे समाज को भी प्रभावित करना चाहते हैं।

नारी की बृहत्तर भूमिका एवं सामाजिक परिवर्तन

इस निबन्ध में अनेक स्तरों पर चर्चा करते समय हमने सामाजिक प्रगति की

प्रक्रिया में नारी की बृहत्तर भूमिका के महत्त्व एवं योगदान की बात उठाई है। नारी की इस व्यापक भूमिका पर दृष्टि केन्द्र को नारी के कुशल मंगल पर सामान्यतः अधिक ध्यान दिए जाने की बात से भिन्न स्वरूप में समझना आवश्यक है। भारतीय अर्थव्यवस्था एक बड़ी विशेषता स्त्री-पुरुष भेदभाव की पराकाष्ठा भी है। इसी के कारण उनके कुशल-क्षेम स्तरों में विषमता और उनकी शक्तियों एवं निर्णय-क्षमता में भी अन्तर आ जाते हैं।

स्त्री-पुरुष विषमता का सबसे बड़ा प्रमाण तो भारत के अतिन्यून स्त्री-पुरुष अनुपात से ही मिल जाता है—अर्थात् महिलाओं का एक बहुत बड़ा अनुपात विलुप्त हो गया है। इस विलोप में उन्हें मिलनेवाली चिकित्सा एवं सामान्य देख-रेख का सापेक्ष अभाव बहुत दोषी रहा है। भारत में स्त्री-पुरुष सम्बन्धों में विषमता परिवार के भीतर ही जीवन के लाभों के आबंटन में गैर-बराबरी से आरम्भ हो जाती है। इन विषमताओं को दूर करने में नारियों के संगठन तथा उनके कार्यों के बृहत्तर स्वरूपों का बहुत निर्णायक योगदान हो सकता है। हमने अनेक संदर्भों में इस प्रकार की गतिविधियों की प्रभावोत्पादकता भी स्पष्टतः दर्शाई है।

स्त्री-पुरुष विषमताओं की विद्यमानता एवं नारी-सक्रियता और संगठन की इस दिशा में भारी बदलाव ला सकने की क्षमता ही नारी की बृहत्तर भूमिका के महत्त्व की प्रतिस्थापना करने वाला सबसे पहला कारण है। स्त्री-पुरुष वैषम्य आर्थिक विकास के कारण स्वतः ही कम नहीं होता—इसी कारण महिलाओं द्वारा स्वयं इस दिशा में प्रभावी पहल करना अनिवार्य बन जाता है। हमने अध्याय-7 में तो यहाँ तक देखा है कि कहीं-कहीं तो आर्थिक प्रगति के फलस्वरूप ये विषमताएँ और भी गहन हो जाती हैं—अर्थात् समाज में नारी की स्थिति और बुरी हो जाती है। यदि आर्थिक प्रगति से नारी की दशा में सुधार आता भी है तो उसके कारण उसकी भूमिका के विस्तार से जुड़े अन्य कारकों (जैसे नारी साक्षरता या फिर श्रम शक्ति में नारी की भागीदारी) में खोजना अधिक सार्थक होता है। आर्थिक संवृद्धि के सकारात्मक प्रभावों का एक स्वरूप स्त्रियों के लिए लाभकारी रोजगार के अवसर का प्रसार हो सकता है। इस रोजगार के कारण नारी की अपने परिवार के भीतर स्थिति में भी सुधार आता है। किन्तु ये प्रभाव भी अक्सर बहुत ही धीरे-धीरे स्पष्ट होते हैं (कहीं-कहीं ये बहुत विस्तीर्ण भी हो सकते हैं)। इसीलिए स्त्री-पुरुष समता के लिए शैक्षणिक परिवर्तनों, नारी के सम्पदा अधिकारों और राजनीतिक सक्रियता से जुड़ी प्रत्यक्ष सार्वजनिक कार्यवाही की बहुत ही अधिक आवश्यकता है।

नारी का शक्तिसम्पन्न होना केवल उसी के जीवन पर सकारात्मक प्रभाव नहीं डालता, इससे बच्चों एवं पुरुषों का जीवन भी लाभान्वित होता है। इस बात के बहुत स्पष्ट प्रमाण मिले हैं कि नारी साक्षरता वृद्धि से बालकों एवं बालिकाओं में, दोनों की जीवन-आशा में सुधार होता है। केरल की उच्च जीवन-आशा दर को सहज

ही उस प्रदेश की शैक्षणिक उपलब्धियों (विशेषकर नारी शिक्षा में सफलताओं) के साथ जोड़ा जा सकता है। इसके विपरीत नारी शिक्षा के क्षेत्र में पिछड़े उत्तरी राज्यों में जीवन-आशा के स्तर भी बहुत निम्न पाए गए हैं। भारतीय समाज में नारी का दबा हुआ होना सामान्य अभावों के निराकरण में उसकी भूमिकाओं को कुंठित कर देता है। नारी की भूमिका के प्रसार से केवल बाालिकाओं एवं वयस्क महिलाओं के कुशल-क्षेम में सुधार नहीं आता—यह सारे समाज में व्याप्त अभावों के निराकरण में सहायक होता है।

तीसरे, प्राथमिक शिक्षा एवं आर्थिक स्वतंत्रता के रूप में नारी विमुक्ति का जनन दरों पर बहुत गहरा प्रभाव पड़ता है। यह सम्बन्ध पूरे विश्व में मान्य रहा है। केरल में जनन दर में भारी कमी तो इसका बहुत ही ज्वलन्त प्रमाण है। तमिलनाडु में भी पिछले कुछ समय से इसी प्रकार की 'सफलता' के प्रमाण आ रहे हैं। उत्तर प्रदेश, बिहार, मध्य प्रदेश एवं राजस्थान आदि उत्तर भारतीय मुख्य भूमि के राज्यों में नारी की निम्न सामाजिक स्थिति का जनन दर को उच्च बनाए रखने में बहुत बड़ा योगदान रहा है। इस प्रकार जनांकिकीय परिवर्तन के साथ सम्बन्ध के माध्यम से नारी की बृहत्तर भूमिका का योगदान आज की नारी के अपने हितों से ही बहुत आगे नहीं निकल जाता, बल्कि आज के सारे समाज एवं भविष्य में आने वाली पीढ़ियों के जीवन स्तर को भी प्रभावित करता है।

चौथे, अपने विशिष्ट स्वरूप के अतिरिक्त नारी की बृहत्तर भूमिका मानव मात्र की व्यापक भूमिका के अंग के रूप में भी अपना महत्त्व रखती है। इनके निर्णयों एवं उनकी कारगुजारियों का सरकार की नीतियों पर गहरा प्रभाव हो सकता है। इससे सभी लोगों का जीवन प्रभावित होता है। अक्सर महिलाएँ आमूल सामाजिक परिवर्तन की माँग करने एवं उसके लिए कार्य करने में बहुत सक्रिय रही हैं। पिछले भाग में जन-सक्रियता से जुड़ी चर्चा तो विशेष रूप से नारी सक्रियता के सकारात्मक पक्ष को उजागर कर रही है। अधिकांश भारत में महिलाएँ अपने घर तक ही सीमित रहती हैं; राजनीति में भी उनका दख़ल कम ही पाया गया है। किन्तु राजनीतिक सक्रियता एवं दबाव के निर्णायक महत्त्व को देखते हुए यह कहा जा सकता है कि यदि महिलाएँ भी इन कार्यों के साथ सक्रिय रूप से जुड़ जाएँ तो समाज की दशा में शीघ्र ही बहुत ही सुनिश्चित सुधार दिखाई देने लगेंगे। महिलाओं की संगत व्यापक भूमिका के निर्वहन की स्वतंत्रता पर ही सार्वजनिक कार्यवाहियों एवं सामाजिक सुयोगों के प्रसार की प्रभावोत्पादकता निर्भर करती है।

तुलनात्मक परिप्रेक्ष्य

इस पुस्तक में अनेक बार अंतर्राष्ट्रीय स्तर पर भी तुलना का सहारा लिया गया है। आर्थिक विकास में मानवीय योग्यताओं/क्षमताओं के सहायक स्वरूप के

सन्दर्भ में भी हमने अन्तर्राष्ट्रीय तुलनाओं का सहारा लिया है। इसी प्रकार सामाजिक सुयोगों के प्रसार में आर्थिक संवृद्धि एवं सार्वजनिक समर्थन के योगदान का मूल्यांकन भी अन्तर्राष्ट्रीय परिपेक्ष्य में ही हुआ है। भारत की प्राथमिक शिक्षा एवं स्त्री-पुरुष विषमता आदि क्षेत्रों में असफलताओं की भीषणता का चित्रण भी सभ्य देशों से तुलना करने पर ही स्पष्ट स्वरूप धारण कर पाता है।

हमने भारत और चीन की तुलना विशेष रूप से की है। इसका ऐसा कोई कारण नहीं है कि चीन के अनुभव भारत के लिए विशेष रूप से प्रासंगिक माने जाएँ—पर भारत में राजनीतिक चर्चाओं में बार-बार चीन से बराबरी की बात उठती रही है (इसीलिए इस देश से तुलना करना आवश्यक बन गया है)। चीन के अनुभवों की व्याख्या (अनेक चिंतन अभावों को दूर करने में चीन भारत की अपेक्षा बहुत ही अधिक सफल दिखाई पड़ता है) करते समय हमने उस देश की सुधारपूर्व एवं सुधारोपरान्त सफलताओं के बीच बड़े व्यापक वितान पर तीव्र आर्थिक प्रसार की दृष्टि से सवंर्धनकारी पारस्परिकताओं पर बल दिया है। सत्तर के दशक के अन्त में बाजारोन्मुखी सुधार कार्यक्रम प्रारम्भ करने से पूर्व ही आर्थिक प्रसार की प्रक्रिया में जन-जन की भागीदारी सुनिश्चित कराने वाली सामाजिक परिस्थितियों का निर्माण करने में चीन बहुत व्यापक सफलता अर्जित कर चुका था। इस दृष्टि से ये सफलताएँ प्रमुख रही हैं : (1) भूमि सुधार, (2) युवाओं में प्रायः पूर्ण साक्षरता, (3) चिरंतन मरणशीलता एवं कुपोषण में भारी कमी, (4) सामाजिक सुरक्षा व्यवस्था की स्थापना, (5) स्थानीय स्वशासन की सुचारु रूप से कार्यशील व्यवस्था की रचना, तथा (6) श्रम शक्ति में नारी की व्यापक भागीदारी के आधार एवं स्वरूप का भारी विकास-प्रसार। भारत किसी भी दृष्टि से व्यापक आर्थिक संवर्धन के इस प्रकार के दृढ़ आधार का निर्माण नहीं कर पाया है। भारत में आर्थिक एवं सामाजिक सुधारों की चुनौती का आकलन करते समय इस बात से मुँह चुराना उचित नहीं होगा।

साथ ही हमें चीनी अनुभवों का पूरी तरह अनुकरण करने का लालसा से बचने का भरसक प्रयास भी करना ही चाहिए। चीन का सामाजिक सुयोग-संवर्धन अनुभव बहुत चमकीला तो लगता है, पर उसके पीछे बहुत ही विशालकाय सामजिक बिफलताएँ भी छुपी हैं। जैसे हमने अध्याय-4 में बताया था, ये विशाल विफलताएँ चीन की प्रशासन व्यवस्था के निरंकुश व्यवहार से सम्बन्धित हैं। इसी व्यवस्था के कारण सरकार की कारगुजारियाँ जन-समीक्षा और आलोचनाओं की चुनौतियों से मुक्त रह जाती हैं। 1958-61 के अकाल, सांस्कृतिक क्रान्ति की ज्यादतियाँ, मूलभूत स्वातंत्र्यों का निरन्तर एवं व्यापक हनन आदि उसी व्यवस्था के अन्य पक्षों को उजागर करते हैं। जहाँ प्राचीन की सफलताएँ आर्थिक विकास में सरकार की सकारात्मक भूमिका की उपलब्धियों की सम्भावनाएँ दर्शाती हैं, वहीं विफलताएँ तानाशाही निरंकुशता के खतरों के प्रति भी हमें सचेत करती हैं। भारत के लिए यह भी एक सीख ही है।

चीन के अनुभवों से सम्भव सीखों पर भारत की अपनी क्षेत्रीय विभिन्नताओं के विवेचन का प्रभाव भी अवश्यम्भावी है। हमने पहले भी कई बार कहा है, भारत को न केवल चीन तथा अन्य देशों से कुछ सीखना है, बल्कि इसे अपने ही अनुभवों से भी बहुत कुछ सीखना बाकी है। भारत बहुत ही विविधतासम्पन्न देश हैं, इसके विभिन्न प्रान्तों एवं क्षेत्रों के अपने-अपने अनुभवों में भी बहुत विविधता रही है। इन विविधताओं का सम्बन्ध विभिन्न राज्यों में अपनाई गई सार्वजनिक नीतियों की विविधता और उनमें जीवन की गुणवत्ता एवं मूलभूत मानवीय क्षमताओं के संवर्धन में सार्वजनिक सक्रियता के प्रयोग में विषमताओं से भी रहा है।

इस विषय में केरल का अनुभव बहुत ही अनुकरणीय रहा है। हमने बार-बार इस पुस्तक में इस अनुभव की चर्चा की है। जीवन-आशा स्तर 72 वर्ष, जनन दर प्रायः प्रतिस्थापन दर के समान, युवा वर्गों में 'पूर्ण साक्षरता', बालश्रम का लोप तथा स्त्री-पुरुष भेद-भाव के बहुत ही निम्न स्तर आदि द्वारा प्रदर्शित केरल की शानदार सामाजिक उपलब्धियों के पीछे इस प्रदेश की सार्वजनिक सक्रियता की समृद्ध ऐतिहासिक परम्पराएँ रही हैं। इन परम्पराओं में सरकार द्वारा बहुत पहले ही प्रारम्भ प्रयास, साक्षरता की दिशा में सामाजिक आन्दोलन, भूमि सुधारों का ईमानदारी से लागू किया जाना, परम्परागत विषमताओं का उन्मूलन, सार्वजनिक सुविधाओं का व्यापक स्तर पर उपलब्ध होना आदि से जुड़े लक्ष्यों की सम्प्राप्ति सम्मिलित हैं। अन्य प्रान्तों, यहाँ तक कि अन्य देशों के लिए भी सार्वजनिक सक्रियता द्वारा सामाजिक सुयोग संवर्धन का केरल का अनुभव बहुत ही अनुकरणीय सिद्ध हो सकता है।

केरल में कुछ विफलताएँ भी रही हैं। हम जानते ही हैं कि इसकी आर्थिक संवृद्धि दर तो बहुत ही सामान्य रही है। यह भी पता चला है कि अस्सी के दशक में तो केरल की प्रान्तीय अर्थव्यवस्था में कोई संवृद्धि नहीं हो पाई (जबकि सारा देश पहली बार पाँच प्रतिशत प्रतिवर्ष से अधिक की संवृद्धि दर से लाभान्वित हो रहा था) (देखें सांख्यिकीय परिशिष्ट)। स्वस्थ एवं साक्षर दीर्घायु के सामाजिक सुयोगों में तो भारी सुधार हुआ है पर आर्थिक सफलता पर आश्रित अवसरों के मामले में यह प्रदेश बहुत कुछ नहीं कर पाया है।

यह तुलना भागीदारीपूर्ण संवृद्धि के कारणों से जुड़े अनेक प्रश्न उठाती है। केरल में व्यापक शिक्षा, स्वास्थ्य, भूमि सुधार और सामाजिक सुरक्षा आदि से जुड़े सामाजिक सुयोगों के निर्माण में तो बहुत सफलता मिली है। इन्हें हम भागीदारीपूर्ण आर्थिक विकास की अत्यावश्यक सामाजिक दशाएँ मानते हैं। फिर भी केरल में आन्तरिक रूप से बहुत ही कम भागीदारीपूर्ण आर्थिक संवृद्धि हो पाई है। इसका कारण भागीदारी का अभाव नहीं वरन् प्रान्तीय अर्थव्यवस्था की मन्थर गति से हुई प्रगति ही है। हमने पहले भी कहा है कि भागीदारी तो तभी सम्भव हो पाएगी जब संवृद्धि हो। इस विषम विफलता के मुख्य कारण सारे ही भारत की आर्थिक प्रगति

को कुंठित रखने वाली अतिनियंत्रणकारी आर्थिक शासन व्यवस्था रही है। अन्य प्रान्तों की तुलना में इस जघन्य व्यवस्था को तोड़ने के विरुद्ध केरल में ही सबसे अधिक प्रतिरोध भी पाया गया है।

अनेक महत्त्वपूर्ण क्षेत्रों में सामाजिक सुअवसरों को सुनिश्चित करने के पीछे केरल की वामपंथी सरकारों एवं राजनीति का सक्रियतापूर्ण स्वरूप भी जिम्मेदार रहे हैं, पर वहाँ का राजनीतिक वातावरण बाजार व्यवस्था के बहुत ही विपरीत आर्थिक नीतियाँ अपनाने का पक्षधर बना रहा है। इसका सीधा अर्थ रहा है अतिशय सरकारी हस्तक्षेप। उसी के विपरीत प्रभाव अतिन्यून आर्थिक संवृद्धि दर में परिलक्षित हो रहे हैं। केरल की अतिनियंत्रित अर्थव्यवस्था में परिवर्तन कर पाना अन्य भारतीय राज्यों की अपेक्षा और भी कठिन और जटिल हो गया है। हमने पहले भी कहा है कि सकारात्मक सार्वजनिक कार्यक्रमों को बाजार की प्रक्रियाओं के आर्थिक लाभों को पूरी तरह से ठुकराने की कोई आवश्यकता नहीं है। केरल का अनुभव ही हमें यह सिखाता है कि सार्वजनिक (सरकारी) हस्तक्षेप की नीतियों का चयन एवं निर्माण बहुत सोच-समझकर करना चाहिए। यही हमारे इस निबन्ध का एक मुख्य हेतु है।

केरल की अतिसक्रियतापूर्ण सामाजिक तैयारी एवं इन्हीं बहुत ही दकियानूसी आर्थिक नीतियों (जिनमें लगातार नौकरशाही के नियंत्रण से चिपके रहने की प्रवृत्ति बनी हुई है) के बीच विरोधाभास ने बहुत ही विचित्र परिस्थितियों का निर्माण कर दिया है। केरल के लोग प्रदेश से बाहर तो आर्थिक अवसरों का लाभ उठा पाने में सिद्धहस्त हो चले हैं पर अपने घर में कुछ नहीं कर पाते। पिछले दशकों में केरल की आन्तरिक अर्थव्यवस्था तो शिथिल पड़ी रही है, पर इसकी बाह्य स्रोतों से आय बहुत अधिक रही है। यही इस बात का प्रमाण है कि केरलवासी प्रदेश से बाहर, यहाँ तक कि विदेशों में भी, आर्थिक अवसरों का लाभ उठा पाने में बहुत 'कुशल' हो चुके हैं।

अतः केरल को अन्य प्रान्तों को कुछ सिखाने के साथ-साथ उनसे कुछ सीखने की भी आवश्यकता है। केरल को जो कुछ सीखना है, तो सहज ही आजकल चल रहे सम्प्रेरणाओं, आर्थिक संवृद्धि और विनियंत्रणकारी आर्थिक सुधारों में सन्निहित किया जा सकता है। किन्तु जो सीख केरल (देश के अन्य प्रान्तों को) दे सकता है, तो इन सुधारों के परिवेश प्रसार से बहुत आगे की बातें हैं। कई बार इन सकारात्मक 'सीखों' को केवल एक प्रान्त (एक देश नहीं) का अनुभव बताकर इन्हें मामूली करार देने का प्रयास भी हुआ है। आम तौर पर अंतर्राष्ट्रीय तुलनाओं में केवल सम्पूर्ण देशों के अनुभवों का आकलन होता है। इसी कारण से केरल सफलताओं पर विश्व समुदाय का ध्यान उतना नहीं जा पाता जितना कि श्रीलंका, कोस्टारीका, द. कोरिया या हांगकांग की ओर जाता है। इस प्रकार केरल की उपेक्षा अनेक कारणों से अनुचित लगती है।

सबसे पहला कारण तो केरल की विशाल जनसंख्या ही है। इसकी जनसंख्या (3 करोड़) विश्व के अनेक देशों से अधिक है। कनाडा की जनसंख्या भी केरल से कम है। अक्सर जिन देशों की तुलनाएँ की जाती हैं, उनमें श्रीलंका (1.74 करोड़) कोस्टारिका (32 लाख) और एकनगरीय राष्ट्र हांगकांग (58 लाख) तथा सिंगापुर (28 लाख) तक ही सीमित रहे हैं। यहाँ तक कि आर्थिक विकास के सर्वोत्कृष्ट प्रतिमान के रूप में प्रस्तुत द. कोरिया की जनसंख्या भी 1960 (जब इसका आर्थिक विकास तेज हुआ) में उतनी थी जितनी आज केरल की है। अतः इतनी विशाल जनसंख्या के लिए केरल जो कुछ कर पाया है, वह विश्व के इतिहास में अपनी मिसाल आप ही है।

दूसरे, भारत की संघीय व्यवस्था स्कूली शिक्षा एवं चिकित्सा आदि क्षेत्रों में राज्यों को पर्याप्त स्वायत्तता प्रदान करती है। केंद्रीय सरकार की कोई भी पहल निश्चित रूप से राज्य सरकारों की नीतियों पर प्रभाव डाल सकती है। ये प्रभाव राजकोषीय प्रावधानों से जुड़े हो सकते हैं—सभी राज्यों के कुल राजस्व का अच्छा-ख़ासा हिस्सा केंद्रीय करों (आयकर आदि) में से मिले अंश द्वारा ही रचित होता है। इसमें राजनीतिक संपर्कों एवं केन्द्र एवं राज्यों में सत्तारूढ़ दलों के बीच सम्बन्धों की भूमिका भी रहती है। पर फिर भी यदि कोई राज्य सरकार चाहे तो उसे शिक्षा, स्वास्थ्य व्यवस्था आदि के प्रसार से कोई रोक नहीं सकता। केरल ने बहुत ही सुदृढ़ एवं व्यवस्थित रूप से यही किया है।

केरल के अनुभवों के अनुकरण की सम्भावना के प्रति एक अन्य आपत्ति भी है। यह आपत्ति काफ़ी वैध हो सकती है। केरल अपने इतिहास की दृष्टि से बहुत भाग्यशाली रहा है। जिसे आज हम केरल कहते हैं, वह मुख्यतः दो रियासतों, त्रावणकोर एवं कोचीन के क्षेत्रों को मिलाकर बना है। ये दोनों रियासतें भारत में अंग्रेजी हुकूमत के शिकंजे से बाहर थीं। अतः भारत की प्राथमिक शिक्षा व्यवस्था के प्रति इंग्लैंड की अंग्रेजी सरकार के मुख्यालय व्हाइटहॉल की उपेक्षा वृत्ति का शिकार होने से ये बच निकलीं। अतः जब 1817 में त्रावणकोर की युवा महारानी गौरी पार्वतीबाई ने प्राथमिक शिक्षा के महत्त्व का प्रतिपादन करनेवाली उद्घोषणा की तो वह शेष भारत में अंग्रेजी राज द्वारा चलाई जा रही नीतियों के अनुरूप विकृत करने की 'अनिवार्यता' से साफ बच निकली।

केरल एक अन्य दृष्टि से भी भाग्यशाली रहा है। यहाँ पर निम्न जातियों के सामान्य विमुक्तिकरण के प्रति सचेष्ट एवं शैक्षणिक प्रगति पर केन्द्रित सामाजिक आन्दोलन भी बहुत सशक्त रहे हैं। केरल के वामपंथी एवं उग्रवादी आन्दोलन भी इन्हीं से जुड़ते रहे हैं। विश्व के प्रति इस क्षेत्र का सामान्य व्यवहार बहुत खुला रहा है। यहाँ इसाई धर्म चौथी शताब्दी में, यहूदियत यरूशलम के पतन के तुरन्त बाद आई तो इस्लाम अरब व्यापारियों के साथ सहज भाव से चला आया और स्वीकार्य

भी हो गया—क्योंकि इनके अनुयायी विजेता के रूप में नहीं आए थे। इसी खुले परिवेश में 19वीं शताब्दी में ईसाई मिशनरियों की शिक्षा प्रसार की गतिविधियाँ एवं सहज स्वीकार्य थीं। केरल की मातृकुलीन संपत्ति उत्तराधिकार व्यवस्था ने भी वहाँ के समाज के एक महत्त्वपूर्ण वर्ग (नायर) की महिलाओं का सामाजिक स्थान सदा से बहुत ही श्रेष्ठ बनाए रखा है।

इस प्रकार का ऐतिहासिक सौभाग्य कोई नीतिगत विचार नहीं है जिसके 'मान' में हम कोई फेरबदल कर पाएं। शिक्षा के क्षेत्र में केरल के इस विलक्षण अनुभव को अननुकरणीय कहने वाले लोग सहज ही कह सकते हैं कि इससे कुछ भी 'सीख' ग्रहण कर पाना सम्भव नहीं है। किन्तु यह केरल के विविधापूर्ण इतिहास से बहुत ही विकृतिपूर्ण सीख होगी। इस राज्य की रचना भाषाई आधार पर हुई थी। त्रावणकोर एवं कोचीन के साथ ब्रिटिश भारत के मद्रास राज्य के मालाबार क्षेत्र को मिलाकर यह राज्य गठित हुआ है। यह मालाबार क्षेत्र शैक्षणिक दृष्टि, जीवन-आशा तथा अन्य उपलब्धियों की दृष्टि से बहुत ही पिछड़ा हुआ था, किन्तु अस्सी के दशक तक (लगभग 25 वर्षों में ही) मालाबार भी शेष केरल के स्तर तक जा पहुँचा—अब उसे किसी भी प्रकार से भिन्न नहीं कहा जा सकता। केरल की सरकारें, चाहे वे साम्यवादी दल की थीं या कांग्रेस की, सभी ने ऐसी नीतियाँ लगातार जारी रखीं कि मालाबार भी बहुत थोड़े समय में ही शेष प्रान्त के स्तर पर आ गया। यह एक ऐसा सबक है जो पिछली सदी के इतिहास का बन्दी नहीं कहा जा सकता। शेष भारत निश्चित रूप से केरल से यह सीख ग्रहण कर सकता है कि आज हम कृतसंकल्प होकर सार्वजनिक (राजकीय एवें जनता की) सक्रियता के आधार पर क्या कुछ कर सकते हैं।

यह बात भी ध्यान देने सोग्य है कि यद्यपि स्वतंत्रता के समय केरल शेष ब्रिटिश भारत की अपेक्षा बहुत ही आगे या, पर इस प्रदेश की जिन उपलब्धियों की आजकल जमकर प्रशंसा हो रही है, वे तो स्वतंत्रता के बाद की ही सफलताएँ हैं। पचास के दशक में आज के 90 प्रतिशत की तुलना में केरल की साक्षरता 50 प्रतिशत ही थी, जीवन-आशा भी 72 वर्ष नहीं 44 वर्ष ही थी। प्रान्त की जन्म दर 32 प्रति हजार थी, आज की भांति 18.2 प्रति हजार नहीं। यह ठीक है कि केरल को प्रारम्भिक बढ़त प्राप्त थी, पर इसकी उपलब्धियों को अभूतपूर्व की संज्ञा दिलाने का श्रेय तो स्वतंत्रता के बाद की राजनीतिक पहल एवं जनता की सक्रियता को हर जाता है। हमने अध्याय-4 में भी यह बताया था कि केरल ने चीन से भी आगे छलाँग तो पिछले दशक में ही लगाई है—इस अवधि में भी इसकी जीवन-आशा में तीव्र वृद्धि हुई है तो बालमृत्यु दर एवं जनन दर में तेज़ी से गिरावट आई है।

भारत के अन्य कई राज्यों ने भी यह दिखाया है कि मानवीय क्षमताओं के संवर्धन के निमित्त गम्भीरतापूर्वक किए गए सार्वजनिक प्रयासों से शीघ्र ही बहुत

लाभकारी परिणाम सामने आते हैं। पश्चिम बंगाल ने भू-सुधारों से ग्राम्य समाज में विषमता निवारण एवं कृषि उत्पादन में संवृद्धि की सम्भावनाएँ उजागर की हैं। तमिलनाडु ने यह सिद्ध किया है कि यदि सामाजिक पृष्ठभूमि उपयुक्त हो तो अच्छी प्रकार से सुगठित परिवार नियोजन कार्यक्रम के माध्यम से जनन दर में नाटकीय कमी ला पाना सम्भव है (तमिलनाडु प्राथमिक शिक्षा के प्रसार, महिलाओं की घर से बाहर के कार्यों में उच्च भागीदारी आदि में भारत के प्रथम तीन बड़े राज्यों में से एक रहा है, साथ ही यहाँ विवाह की आयु भी परम्परा से ही अधिक उच्च रही है)। हिमाचल ने अपने साहसपूर्ण साक्षरता कार्यक्रम के आधार पर युवा पीढ़ी में से निरक्षता समाप्ति में शानदार सफलता पाई है। पंजाब ने ऊपरी पूँजीगत ढाँचे के विकास के आधार पर आर्थिक संवृद्धि की उच्च दर की प्राप्ति की सम्भावनाएँ दर्शाई हैं। (हालाँकि पिछले कुछ वर्षों से आन्तरिक कलह और हिंसा ने यहाँ आर्थिक समृद्धि को गहरा आघात पहुँचाया है)। इसी प्रकार के और भी अनेक उदाहरण हैं जिनसे हम उपयुक्त सीख ग्रहण कर सकते हैं। केरल सामाजिक प्रगति के क्षेत्र में शीर्ष पर दिखाई देता है, किन्तु यह अकेला नहीं है।

दूसरी ओर उत्तर प्रदेश जैसे राज्य सरकारी उपेक्षा एवं सार्वजनिक निष्क्रियता के दुष्परिणाम का जीता-जागता उदाहरण प्रस्तुत कर रहे हैं : यहाँ से मूलभूत अभाव समाप्त होने का नाम ही नहीं लेते। जैसा कि हमने अध्याय-3 में देखा था, सकारात्मक एवं नकारात्मक, दोनों ही प्रकार के अनुभवों के बीच भी एक गहरी पारस्परिकता विद्यमान है। जहाँ केरल व्यापक साक्षरता, सार्वजनिक सेवाओं, नारी की व्यापक भूमिका कड़ी राजनीति प्रतिद्वन्द्विता, सामुदायिक संगठनों एवं आय तत्सम्बन्धी सामाजिक कारकों के सकारात्मक प्रभावों की उपलब्धियों का शानदार उदाहरण प्रस्तुत कर रहा है, वहीं उत्तर प्रदेश की विफलताएँ इन सकारात्मक प्रभावों की उपेक्षा के कारण सामाजिक सुयोगों के दमन का प्रमाण दे रही हैं।

एक निष्कर्ष

पिछले कुछ वर्षों में भारत में आर्थिक नीतियों में बहुत परिवर्तन हुए हैं तथा और भी अनेक परिवर्तन लागू किए जा रहे हैं। इन सुधारों से जुड़ी चर्चा ने बहुत ध्यान आकर्षित किया है। दोनों ही पक्षों के तर्क बहुत 'सशक्त' एवं जानदार रहे हैं–इनमें अक्सर तीक्ष्णता भी रही है।

इस निबन्ध में हमने आर्थिक नीतियों पर विचार विमर्श को उनके वर्तमान आर्थिक सुधार स्वरूप से कहीं आगे ले जाने पर बल दिया है। इसका कारण यह नहीं है कि हम विवाद की तीक्ष्णता से बचना चाहते हैं–कभी-कभी उग्र विवाद भी किन्हीं रूखी समस्याओं पर जन-साधारण का ध्यान केन्द्रित करने में सफल हो जाता है। हमारा आग्रह तो यह है कि आर्थिक सुधारों के खंडन या मंडन पर ही सारा

ध्यान लगा देने से हम कहीं उन व्यापक सामाजिक सुयोगों को नहीं भुला बैठें जिनमें बाजार एक महत्त्वपूर्ण परंतु अपने आप में अपूर्ण अवयव ही होता है। आर्थिक सुधार एक बहुत बड़े दिशान्तरण का प्रतीक है पर इनके पक्ष-विपक्ष के तर्कों पर ही सारा ध्यान इस प्रकार केन्द्रित हो रहा है कि अनेक अन्य महत्त्वपूर्ण मुद्दे दब-से गए हैं। सुधारों के पक्ष और विरोध में ऐसे-ऐसे आकलन प्रस्तुत हुए हैं कि उन्हें व्यापक परिप्रेक्ष्य में रखे बिना उनका मूल्यांकन नहीं हो सकता।

हमने किन्हीं दूसरे ही प्रश्नों को उठाने और निपटाने की आवश्यकता पर बल दिया है। हम पुराने चिरपरिचित प्रश्नों के विभिन्न उत्तरों के विश्लेषण तक सीमित नहीं रहना चाहते। हमारा मुख्य विचार यही है कि जन-जन को सुलभ सामाजिक सुयोगों/अवसरों का प्रसार किया जाए। जहाँ कहीं भी इन अवसरों का प्रत्यक्ष/अप्रत्यक्ष रूप से विपरीत प्रभावी नियंत्रणों, नियमों, आर्थिक प्रेरणाओं पर प्रतिबन्धों, स्पर्धा एवं उसकी दक्षताकारी विशेषताओं में बाधाओं आदि द्वारा हनन हो रहा हो, वहाँ इनका (बाधाओं का) निवारण परम अनिवार्य हो जाता है। हमने यह भी स्पष्ट किया है कि सर्वसाधारण के सामाजिक अवसरों का निर्माण एवं प्रयोग किस प्रकार से केवल बाजार को स्वतंत्र कर देने से कहीं बड़ा कार्य होगा। आर्थिक सुधारों के पक्षधर कह सकते हैं कि सरकार अनेक क्षेत्रों में बहुत अधिक दखलंदाजी कर रही है, पर यह विचार अनेक अन्य क्षेत्रों में सरकारी क्रियाकलापों की अपर्याप्तता एवं प्रभावहीनता की अनदेखी कर जाता है (ये क्षेत्र हैं प्राथमिक शिक्षा, स्वास्थ्य, सामाजिक सुरक्षा व्यवस्था, भू-सुधार और सामाजिक परिवर्तन आदि)। इस अकर्मण्यता के कारण भी व्यापक अभाव, आर्थिक अवरुद्धता एवं सामाजिक विषमताओं में निरन्तरता बनी हुई है।

यहाँ समस्या 'बहुत अधिक' या 'बहुत कम' बाजार के उपचार की नहीं है। बाजार का विस्तार भी उन्हीं कारणों में से एक है जो मानवीय योग्यता को संवर्धित कर सकता है। भारत के चिरन्तन अभावों को शीघ्र ही मिटाने की नितान्त आवश्यकता को ध्यान में रखते हुए इस सुअवसर को खो देना गैर-जिम्मेदारी की पराकाष्ठा होगी। पर भारत की अर्थव्यवस्था को उस पिंजरे से मुक्त करने के अतिरिक्त भी बहुत कुछ करना है—उस दृष्टि से सरकार एवं जनता दोनों की ही अधिक सक्रियता की आवश्यकता होगी।

इस समस्या की दृष्टि से राजकीय गतिविधियों के बाजारविहीन एवं बाजार पूरक स्वरूपों के बीच भेद को समझना आवश्यक है (देखें अध्याय-3)। भारत में अनेक प्रकार के राज़कीय हस्तक्षेप बाजारविहीन स्वरूप धारण कर लेते हैं : अनेक क्षेत्रों पर ऐसे नियम-नियंत्रण लागू हैं जिनके कारण आर्थिक सम्प्रेरणाएँ कुंठित होकर रह जाती हैं, या फिर व्यापार की मनाही किन्हीं क्षेत्रों के आर्थिक विकल्प ही समाप्त कर देती है, आदि। इसके विपरीत कुछ बाजार-सहयोगी या सकारात्मक सरकारी

गतिविधियों जैसे प्राथमिक शिक्षा, व्यापक स्वास्थ्य-चिकित्सा कार्यक्रम आदि की तो जानबूझ कर भारी उपेक्षा की गई है। इस उपेक्षा की भूल को सुधारने के लिए बाजार से कहीं आगे जाना सम्भव है और अतिनियंत्रणकारी नीतियों को बदलकर पुरानी भूलों की भरपाई करना भी आवश्यक है।

भारत में नीतियों पर चर्चा को केवल उदारीकरण के अतिसीमित दृष्टिकोण से मुक्त कराना आवश्यक है। आज भी पुरानी चर्चाओं का 'मोहपाश' छाया हुआ है। लोग अभी भी यही प्रश्न उठा रहे हैं कि आप बाजार के पक्ष में हैं या विपक्ष में या आप सरकारी गतिविधियों के पक्ष में हैं अथवा विरुद्ध ? इसका परिणाम है कि हम केवल कुछ ही मुद्दों पर विचार कर पाते हैं—अन्य अनेक सम्भवतः अधिक महत्त्वपूर्ण मुद्दे अछूते रह जाते हैं। इस समय सरकारी नीतियाँ सकारात्मक कार्यों के प्रति अपनी परम्परागत उपेक्षा वृत्ति को बनाए हुए ही केवल विपरीत प्रभावकारी नियंत्रणों को घटाने या हटाने पर केन्द्रित लग रही हैं। हमने इस बात पर बल दिया है कि उदारीकरण के पक्ष-विपक्ष के परिपोषण से हटाकर सार्वजनिक चिन्तन को भारत में भागीदारीपूर्ण आर्थिक प्रगति को सीमित रखनेवाले एवं जीवन दशाओं पर धब्बे जैसे व्यापक सामाजिक और आर्थिक अभावों की ओर ध्यान देने पर विवश करना चाहिए। सारे ही चिन्तन, मनन की दिशा में परिवर्तन आवश्यक है।

परिशिष्ट

इस परिशिष्ट में भारत के आर्थिक एवं सामाजिक विकास के अनेक पहलुओं पर आँकड़े प्रस्तुत किए गए हैं। तालिका क.1 में चुने हुए एशियाई देशों के विकास सूचकों के साथ भारत की तुलना की गई है। तालिका क.2 में इन्हीं सूचकों के आधार पर भारत की प्रादेशिक विविधताओं का आकलन किया गया है। उन्हीं भारतीय राज्यों को यहाँ स्थान दिया गया है जिनके विषय में हम अपनी सहयोगी पुस्तक ''भारत का विकास : कुछ प्रादेशिक अध्ययन'' में व्यापक विचार कर रहे हैं। तालिका क.3 में भारत के राज्यों में आर्थिक विकास एवं सामाजिक अवसरों का अधिक विस्तृत चित्रण हुआ है। इस तालिका में प्रति व्यक्ति आय एवं तत्सम्बन्धी सूचक, मरणशीलता एवं जनन, साक्षरता तथा शैक्षणिक उपलब्धियाँ, स्कूल-उपस्थिति एवं प्रवेश, स्त्री-पुरुष भेद विषयक जानकारियाँ, मातृ स्वास्थ्य तथा सामाजिक उपरि संरचना विषयक जानकारियाँ संकलित की गई हैं। तालिका क.4 में इन्हीं में से कुछ सूचकों की काल-प्रवृत्ति की जानकारी रखी गई है।

इन तालिकाओं के संकलन में अनेक रचनाओं का प्रयोग हुआ है : विश्व विकास रिपोर्ट 1994 तथा मानव विकास रिपोर्ट 1994 का हमने अन्तर्राष्ट्रीय तुलनाओं के लिए प्रयोग किया है।

भारत एवं इसके राज्यों के सूचकों की जानकारी के लिए जनगणना, राष्ट्रीय सन्दर्श सर्वेक्षण, सन्दर्श पंजीयन व्यवस्था का प्रयोग किया गया है।

कुछ आँकड़े चयनवर्ष के प्रति बहुत संवेदनशील होते हैं। हमारा प्रयास यही रहा है कि नवीनतम उपलब्ध जानकारी का प्रयोग करें–जहाँ कुछ मजबूरी रही है, वहाँ किसी अन्य वर्ष के आँकड़े लिए गए हैं। कई बार किसी आलोच्य वर्ष में आयाम विशेष की जानकारी पृथक-पृथक प्रकाशनों में भिन्न-भिन्न पाई जाती है। ऐसी दशा में हमने उस प्रकाशन के नवीनतम अंक का ही प्रयोग किया है। इसके पीछे हमारी धारणा यही है कि सम्भवतः आंकलन विधि में कुछ और सुधार ही हुआ होगा, बिगाड़ नहीं।

कुछ विशेष सूचकों के विषय में

भारत एवं चीन की साक्षरता दरें

अध्याय-4 एवं इस परिशिष्ट में उद्धृत भारत एवं चीन की साक्षरता दरों का संग्रह विश्व विकास रिपोर्ट जैसे अन्तर्राष्ट्रीय प्रकाशनों के स्थान पर इन देशों के अपने 'जनगणना' प्रकाशनों में से किया गया है। भारत एवं चीन की पिछली जनगणनाओं की जानकारी अभी भी इन अन्तर्राष्ट्रीय प्रकाशनों में स्थान नहीं पा सकी है। उदाहरण के लिए, विश्व विकास रिपोर्ट 1994 में तो यूनेस्कों द्वारा 1989 में तैयार पूर्वाकलन आधारित साक्षरता दरें ही दिखाई गई हैं। ये आँकड़े इन देशों की नवीनतम जनगणना की तुलना में बहुत पुराने लगते है। इसी कारण हमने सभी वर्षों के लिए जनगणना ग्रन्थों में निहित प्रत्यक्ष जानकारी का ही प्रयोग किया है।

भारत की जनगणना 1991 की सभी तालिकाओं का निर्माण इस पुस्तक को लिखते समय पूरा नहीं हो पाया था। अतः हम सभी 'आयुवर्गों की साँझी' एवं '7 वर्ष से अधिक' वर्ग की साक्षरता दरों का ही प्रयोग कर पाए हैं। इस दूसरे वर्ग की दरों की तुलना ही अन्य देशों से की गई है–उन देशों में समान्यतः 15 वर्ष से अधिक आयुवर्ग की साक्षरता दरें आकलित होती हैं–(देखें ता. 3.1, 4.1 तथा 4.2)। इस विषमता के कारण विशेष भ्रम की गुन्जाइश नहीं होती, क्योंकि भारत में 7+ वर्ष वर्ग की साक्षरता दर अन्य देशों के 15+ वर्ष वर्ग से अधिक सादृश्यपूर्ण होती है।

अन्य देशों में साक्षरता दरें

विश्व विकास रिपोर्ट 1994 की जानकारी तो बहुत पुरानी पड़ गई है पर मानव विकास रिपोर्ट 1994 में वर्ष 1992 के आधार पर नवीन आँकड़े प्रस्तुत किए गये हैं। ये भी यूनेस्को के पूर्वाकलन पर ही आधारित हैं–पर इनमें कुछ अधिक बाद की जानकारी का समावेश हुआ प्रतीत होता है। इस रिपोर्ट की चीन की साक्षरता दर उसकी 1990 की जनगणना के अधिक निकट लगती है। अतः भारत और चीन को छोड़ अन्य देशों के लिए हमने मानव विकास रिपोर्ट 1994 की साक्षरता दरों का प्रयोग किया है।

भारत और चीन में जीवन-आशा

विश्व विकास रिपोर्ट 1994 एवं मानव विकास रिपार्ट 1994 ने भारत की जन्म के समय जीवन-आशा (1992) 61 एवं 62 वर्ष बताई है। ये आँकड़े भारत के महापंजीयक के कार्यालय के प्रकाशित आँकड़ों (1986-90) के आधार पर तैयार

पूर्वाकलन लगते हैं। उस अवधि में पुरुष एवं स्त्री जीवन-आशा के 57.7 एवं 58.1 वर्ष होने का अनुमान था। इस पुस्तक में हमने इसी कार्यालय द्वारा सन्दर्श पंजीयन व्यवस्था का प्रयोग कर तैयार किए अभी तक अप्रकाशित आँकड़ों का प्रयोग किया है। इसके अनुसार 1990-92 की अवधि में पुरुषों एवं महिलाओं की जीवन-आशा क्रमशः 59.0 एवं 59.4 वर्ष थी। ये आँकड़े विश्व विकास रिपोर्ट एवं मानव विकास रिपोर्ट 1994 से कुछ खास अलग नहीं है।

चीन में जीवन-आशा के विश्व विकास रिपोर्ट 1994 के आँकड़े वहाँ की जनगणना (1990) के आधार पर ऐन्सजले कोल के अनुमान से मेल खाते हैं। दोनों ही अनुमान यह संकेत देते हैं कि चीन में 1992 में जीवन-आशा 69 वर्ष रही होगी। हमने इसी आँकड़ें का प्रयोग किया है।

भारत के राज्यों में क्रयशक्तितुल्य (Purchasing-power-parity) आय का अनुमान

ता. क.2 में भारत के तीन राज्यों, केरल, उत्तर प्रदेश एवं प. बंगाल में वास्तविक प्रतिव्यक्ति आय के प्रारम्भिक अनुमान रखे गए हैं। इन अनुमानों में अब तक भली भाँति जाने-पहचाने सकल राष्ट्रीय उत्पाद के क्रय शक्ति तुल्य अनुमानों के समान आकलन करने का प्रयास हुआ है (अन्तर्राष्ट्रीय तुलनाओं में इन्हीं क्रयशक्ति तुल्य आँकड़ों का प्रयोग होने लगा है)। प्रत्येक राज्य का अनुमान राज्य के अपने गुणांक, C= राज्य घरेलू उत्पाद ÷ (p[1] सकल घरेलू उत्पाद) को अखिल भारत स्तरीय क्रयशक्तितुल्यता अंक 5.2 से गुणा करके तैयार किया गया है।

आन्तरिक तार्किकता की दृष्टि से अखिल भारतीय प्रति व्यक्ति सकल घरेलू उत्पाद का आकलन राज्यस्तरीय प्रति व्यक्ति घरेलू उत्पाद के आँकड़ों की जनसंख्या भार मानित औसत द्वारा ज्ञात किए गए हैं। 1991-92 के वर्ष से जुड़े ये आँकड़े 1994-95 के आर्थिक सर्वेक्षण में उपलब्ध हैं। मिन्हास आदि विशेषज्ञों का आंकलन बताता है कि p का अनुमान कम से कम केरल, उत्तर प्रदेश एवं पश्चिम बंगाल के सन्दर्भ में तो बहुत ही स्थायित्वपूर्ण रहा है। 1991-92 'C' के आंकलन के लिए हमने यह मान्यता रखी है कि 1987-88 से 1991-92 के बीच p स्थिर रहा होगा।

इस प्रकार की गणनाओं में गलतियों की आशंका बहुत रहती है। वैसे भी राज्यों के घरेलू उत्पाद एवं सापेक्ष कीमत स्तरों का आकलन सहज नहीं होता। इसीलिए हमारा अनुरोध है कि ता. क.2 के आँकड़ों को कामचलाऊ ही माना जाए।

---

1. p राज्यस्तरीय कीमत सूचक एवं अखिल भारतीय सूचक का अनुपात है। राज्य घरेलू उत्पाद एवं सकल घरेलू उत्पाद के आँकड़े प्रचलित कीमतों पर ही आकलित हुए हैं।

भारत में गरीबी का अनुमान

भारत एवं उसके राज्यों में व्याप्त गरीबी के जो अनुमान इस पुस्तक के विभिन्न अध्यायों एवं तालिकाओं, क-3 तथा क-4 प्रस्तुत किए गए हैं, वे तेन्दुलकर, सुन्दरम् एवं जैन के शोध पत्र पर आधारित है। इसका अध्ययन काल 1970-71 से 1988-89 रहा है। तालिका क.4 में हमने 1995 में किए गए गौरव दत्त के अध्यायन के आँकड़े भी दिखाए हैं। दत्त ने 1951-91 अवधि के अलग विधि से गरीबी अनुमान तैयार किए हैं। यद्यपि उनकी विश्लेषण विधियों में अन्तर है, पर दोनों ही अध्ययनों के निष्कर्षों में कुल मिलाकर साम्य ही प्रतीत होता है। तेन्दुलकर आदि के व्यक्ति गणना अनुपात के साथ ही हमने दो अन्य मापक, सेन सूचक (तेन्दुलकर आदि) एव गरीबी अन्तराल वर्ग (दत्त) भी दिखाए हैं। ये सभी अनुमान राष्ट्रीय सन्दर्श सर्वेक्षण की जानकारी पर आधारित हैं।

राष्ट्रीय सन्दर्श सर्वेक्षण के 48वें दौर की प्राथमिक सूचनाओं से संकेत मिलता है कि 1992-93 में व्यक्ति-गणना विधि के अनुसार भारत में गरीबी अस्सी के दशक के अन्त की तुलना में कुछ अधिक हो गई थी। इस संकेत में किसी सीमा तक अति अस्थायी कारकों का प्रभाव भी सम्मिलित हो सकता है। फिर भी इस निष्कर्ष से इसी पुस्तक में विकास प्रक्रिया को भागीदारीपूर्ण बनाने के हमारे आग्रह की सार्थकता का पोषण ही होता है। वैसे भारत में यह गरीबी वृद्धि का अनुभव न सुधारपूर्व का कहा जा सकता है और न ही सुधारपश्चात् का।

तालिका क. 1

भारत एवं कुछ एशियाई देशों में आर्थिक एवं सामाजिक सूचक

	भारत	बंगलादेश	नेपाल	पाकिस्तान	श्रीलंका	चीन	द. कोरिया	इन्डोनेशिया	थाईलेंड
जनसंख्या मध्य-1992 (दस लाख)	83.6	114.4	19.9	119.3	17.4	1,162.2	43.7	184.3	58.0
प्रति व्यक्ति आय एवं सम्बद्ध सूचक									
प्रति व्यक्ति सकल राष्ट्रीय उत्पाद 1992 (US$)	310	220	170	420	540	470	6,790	670	1,840
क्रय-शक्ति-तुल्य सकल राष्ट्रीय उत्पाद प्रति व्यक्ति अनुमान, 1992 (1992 डालर)	1,210	1,230	1,100	2,130	2,810	1,910[a]	8,950	2,970	5,890
क्रय-शक्ति-तुल्य प्रति व्यक्ति सकल राष्ट्रीय उत्पाद 1992, अनुमान (USA = 100)	5.2	5.3	4.8	9.2	12.2	9.1[a]	38.7	12.8	25.5
प्रतिव्यक्ति G N P की औसत वार्षिक सम्वृद्धि 1980-92 (%)	3.1	1.8	2	3.1	2.6	7.6	8.5	4	6
दीर्घायुता, मरणशीलता एवं जनन दर									
जन्म के समय जीवन-आशा, 1992, वर्षों में									
स्त्री	59	56	53	59	74	71	75	62	72
पुरुष	59	55	54	59	70	68	67	59	67
सम्मिलित	59	55	54	59	72	69	71	60	69

क-1 जारी

	भारत	बंगलादेश	नेपाल	पाकिस्तान	श्रीलंका	चीन	द. कोरिया	इन्डोनेशिया	थाईलेंड
अपरिष्कृत मृत्यु दर, 1992 (प्रति 1,000)	10	11	13	10	6	8	6	10	6
शिशुमृत्यु दर, 1992 (प्रति 1,000 जीवित जन्म)	79	91	99[a]	95	18	31	13	66	26
कम वजन के साथ जन्मे बच्चों का अनुपात 1990 (%)	33	50	n/a	25	25	9	9	14	13
अपरिष्कृत जन्म दर, 1992 (per, 1,000)	29	31	38	40	21	19	16	25	20
कुल जनन दर, 1992	3.7	4.0	5.5[a]	5.6	2.5	2.0	1.8	2.9	2.2[a]
साक्षरता एवं शिक्षा									
वयस्क साक्षरता दर, (आयु 15+), 1992 (%)									
स्त्री	39	23	14	22	85	68	95	77	92
पुरुष	64	49	39	49	94	87	99	91	96
सम्मिलित	52	37	27	36	89	78	97	84	94
स्कूल में व्यतीत औसत वर्ष, (आयु वर्ग 25+) 1992–	2.4	2	2.1	1.9	7.2	5	9.3	4.1	3.9
पहली कक्षा में प्रविष्ठ उन व्यक्तियों का अनुपात जिन्होंने प्राथमिकशिक्षा पूरी की (%)	62	47	n/a	48	97	85	99	77	87
अन्य स्त्री-पुरुष (भेद) सूचक									
स्त्री-पुरुष अनुपात (जनसंख्या में स्त्रियों एवं पुरुषों का अनुपात) 1992 (%)	93	94	95	92	99	94	100	101	99
श्रमशक्ति में स्त्रियों का अंश 1990-2 (%)–	29	41	34	14	33	43	40	40	47

क-1 जारी

	भारत	बंगलादेश	नेपाल	पाकिस्तान	श्रीलंका	चीन	द. कोरिया	इन्डोनेशिया	थाईलेंड
बचत, निवेश एवं व्यापार									
सकल घरेलू उत्पाद के अनुपात के रूप में सकल घरेलू बचत, 1992 (%)	22	6	12	14	15	43	37	37	35
सकल घरेलू उत्पाद के अनुपात के रूप में सकल घरेलू निवेश 1992 (%)	23	12	22	21	23	39	37	35	40
सकल घरेलू उत्पाद के अंश के रूप में वस्तुओं एवं गैर साधन सेवाओं का निर्यात 1992 (%)	10	10	19	17	32	18	32	29	36
निर्यात की वार्षिक औसत में वृद्धि दर 1980-92 (%)	5.9	7.6	9.7	11.1	6.5	11.9	5.6	14.7	
समग्र विदेशी ऋणों के वर्तमान मूल्य का सकल राष्ट्रीय उत्पादन से अनुपात, 1992 (%)	26	29	29	37	41	13	14.	62	35
कुल ऋण सेवा का निर्यात से अनुपात, 1992, (%)	25	17	12	24	14	10	7	32	14

स्रोत : विश्व विकास रिपोर्ट 1994 से संकलित

तालिका क-2
भारत : तुलनात्मक परिवेश

देश/ राज्य	जनसंख्या 1992 (दस लाख)	अनुमानित क्रय-शक्ति-तुल्य प्रति व्यक्ति सकल राष्ट्रीय आय, 1992, (अमेरिका=100)	प्रतिव्यक्ति सकल घरेलू उत्पाद की वृद्धि दर 1980-92 (% प्रतिवर्ष)	वयस्क साक्षरता दर 1992 (%)		जन्म के समय जीवन-आशा, 1992 (वर्षों में)		अपरिष्कृत मृत्यु दर, 1992 प्रति हजार	शिशुमृत्यु दर 1992, प्रति हजार जीवित जन्म	सकल जनन दर 1992	स्त्री-पुरुष अनुपात 1992
				स्त्री	पुरुष	स्त्री	पुरुष				
बंगलादेश	114	5.3	1.9	23	49	56	55	11	91,	4.0	94
पाकिस्तान	119	9.2	3.0	22	49	59	59	10	95	5.6	92
श्रीलंका	17	12.2	2.6	85	94	74	70	6	18	2.5	99
केरल	29	4.6[b]	0.3[c]	86	94	74	69	6	17	1.8	104
प. बंगाल	68	5.1[b]	2.5[c]	47	68	62	61	8	66	3.2	92
उत्तर प्रदेश	139	4.1[b]	2.2[c]	25	56	55	57	12	98	5.1	88
भारत	884	5.2	3.1	39	64	59	59	10	79	3.7	93
चीन	1,162	9.1	7.7	68	87	71	68	8	31	2.0	94
द. कोरिया	44	38.7	8.3	95	99	75	67	6	13	1.8	100
थाईलेंड	58	25.5	6.4	92	96	72	67	6	26	2.2	99

स्रोत : विश्व विकास रिपोर्ट 1994 से संकलित

तालिका क.3 भातीय राज्यों के कुछ चुने हुए सूचक

तालिका भाग 1 प्रतिव्यक्ति आय आदि

राज्य	जनसंख्या 1991 (दस लाख)	प्रति-व्यक्ति शुद्ध राज्य घरेलू उत्पाद, चालू कीमतों पर 1991-92 रु./वर्ष	प्रति-व्यक्ति SDP की संवृद्धि दर 1980-90, % प्रतिवर्ष	औसत प्रति व्यक्ति उपभोक्ता व्यय 1987-88, (रु. प्रतिमाह, 1970-71 की कीमतों पर)		गरीबी के मापक 1987.88				प्रति-व्यक्ति उपभोक्ता व्यय का गिनी गुणक 1987-88	
						व्यक्ति-गणना अनुपात		सेन सूचक			
				ग्रामीण	शहरी	ग्रामीण	शहरी	ग्रामीण	शहरी	ग्रामीण	शहरी
आंध्र प्रदेश	67	5,570	1.7	44.7	57.9	31.6	40.0	9.5	14.2	0.31	0.36
आसाम	22	4,230	2.9	41.7	73.9	53.1	11.4	16.0	2.3	0.23	0.31
बिहार	86	2,904	1.8	37.2	47.4	66.3	56.7	25.0	20.0	0.26	0.31
गुजरात	41	6,425	2.2	40.8	57.4	41.6	38.8	11.4	12.1	0.26	0.28
हरियाणा	16	8,690	3.2	56.8	65.3	23.2	18.3	6.7	5.2	0.29	0.28
हिमाचल प्रदेश	5	5,355	2.0	54.2	96.1	24.8	3.3	6.7	3.3	0.28	0.28
जम्मू और काश्मीर	8	4,051	-0.1	47.6	63.0	33.1	11.0	8.9	2.3	0.30	0.28
कर्नाटक	45	5,555	3.0	39.9	53.2	42.3	45.0	15.3	17.0	0.30	0.34
केरल	29	4,618	0.3	52.2	64.4	44.0	44.5	15.4	16.9	0.32	0.36
मध्य प्रदेश	66	4,077	3.1	37.2	57.3	49.8	46.0	17.9	17.4	0.29	0.33
महाराष्ट्र	79	8,180	2.8	42.6	66.5	54.2	35.6	19.9	14.1	0.32	0.34
उड़ीसा	32	4,068	2.7	33.4	58.1	65.6	44.5	26.8	17.4	0.27	0.31
पंजाब	20	9,643	3.2	63.1	73.3	21.0	11.2	4.9	2.6	0.30	0.28
राजस्थान	44	4,361	2.4	40.7	57.6	41.9	41.5	17.1	14.0	0.32	0.35
तमिलनाडु	56	5,078	2.5	38.7	55.5	51.3	39.2	20.2	14.5	0.33	0.36
उत्तर प्रदेश	139	4,012	2.2	37.7	55.1	47.7	41.9	16.2	14.8	0.29	0.33
पश्चिम बंगाल	68	5,383	2.5	40.5	65.1	57.2	30.6	20.1	9.1	0.26	0.35
भारत	846	5,583	3.1	41.2	61.2	44.9	36.5	15.5	12.8	n/a	n/a

क-3, जारी

भाग 2 मरणशीलता एवं जनन दर

राज्य	जन्म के समय जीवन-आशा 1991-92 वर्षों में		शिशुमृत्यु दर, 1991-92, प्रति हजार जीवित जन्म	0-4 वर्ष आयु वर्ग में मृत्यु दर, (प्रति हजार)		अनुपात प्रसूता मृत्यु दर, (1982-6), प्रतिलाख जीवित जन्म	मृत्यु दर (1990-92) प्रति हजार	जन्म दर 1990-92 प्रति हजार	सकल जनन दर 1991
	स्त्री	पुरुष		स्त्री	पुरुष				
आंध्र प्रदेश	61.5	59.0	71	20.2	22.3	402	9.3	25.5	3.0
आसाम	n/a	n/a	76	30.4	34.4	1,028	10.8	30.4	3.5
बिहार	58.3	n/a	72	24.8	20.9	813	10.4	31.9	4.4
गुजरात	61.3	59.1	69	23.5	23.1	355	8.8	28.3	3.1
हरियाणा	63.6	62.2	71	23.8	22.3	435	8.4	32.3	4.0
हिमाचल प्रदेश	n/a	n/a	70	18.0	20.4	n/a	8.7	27.9	3.1
जम्मू और कश्मीर	n/a	n/a	69	n/a	n/a	n/a	8.0	31.5	3.3
कर्नाटक	63.6	60.0	73	23.9	23.4	415	8.5	27.0	3.1
केरल	74.4	68.8	17	4.1	4.5	234	6.1	18.5	1.8
मध्य प्रदेश	53.5	54.1	111	46.6	42.4	535	13.0	35.7	4.6
महाराष्ट्र	64.7	63.1	59	16.7	15.9	393	7.8	26.3	3.0
उड़ीसा	54.8	55.9	120	39.2	38.8	778	12.1	28.9	3.3
पंजाब	67.5	65.4	57	18.4	15.6	n/a	7.9	27.5	3.1
राजस्थान	57.8	57.6	84	33.8	28.4	938	10.1	34.4	4.6
तमिलनाडु	63.2	61.0	58	15.3	16.9	319	8.6	21.0	2.2
उत्तर प्रदेश	54.6	56.8	98	38.4	33.2	931	12.1	35.8	5.1
पश्चिम बंगाल	62.0	60.5	66	20.8	20.4	551	8.3	26.6	3.2
भारत	59.4	59.0	80	27.5	25.6	555	9.8	29.5	3.6

राज्य	साक्षरता दर 7+1991(%)		साक्षरता दर, 10-14 वर्ष, 1987-88 (%) ग्रामीण		शहरी		6 वर्ष से अधिक आयु के प्राथमिक शिक्षा पूरी किए व्यक्तियों का अनुपात 1992-93 (%)	
	स्त्री	पुरुष	स्त्री	पुरुष	स्त्री	पुरुष	स्त्री	पुरुष
आंध्र प्रदेश	32.7	55.1	42.3	65.7	80.0	87.7	26.4	45.3
आसाम	43.0	61.9	78.1	82.5	86.8	92.9	28.5	41.2
बिहार	22.9	52.5	34.1	59.5	71.0	80.5	17.4	42.9
गुजरात	48.6	73.1	60.9	78.2	83.3	87.5	33.5	53.6
हरियाणा	40.5	69.1	63.5	87.3	88.6	93.4	30.9	53.5
हिमाचल प्रदेश	52.1	75.4	80.7	95.1	97.2	96.0	39.2	56.8
जम्मू और कश्मीर	n/a	n/a	49.7	78.7	79.5	83.6	37.7	56.3
कर्नाटक	44.3	67.3	55.8	74.2	85.9	86.8	30.4	46.8
केरल	86.2	93.6	98.2	98.1	97.8	97.3	60.5	65.8
मध्य प्रदेश	28.9	58.4	40.0	67.8	85.5	92.3	21.0	44.6
महाराष्ट्र	52.3	76.6	68.2	86.3	90.7	94.7	35.9	55.1
उड़ीसा	34.7	63.1	51.4	70.0	79.4	89.6	23.0	42.8
पंजाब	50.4	65.7	68.8	76.5	87.3	89.5	41.0	51.6
राजस्थान	20.4	55.0	22.2	71.6	62.5	89.1	15.6	41.8
तमिलनाडु	51.3	73.8	70.8	85.1	85.6	91.7	40.1	58.7
उत्तर प्रदेश	25.3	55.7	39.0	68.0	68.8	76.0	21.4	47.3
पश्चिम बंगाल	46.6	67.8	50.7	69.0	82.2	87.4	29.2	47.4
भारत	39.3	64.1	51.7	72.9	81.6	87.9	28.1	48.6

क-3 जारी

भाग-4 स्कूल में उपस्थिति एवं प्रवेश

	स्कूल जा रहे ग्रामीण बच्चों का अनुपात, 1987-80 %				कभी किसी स्कूल में प्रविष्ट नहीं हुए (12-14 वर्ष के) बच्चों का अनुपात 1986-87 (%)			
	आयु 5-9 वर्ष		आयु 10-4 वर्ष		ग्रामीण		शहरी	
	स्त्री	पुरुष	स्त्री	पुरुष	स्त्री	पुरुष	स्त्री	पुरुष
आंध्र प्रदेश	45.2	62.3	30.9	57.0	59.7	32.7	18.9	9.4
आसाम	47.8	48.6	70.9	76.1	28.5	22.9	18.0	5.1
बिहार	19.7	33.0	28.7	54.6	67.3	41.9	38.0	19.5
गुजरात	52.1	63.1	52.2	76.5	38.7	22.5	17.7	10.2
हरियाणा	53.8	60.2	51.6	81.8	42.4	12.9	14.6	6.2
हिमाचल प्रदेश	63.3	73.6	73.0	92.5	n/a	n/a	n/a	n/a
जम्मू और कश्मीर	40.3	53.4	45.8	77.5	47.6	21.5	29.3	18.9
कर्नाटक	50.6	57.0	45.5	65.0	46.5	26.0	17.4	11.7
केरल	82.8	86.9	91.2	93.3	1.8	0.4	0.6	0.1
मध्य प्रदेश	26.3	43.9	29.9	61.6	66.4	30.6	18.1	6.6
महाराष्ट्र	54.4	64.0	59.3	72.1	27.7	12.6	12.4	4.6
उड़ीसा	44.9	55.4	19.2	69.6	54.7	34.0	20.3	20.2
पंजाब	59.1	66.3	59.3	72.1	33.3	22.6	7.9	7.9
राजस्थान	25.5	47.8	19.2	69.6	81.7	26.1	36.0	12.5
तमिलनाडु	77.7	84.9	48.7	70.7	26.3	11.5	5.6	3.7
उत्तर प्रदेश	28.2	45.4	30.7	63.8	68.0	27.2	38.8	19.2
पश्चिम बंगाल	40.9	44.8	52.8	64.4	45.9	34.6	15.2	13.0
भारत	40.4	52.5	41.9	66.1	50.7	26.4	19.3	10.9

क.3-जारी

राज्य	स्त्री पुरुष अनुपात 1991	स्त्रीमृत्यु दर और पुरुषमृत्यु दर का अनुपात–0-4 वर्ष की आयु तक–1991 (%)	15-19 वर्ष के वर्ग में विवाहिताओं का अनुपात, 1981	श्रम शक्ति में नारी की भागीदारी दर 1991 (%)	स्त्री रोजगार एवं सकल सार्वजनिक क्षेत्रीय रोजगार अनुपात, 1989 (%)
आंध्र प्रदेश	972	90.6	56	30.1	10.2
आसाम	923	88.4	n/a	12.6	n/a
बिहार	911	118.7	64	10.0	6.8
गुजरात	934	101.7	27	13.7	14.4
हरियाणा	865	106.7	48	6.0	13.4
हिमाचल प्रदेश	976	88.2	32	19.4	11.1
जम्मू और कश्मीर	n/a	n/a	28	n/a	9.5
कर्नाटक	960	102.1	36	22.7	14.8
केरल	1036	91.1	14	12.8	29.5
मध्य प्रदेश	931	109.0	62	22.8	9.5
महाराष्ट्र	934	105.0	38	26.5	13.1
उड़ीसा	971	101.0	31	12.1	7.4
पंजाब	882	117.9	13	2.8	14.8
राजस्थान	910	119.0	64	13.0	10.9
तमिलनाडु	974	90.5	23	25.1	19.0
उत्तर प्रदेश	879	115.7	61	7.5	7.7
पश्चिम बंगाल	917	102.0	38	8.0	9.9
भारत	927	107.4	46	16.0	n/a

क-3 जारी

भाग-6 मातृ स्वास्थ्य एवं तत्संबंधी मुद्दे

राज्य	13-49 वर्ष की उन विवाहिताओं का अनुपात, जिन्हें किसी आधुनिक अंतिम गर्भ निरोध विधि का ज्ञान है, प्रयोग किया है या प्रयोग कर रही हैं 1992-93 (%)			49 वर्ष से कम की वंध्याकृत विवाहिताओं का अनुपात 1992-93 (%)	हाल ही में हुए प्रसव का अनुपात जिससे पूर्व कुछ मातृसेवा सुविधा सुलभ थी		किसी चिकित्सा संस्थान में हुए प्रसवों का अनुपात 1991 (%)	12-13 मास तक के बच्चों का अनुपात जिन्हें कोई टीका नहीं लगा था 1992-93 (%)
	ज्ञान है	कभी प्रयोग किया है	प्रयोग कर रही हैं		टिटेनस का टीका	प्रसव-पूर्व डाक्टरी जाँच		
आंध्र प्रदेश	61	6	2	38	81	66	38	18
आसाम	82	18	5	12	44	47	18	44
बिहार	68	6	3	17	37	27	12	54
गुजरात	77	14	6	38	70	50	24	19
हरियाणा	91	23	10	30	70	67	20	18
हिमाचल प्रदेश	88	25	9	33	71	74	22	9
जम्मू और कश्मीर	89	24	10	25	78	79	15	16
कर्नाटक	84	14	5	41	77	65	41	15
केरल	97	27	6	42	94	97	92	11
मध्य प्रदेश	57	12	4	26	51	36	13	24
महराष्ट्र	77	16	6	40	82	70	34	8
उड़ीसा	61	8	3	28	63	39	10	28
पंजाब	94	32	17	32	87	86	7	18
राजस्थान	59	7	3	25	35	23	5	49
तमिलनाडु	86	16	6	38	94	78	57	3
उत्तर प्रदेश	80	11	6	12	44	30	4	43
पश्चिम बंगाल	91	23	7	26	78	69	31	22
भारत	76	14	5.5	27	61	49	24	30

क-3, जारी

भाग-7 सार्वजनिक सेवाएँ और सामाजिक उपरि संरचना

	चिकित्सा सुविधा वाले गावों का अनुपात 1981 (%)	राशन में प्रति व्यक्ति खाद्यान्न आपूर्ति 1986-87 (कि. ग्रा./वर्ष)	राशन में सस्ता अनाज पा रही जन संख्या का अनुपात 1991 (%)		स्वच्छ पेय जल पा रहे परिवारों का अनुपात संख्या		प्रति दस लाख जनसंख्या अस्पताल बिस्तर 1991		बिजली का प्रयोग कर रहे परिवारों का अनुपात 1991	
			ग्रामीण	शहरी	ग्रामीण	शहरी	ग्रामीण	शहरी	ग्रामीण	शहरी
आंध्र प्रदेश	23.0	22.8	59.7	51.4	57.4	87.1	76	1,827	37.5	73.3
आसाम	उ.नहीं	30.5	24.6	43.0	60.9	88.2	175	4,414	12.4	63.2
बिहार	13.8	6.5	1.7	7.1	62.4	85.5	31	2,276	5.6	58.8
गुजरात	26.2	24.5	44.5	32.0	67.0	93.1	185	2,904	56.4	83.0
हरियाणा	57.1	6.2	3.1	7.1	68.3	95.5	44	1,593	63.2	89.1
हिमाचल प्रदेश	13.4	25.0	28.2	25.3	76.7	94.2	102	1,871	85.9	96.2
जम्मू और काश्मीर	17.9	34.6	23.3	78.6	उ. नहीं	उ. नहीं	77	4,215	उप. नहीं	उप. नहीं
कर्नाटक	10.8	19.9	61.9	62.7	73.2	90.3	81	2,297	41.8	76.3
केरल	96.3	60.2	87.7	87.0	71.2	85.1	1,768	4,230	42.0	67.7
मध्य प्रदेश	5.6	7.4	9.1	17.4	54.4	87.0	39	1,313	34.5	72.5
महाराष्ट्र	17.6	22.4	47.7	43.8	62.0	95.2	250	3,251	58.5	86.1
उड़ीसा	10.6	7.1	1.7	13.8	46.8	81.2	107	2,610	17.5	62.1
पंजाब	24.3	4.7	0.1	4.6	94.3	98.0	196	2,040	77.0	94.6
राजस्थान	13.2	17.4	8.8	5.6	53.0	91.2	38	2,039	22.4	76.7
तमिलनाडु	23.4	25.4	53.5	55.4	67.7	87.7	115	2,336	44.5	76.8
उत्तर प्रदेश	9.6	2.9	2.1	7.0	60.1	90.7	23	1,619	11.0	67.8
पश्चिमी बंगाल	13.2	26.1	26.9	59.8	84.1	94.8	154	2,479	17.8	70.2
भारत	14.0	18.1	26.8[a]	35.5[a]	63.6	90.7	152	2,409	30.5	75.8

तालिका क.-4
भारत : चुने हुए सूचकों की काल-प्रवृत्ति

	1950-1	1960-1	1970-1	1973-4	1977-8	1980-1	1983-4	1987-8	1990-1	1991-2	1992-3	1993-4	वार्षिक परिवर्तन दर का सूचक 1970-1 से 1990 (%)
स्थिर कीमतों पर प्रति व्यक्ति शुद्ध राष्ट्रीय उत्पाद (1950-51)	100	120	135	132	145	145	159	169	197	193	198	203[c]	1.8
कृषि उत्पाद सूचक (1950-51=100)	100	148	191	192	228	231	266	259	328	319	335[c]	342[c]	2.5
औद्योगिक उत्पाद सूचक (1950-51=100)	100	198	357	396	533	546	658	909	1,162	1,161	1,195	1,244[c]	5.8
सकल घरेलू पूंजी निर्माण (सकल घरेलू उत्पाद के % अनुपात के रूप में)	10.2	15.7	16.6	19.1	19.5	22.7	20.1	22.9	27.1	23.6	22.0	20.4[c]	2.0
विदेशी व्यापार का परिमाण सूचक (1978-79=100)													
निर्यात	–	–	59.0	69.5	93.2	108.1	113.0	140.0	194.1	208.6	222.9	272.4	5.5
आयात	–	–	67.2	87.2	100.0	137.9	185.4	204.8	237.7	228.0	282.0	329.1	6.5

क-4 जारी

	1950-1	1960-1	1970-1	1973-4	1977-8	1980-1	1983-4	1987-8	1990-1	1991-2	1992-3	1993-4	वार्षिक परिवर्तन दर का सूचक 1970-1 से 1990 (%)
संगठित निजी क्षेत्र में रोजगार (हजारों में)	–	5,040	6,742	6,794	7,043	7,395	7,346	7,392	7,677	7,846	–	–	0.6
सार्वजनिक क्षेत्र में रोजगार (हजारों में)	–	7,050	10,731	12,486	14,200	15,484	16,869	18,320	19,058	19,210	–	–	2.8
सार्वजनिक क्षेत्र में प्रतिकर्मी आय (रु./वर्ष, 1960 की कीमतों में)	–	–	–	2,229	3,101	3,551	3,939	4,421	5,171	5,237	5,484	5,672	4.6
कृषि श्रमिकों की वास्तविक मजदूरी (रु/दिन, 1960 की कीमतों में)	–	–	1.52	1.37	1.74	1.65	1.71	2.36	2.57	2.44	–	–	2.9
अनाज एवं दालों की प्रति व्यक्ति उपलब्धिता (ग्राम/दिन)	395	469	469	451	468	455	480	449	510	469[c]	464[c]	474[c]	0.3
गरीबी का व्यक्ति गणना अनुपात (%)													
ग्रामीण	–	–	57.3	56.2	54.5	–	49.0	44.9	–	–	–	–	-1.4
शहरी	–	–	45.9	49.2	43.0	–	38.3	36.5	–	–	–	–	-1.7
गरीबी का सेन सूचक													
ग्रामीण	–	–	23.6	22.4	22.3	–	18.8	15.5	–	–	–	–	-2.3
शहरी	–	–	18.0	18.6	16.5	–	13.6	12.8	–	–	–	–	-2.3

क-4 जारी

	1950-1	1960-1	1970-1	1973-4	1977-8	1980-1	1983-4	1987-8	1990-1	1991-2	1992-3	1993-4	वार्षिक परिवर्तन दर का सूचक 1970-1 से 1990 (%)
गरीबी अंतराल का वर्ग, गरीबी सूचक													
ग्रामीण	7.5	5.5	6.8	7.1	6.1	—	4.8	3.4	2.9	—	—	—	-4.6
शहरी	4.8	5.8	5.4	5.2	4.5	—	3.6	3.3	3.1	—	—	—	-2.9
प्रति व्यक्ति उपभोक्ता व्यय का गिनि गुणांक													
ग्रामीण	33.7	32.5	28.8	28.5	30.9	—	30.1	30.1	27.7	—	—	—	0.0
शहरी	40.0	35.6	34.7	30.8	34.7	—	34.1	35.6	34.0	—	—	—	0.2
साक्षरता दर (%)													
स्त्री	9	15	22	—	—	30	—	—	39	—	—	—	2.9
पुरुष	27	40	46	—	—	56	—	—	64	—	—	—	1.7
जन्म दर (प्रति हजार)	39.9	41.7	36.9	34.5	33.3	33.9	33.9	31.5	29.5	29.2	28.7	—	-0.9
जन्म के समय जीवन-आशा	32.1	41.3	45.6	—	—	50.4	—	—	59.2	—	—	—	1.3
सरकारी व्यय, प्रति व्यक्ति, प्रतिवर्ष (1981-82 की कीमतों पर)													
शिक्षा पर	10.2	29.2	47.6	46.3	56.0	57.1	68.2	97.4	115.4	109.5	111.9	112.5	4.6

क-4 जारी

	1950-1	1960-1	1970-1	1973-4	1977-8	1980-1	1983-4	1987-8	1990-1	1991-2	1992-3	1993-4	वार्षिक परिवर्तन दर का सूचक 1970-1 1990 (
स्वास्थ्य पर	4.8	11.9	18.5	18.8	25.5	28.9	37.9	47.6	49.0	47.2	47.4	46.6	5.5
प्रतिरक्षा एवं पुलिस पर	उप. नहीं	45.8	80.8	76.0	82.6	78.1	94.6	136.9	137.7	128.8	125.8	123.0	3.1

नोट : वार्षिक परिवर्तन दर के सूचक की गणना उपयुक्त चरों के लघु गणकों के सामान्य न्यूनतम वर्गयोग विधि का प्रयोग कर समय पर प्रतीपगमन द्वारा की गई है।

मुख्य स्रोत : देखें, भारत सरकार, आर्थिक सर्वेक्षण, 1980-81 से 1994-95 तक

गरीबी सूचक एवं गिनि गुणक;तेंदुलकर, सुन्दरम एवं जैन की रचना, 1993, 'पावर्टी इन इंडिया', आई. एल. ओ.—आरटेप, नई दिल्ली के शोध पत्र से लिए गए हैं। अन्य अनेक प्रकाशित एवं अप्रकाशित रचनाओं के लेखकों के प्रति आभार सहित।

□□